Geschichte und Geschehen A1

Vera Bittner
Ferdinand Heinzberger
Michael Herrmann
Lothar Höckendorf
Eberhard Kulf
Erika Richter
Jörg Schelle
Michael Sennewald
Hans Steidle
Veit Sturm
Maria Würfel

Ernst Klett Verlag
Stuttgart München Düsseldorf Leipzig

Geschichte und Geschehen A1
Geschichtliches Unterrichtswerk
für die Sekundarstufe I

Verfasser: Vera Bittner / Lothar Höckendorf / Dr. Michael Sennewald: S. 6-35, 42-43
Dr. Hans Steidle: S. 36-41, 72-73, 85-119
Jörg Schelle: S. 44-67, 74-84
Dr. Michael Herrmann: S. 68-71
Dr. Eberhard Kulf: S. 122-151, 162-165
Veit Sturm: S. 152-161, 166-178
Maria Würfel: S. 179-187
Dr. Erika Richter: S. 188-203

Einbandgestaltung: Manfred Muraro
unter Verwendung von Felszeichnungen und Höhlenmalereien

Reinzeichnung der Karten: Justus Perthes Verlag Gotha GmbH, Willi Stegner

Reinzeichnung der Grafiken: Rudolf Hungreder, Leinfelden-Echterdingen

Mit * werden im Inhaltsverzeichnis Angebote für den in den nordrhein-westfälischen Richtlinien vorgesehenen Freiraum zur Erweiterung und Vertiefung der obligatorischen Fachinhalte gekennzeichnet, u.a. mit besonderen Beispielen zum fachmethodischen Lernen.

Dieses Werk folgt der reformierten Rechtschreibung und Zeichensetzung. Ausnahmen bilden Texte, bei denen künstlerische, philologische oder lizenzrechtliche Gründe einer Änderung entgegenstehen.

Gedruckt auf Papier aus chlorfrei gebleichtem Zellstoff, säurefrei.

2. Auflage 2 17 16 15 14 13 / 2001 2000 99 98 97

Alle Drucke dieser Auflage können im Unterricht nebeneinander benutzt werden, sie sind untereinander unverändert. Die letzte Zahl bezeichnet das Jahr dieses Druckes.

Redaktion: Verlagsredaktion Geschichte, Jürgen Beckedorf und Bernd Schmidt
Satz: Steffen Hahn Satz & Repro GmbH, Kornwestheim
Druck: KLETT DRUCK H. S. GmbH, Korb
ISBN 3-12-410010-7 (flexibler Einband)
ISBN 3-12-410011-5 (Festeinband)

Inhalt

Ein Wegweiser durch dieses Buch

Wenn du in diesem Buch blätterst, fallen dir viele Bilder, Karten, Grafiken und unterschiedlich gestaltete Texte ins Auge. Diese Vielfalt in deinem Geschichtsbuch soll dir zeigen, auf welch unterschiedlichen Wegen man etwas über die Geschichte erfahren kann, welche verschiedenen Möglichkeiten es gibt sich mit Geschichte zu beschäftigen und sie darzustellen. Folgende Erklärungen sollen dir helfen diese Möglichkeiten im Buch zu erkennen und mit ihnen umzugehen:

ADS

Dieses Buch umfaßt fünf Themeneinheiten. Jede beginnt mit zwei besonders gestalteten Seiten, die wir *Auftaktdoppelseite (ADS)* nennen. An Bildern und Karten auf der ADS kannst du erkennen, worum es in den folgenden Kapiteln geht.

800 n. Chr ___________
1525 ___________

Einige Kapitel beginnen mit einer *Zeittafel.* Hier findest du die wichtigsten Daten zum Kapitelthema auf einen Blick. Geschichte hat ja etwas mit Zeit zu tun, deshalb braucht man auch Daten um zu wissen, wie geschichtliche Ereignisse miteinander zusammenhingen, was vorher und was nachher war.

VT

Alle Texte, die so breit wie dieser gedruckt sind, nennen wir *Verfassertexte (VT).* Am Rand werden sie durch Zwischenüberschriften gegliedert. Sie informieren dich zusammenhängend über geschichtliche Sachverhalte und wurden von Schulbuchautoren (meist Lehrerinnen und Lehrer) geschrieben – allerdings nicht immer im gleichen Stil. Auch daran erkennst du, wie unterschiedlich Geschichte dargestellt werden kann.

3

Dieses Geschichtsbuch enthält auch *Quellen* (z. B. Texte, Urkunden, Bilder) und andere *Materialien* (z. B. Schaubilder, Karten), die von den Autoren zusammengestellt wurden. Wir haben in jedem Kapitel alle Materialien zur besseren Orientierung durchnummeriert (mit Ziffern wie jener am Rand). Wenn im VT oder in Fragen auf Materialien verwiesen wird, sind diese mit „M" abgekürzt (M3 weist also auf Material 3 hin). Wie du mit den Materialien umgehst, lernst du natürlich im Unterricht. Aber auch das Buch gibt dir Hilfestellungen dazu:

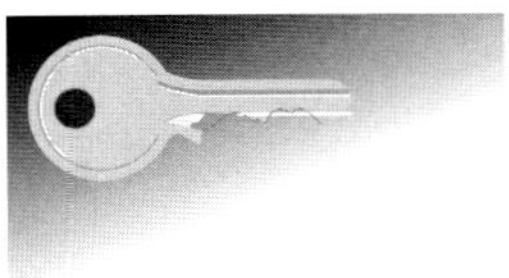

Mit diesem *Schlüssel* werden in allen Bänden von „Geschichte und Geschehen" jene Texte gekennzeichnet, die zeigen, wie man an ein bestimmtes Material (Texte, Bilder, Karten u. a.) herangehen kann um ihm Informationen zu entlocken. Auch im Inhaltsverzeichnis und im Verzeichnis der Namen, Sachen und Begriffe werden diese Elemente mit einem Schlüssel hervorgehoben.

Dieses Zeichen markiert *Fragen und Anregungen* am Ende eines Kapitels. Hier erhältst du Hinweise, wie du dich mit den Materialien des Kapitels auseinandersetzen und dich weiter mit dem Thema beschäftigen kannst.

Renaissance:

Besondere *historische Grundbegriffe* sind in einem Kasten am Ende eines Verfassertextes erklärt. Du findest sie auch, indem du am Ende des Buches im Verzeichnis der Personen, Sachen und Begriffe nachschlägst. Dort sind sie in fetten Buchstaben gedruckt und so besonders hervorgehoben.

Verzeichnis der Namen, Sachen und Begriffe

Willst du dich noch einmal über *Namen, Sachen und Begriffe* informieren, dann hilft dir ein Verzeichnis am Ende des Buches. Neben den Erläuterungen sind auch die Seiten angegeben, auf denen du ausführlicher darüber nachlesen kannst.

Die ägyptische Königsfamilie – Echnaton, Nofretete und Prinzessin Meritaton – opfert dem Sonnengott Aton. Alabasterblock aus dem 14. Jahrhundert vor Christi Geburt, heute im Ägyptischen Museum in Kairo.

Ein römischer Metzger bei der Arbeit. Teilansicht eines Grabes aus dem 2. Jahrhundert nach Christi Geburt, heute in der Sächsischen Landesbibliothek in Dresden.

Von Menschen, Zeit

Die Bevölkerung von Leipzig wehrt sich 1830 gegen ungerechte Entscheidungen ihrer Regierung. Solche Aufstände gab es damals in vielen europäischen Städten. Bild aus der Gedächtnistafel für die denkwürdigsten Tage des Jahres 1830, Reichstagsmuseum in Berlin.

Frauen in der Fabrik, oft 12 Stunden am Tag, schlechter bezahlt als Männer. Foto, um 1900.

Weinlese. Vor dem Schloss Saumur an der Loire arbeiten Bauern und Bäuerinnen für ihren Herrn. Kalenderbild für den Monat September, gemalt von den Brüdern von Limburg um 1415 im Auftrag des Herzogs von Berry.

Die Flotte von Pedro Alvares Cabral, mit der er im Jahre 1500 Afrika umsegeln wollte, um Indien zu erreichen. Strömungen und Winde führten die portugiesische Flotte stattdessen nach Brasilien. Zeichnung im „Flottenbuch", Akademie der Naturwissenschaften in Lissabon.

und Geschichte

Das „Atomium" – Wahrzeichen der Weltausstellung in Brüssel im Jahre 1958.

Soldaten im Ersten Weltkrieg: monatelange Kämpfe, viele Tote – wofür? Foto von 1915.

1. Geschichte – nur ein neues Fach auf dem Stundenplan?

Nun ist es also so weit. Du hältst dein erstes Geschichtsbuch in Händen. Ganz schön dick, wirst du vielleicht denken. Aber das muss es ja auch sein, wenn es alle deine vielen Fragen beantworten soll. Am besten du schaust dich zunächst einmal ein bißchen darin um und machst dich mit ihm bekannt. Denn Freundschaften schließt man ja immer erst, wenn man sich kennen gelernt hat.
Natürlich weißt du schon seit einiger Zeit, dass in diesem Schuljahr ein neues Fach auf dem Stundenplan steht: Geschichte. Vielleicht bist du schon richtig neugierig auf all das Spannende, was dich demnächst erwartet. Zum Beispiel, wie und warum die Ägypter die Pyramiden bauten, warum die alten Griechen für uns noch heute wichtig sind, wie die Römer zu ihrem riesigen Reich kamen (und es wieder verloren), wie die Menschen früher lebten und wie sie mit all dem fertig wurden, wofür wir heute Maschinen, Autos oder Computer haben. Dies und noch viel mehr wirst du demnächst erfahren.
Lass dich also zu einer Wanderung durch die Zeit und durch die Geschichte einladen. Gemeinsam wollen wir fragen, erforschen, staunen und verstehen. Die, die früher lebten, waren Menschen wie wir, auch wenn sie noch kein Fernsehen hatten und ein Gewitter für ein Zeichen von göttlichem Zorn hielten. Die Menschen vor uns waren nicht dümmer als wir, bloß weil sie vor uns lebten und unsere Technik noch nicht besaßen. Wir stammen schließlich von ihnen ab, wir sind ihre Enkel, Urenkel, Urur… (das kannst du beliebig verlängern) …enkel und natürlich ihre Enkelinnen.

1 ***Dieser Grabstein eines Römers*** *stammt aus der Zeit um 30 bis 40 nach Christi Geburt. Er wurde in Köln gefunden.*

Die Inschrift lautet:

C(aius) AIACIUS P(ubli) F(ilius)
STEL(latina) MANGO
HIC SITUS EST
VALE AIACI

Übersetzt heißt dies:

Caius Aiacius, Sohn des Publius, der
Sklavenhändler aus dem Bezirk Stellatina,
liegt hier begraben.
Lebe wohl, Aiacius.

An dieser Grabinschrift kannst du sehen, wie schwierig es ist, einen solchen Fund zu deuten. Um die Inschrift zu entziffern, muss man nicht nur Latein können, sondern auch wissen, wie man die Abkürzungen entschlüsselt. Welche Fragen fallen dir zu dem Stein und der Inschrift ein?

a) Schreibe auf die erste Seite deines Geschichtsheftes, welche Fragen du an die Geschichte hast und was dich an der Geschichte besonders interessiert. Die Bilder auf der Auftaktdoppelseite (ADS) können dir dabei helfen.
b) Die auf der ADS abgebildeten Materialien zeigen verschiedenartige menschliche Lebensbereiche wie z. B. Religion oder Technik. Finde für jedes Bild ein passendes Stichwort.

2. Wie wir etwas über die Geschichte erfahren

Informationen aus der Vergangenheit

Geschichte hat etwas mit der Vergangenheit zu tun – zweifellos. Und weil wir in der Gegenwart leben, könnte man daraus schließen, dass wir nichts mit der Geschichte zu tun haben, dass sie nur in verstaubten Büchern steht und im Museum ruht. Aber schau dich doch einmal um. Sind wir nicht eigentlich unentwegt von Geschichte umgeben? Alte Gebäude in deiner Stadt, Straßennamen, alljährlich wiederkehrende Feste, Bilder und viele andere Dinge weisen darauf hin.

Auch du selbst bist schon ein Teil der Geschichte. Du kannst dich erinnern, wie es vor ein, zwei oder mehreren Jahren war. Du könntest Jüngeren also von Dingen berichten, über die sie nichts wissen, weil sie damals noch zu klein waren. Über dich existiert sogar – wie über die allermeisten Menschen bei uns – eine ganze Menge richtiges geschichtliches Material. Da gibt es z. B. deine Geburtsurkunde, deine früheren Schulzeugnisse, Glückwunschkarten und wahrscheinlich eine Menge Fotos oder Videofilme, auf denen du zu sehen bist.

Solches Material über die Vergangenheit nennt man „historische Quellen". „Historisch" ist ein anderes Wort für „geschichtlich". Es stammt wie viele andere Wörter auch aus dem Griechischen und dem Lateinischen. Der Begriff „historisch" wird sehr oft gebraucht. Du solltest ihn dir deswegen merken. Quellen sind alle Arten von Überlieferungen, die uns etwas über die Vergangenheit sagen. Alle geschriebenen Quellen, wie etwa deine Geburtsurkunde, sind schriftliche Quellen. Fotos, Gemälde, Zeichnungen nennt man Bildquellen. Alle übrigen Quellen wie alte Kleider, Münzen, Waffen, Haushaltsgeräte, Schmuckstücke oder ähnliche Gegenstände bezeichnet man als „Überreste".

1 ***Der Grabstein*** *auf dem alten Protestantenfriedhof in Macau enthält Informationen über F. W. Schnitger (rechts). – Welche Folgerungen kannst du aus seinem Geburts- und Sterbeort ziehen?*

2 ***Taufschein.*** *Welche Informationen über Auguste Ludorf und ihre Familie kannst du dem Dokument entnehmen? – Welchem Zweck könnte der Taufschein gedient haben?*

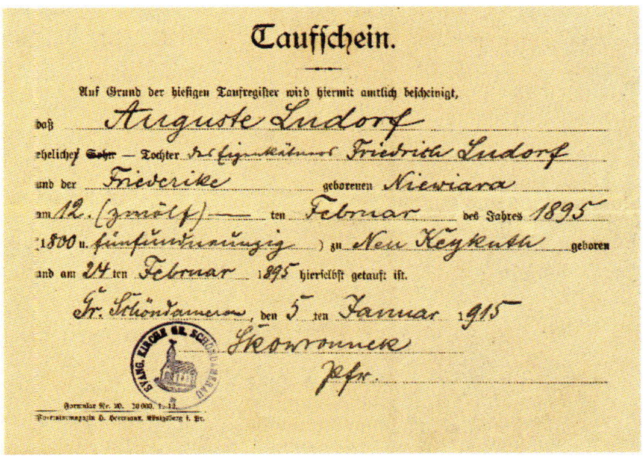

Taufschein.

Auf Grund der hiesigen Taufregister wird hiermit amtlich bescheinigt,
daß Auguste Ludorf
eheliche ~~Sohn~~ – Tochter des Eigenkätners Friedrich Ludorf
und der Friederike geborenen Niewiara
am 12. (zwölf) ten Februar des Jahres 1895
(1800 u. fünfundneunzig) zu Neu Keykuth geboren
und am 24 ten Februar 1895 hierselbst getauft ist.
Gr. Schöndamerau, den 5 ten Januar 1915
Skowronnek
Pfr.

Evang. Kirche Gr. Schö…

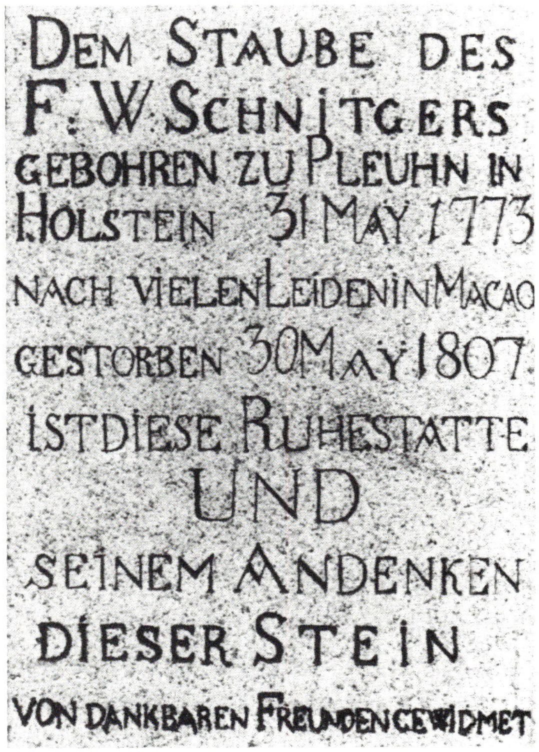

Mündliche Überlieferung

Bist du dir eigentlich im Klaren darüber, dass du selbst eine historische Persönlichkeit bist? Frage doch einmal deine Eltern über deine Babyzeit aus oder darüber, wie du laufen oder sprechen lerntest, wie du in den Kindergarten kamst, über deine Streiche und kleinen Missgeschicke. Aus all dem, was sie und andere Familienmitglieder oder ältere Bekannte erzählen, kannst du dir deine eigene Geschichte zusammenstellen – deine ganz private Geschichte.
Solche mündliche Überlieferung nennt man – du hast es dir wahrscheinlich schon gedacht – mündliche Quellen. In jeder Familie gibt es einen solchen Schatz an lustigen oder traurigen, spannenden oder ärgerlichen Berichten über vergangene Ereignisse und Begebenheiten. Man kann daraus nicht nur etwas über die Leute erfahren, die darin vorkommen, sondern auch über ihren Alltag, ihre Lebensumstände, über ihre damaligen Gewohnheiten und darüber, wie man sich früher verhielt. Du kannst also schon dann eine ganze Menge über die Geschichte erfahren, wenn du nur den Älteren in deiner Familie beim Erzählen ganz genau zuhörst oder ihnen selbst Fragen stellst.
Mündliche Überlieferungen sind lebendig und häufig spannend, weil die Leute, die erzählen, selbst dabei waren, es selber erlebt oder wenigstens diejenigen gut gekannt haben, über deren Erzählungen sie berichten. Natürlich wird da so manches ausgeschmückt (oder auch weggelassen), manchmal ein bisschen übertrieben, vieles im Laufe der Zeit ganz einfach vergessen. Durch mündliche Überlieferung gelangst du so in deiner Familie normalerweise bis zu den Großeltern deiner Großeltern zurück, also rund vier bis fünf Generationen. Und weil man für eine Generation (das ist ungefähr die Zeitspanne, bis Kinder wieder selber Kinder bekommen) etwa 25 Jahre annimmt, sind das ca. 100 bis 125 Jahre. Eine ganz schön lange Zeit, aber verglichen mit der gesamten Geschichte ist dies doch nur ein Katzensprung.
Über länger zurückliegende Ereignisse aus der Familiengeschichte wissen die Familien meist nur dann etwas, wenn es schriftliche Aufzeichnungen gibt oder jemand extra nach den eigenen Vorfahren geforscht hat. Mündliche Überlieferungen sind also wichtige historische Quellen. Aber sie sind leider nicht immer völlig zuverlässig.

3 ***Generationen erzählen Geschichte***
Übertrage die untere Zeile der Zeichnung in dein Geschichtsheft und markiere die Stelle, an der die Generation deiner Urgroßeltern gelebt hat.

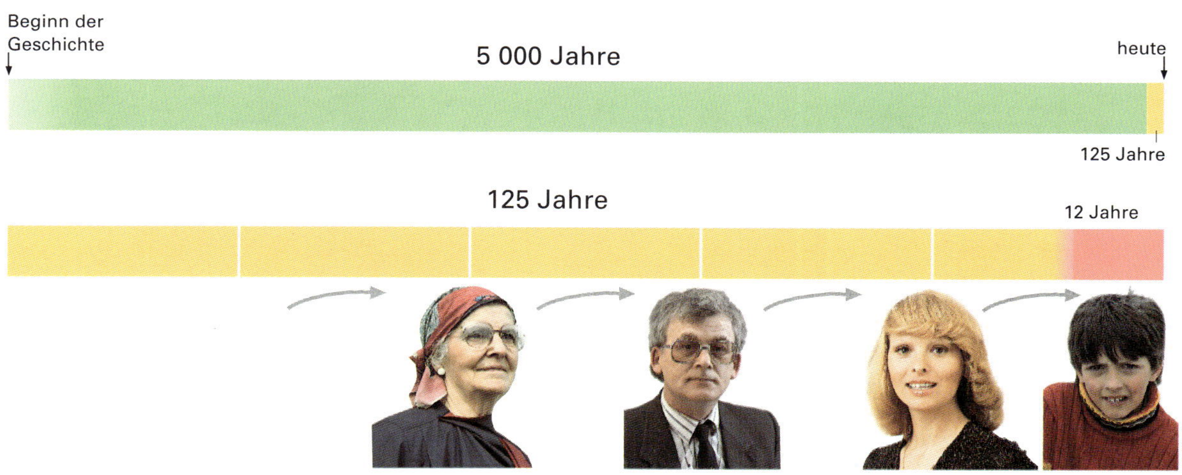

4 ***Handschrift der Tamilen*** *(Indien) auf Palmblättern aus dem 16. Jahrhundert.*

5 ***„Knoten-Schrift"*** *der Inkas (Peru, 16. Jahrhundert). Die Abbildung rechts zeigt einen „Quipu". Bis heute ist diese Knotenschrift eines der großen Rätsel der peruanischen Vergangenheit: Wir wissen noch nicht, welche Bedeutung die Farbwahl und die Anordnung der Knoten hatten.*

Schriftliche Überlieferung

Wenn wir über länger Zurückliegendes etwas erfahren wollen, schauen wir normalerweise einfach in Geschichtsbüchern wie diesem hier nach. Dafür sind sie schließlich da. Aber das beantwortet natürlich nicht die Frage, woher denn die Verfasser der Geschichtsbücher wissen, wie es früher war. Um das herauszufinden untersuchen die Geschichtsforscher zunächst einmal schriftliche Quellen.
Dazu eignet sich einfach alles, was in der Vergangenheit je aufgeschrieben worden ist: Tagebücher und Kaufverträge, technische Beschreibungen und Friedensverträge, Anleitungen und Reiseberichte. Schriftliche Quellen können gedruckt sein oder mit der Hand geschrieben, manche sind auf Felle gemalt, andere in Stein gemeißelt, in Ton gepresst und dann gebrannt oder in Wachs geritzt, einige sind sogar geknotet. Schriftliche Quellen sind auch nicht immer ganz genau und verlässlich, aber sie haben einen ungeheuren Vorteil gegenüber der mündlichen Überlieferung: Sie bleiben in ihrer ursprünglichen Form erhalten und können später immer wieder aufs Neue nachgelesen werden. Das gesprochene Wort dagegen verklingt, und so ist die mündliche Überlieferung abhängig vom Gedächtnis der Zuhörer. Viele Sagen, Legenden und Märchen sind auf wahre Ereignisse zurückzuführen, die dann im Laufe der Zeit beim Erzählen von Generation zu Generation immer mehr abgewandelt wurden.
Ein berühmtes Beispiel dafür ist dir vielleicht bekannt: die Sage von Atlantis, jener unermesslich reichen und mächtigen Insel, die zur Strafe für den Übermut ihrer Bewohner eines Tages angeblich im Meer versank. Diese Sage kannte bereits der berühmte griechische Philosoph Platon vor etwa 2300 Jahren. Er behauptete, er habe sie von einem ägyptischen Priester gehört. Viele Geschichtsforscher vermuten, dass in dieser Sage von Atlantis die Erinnerung an eine fürchterliche Katastrophe bewahrt worden ist: die Explosion des Vulkans Thera auf der griechischen Insel Santorin im Mittelmeer vor ca. 3500 Jahren. Das Ereignis blieb den Menschen in Erinnerung, weil die gewaltige Flutwelle nach der Explosion rund um das ganze Mittelmeer ungeheure Verwüstungen anrichtete. Andere Historiker bezweifeln, dass es Atlantis überhaupt gegeben hat.

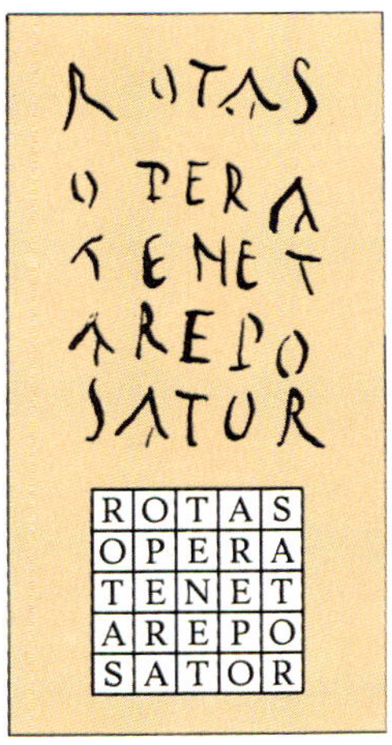

6 ***Wandinschrift in Pompeji*** *aus dem 1. Jahrhundert nach Christi Geburt. Finde die „Besonderheiten" des magischen Quadrats.*

7 ***Stein von Rosette*** *aus dem 2. Jahrhundert vor Christi Geburt. Den Schlüssel zur Entzifferung der ägyptischen Hieroglyphenschrift lieferte dieser Stein, den französische Soldaten 1799 in der Nähe der ägyptischen Stadt Rosette fanden. Die Inschrift ist nicht nur in der Hieroglyphenschrift, sondern auch in einer spätägyptischen Schrift und in Griechisch eingemeißelt. Der Name Ptolemaios war das erste in Hieroglyphen geschriebene Wort, das entziffert werden konnte.*

Historisch: Dies ist ein anderer Begriff für geschichtlich. Geschichtsforscher nennt man nach diesem Wort Historiker und Historikerinnen.
Quellen: Historische Quellen sind alle Arten der Überlieferung, aus denen wir Kenntnisse über die Vergangenheit gewinnen können. Man unterscheidet mündliche und schriftliche Quellen, Überreste (z. B. Bauwerke, Werkzeuge oder Haushaltsgeräte) und Bildquellen. Durch die technische Entwicklung in den letzten Jahrzehnten sind auch neue Arten von Quellen hinzugekommen (z. B. Filme und Videos).

a) Überlege dir, wo du in der Nähe deiner Wohnung oder deiner Schule auf Geschichte stößt (z. B. Straßennamen, alte Gebäude usw.).
b) Lass dir von deinen Eltern deine Geburtsurkunde zeigen und schreibe die geschichtlich wichtigen Informationen über dich heraus.
c) Schreibe in dein Geschichtsheft deine ganz persönliche Geschichte. Vergleiche sie mit der Geschichte deines Nachbarn oder deiner Nachbarin. Stelle Gemeinsamkeiten und Unterschiede fest.
d) Suche alte Fotos von dir heraus und schau nach, was sich seitdem alles geändert hat (z. B. Form der Autos, Frisuren, Kleidung usw.).
e) Lass dir von Älteren über deine eigene Kleinkinderzeit, über die Kindheit deiner Eltern und über ihre eigene Jugend erzählen. Suche (z. B. in Fotoalben) Bilder aus dieser Zeit und schreibe auf, was es damals alles noch nicht gab.
f) Vergleiche die Materialien der Quellen M4 bis M7 und überlege Vor- und Nachteile des jeweiligen Materials für die Überlieferung.

3. Quellen – Bilder – Überreste

Schrift und Geschichte

Die schriftliche Aufzeichnung verleiht Berichten und Erzählungen Dauerhaftigkeit. Sie kann aber noch mehr: z. B. Namen von Personen bewahren, Zeitangaben machen. Orte und Ereignisse beschreiben, Pläne, Absichten und Vorstellungen festhalten. Erst seit der Erfindung der Schrift wissen wir also, wer wann wo was wie getan, gedacht oder erlebt hat. Viele Historikerinnen und Historiker halten schriftliche Aufzeichnungen sogar für so wichtig, dass sie mit ihnen überhaupt erst die Geschichte beginnen lassen.

Das klingt eigentlich alles ganz verständlich und übersichtlich. Aber du musst dabei etwas sehr Wichtiges bedenken. Die verschiedenen Völker, die früher lebten, haben ja nicht alle zur gleichen Zeit mit schriftlichen Aufzeichnungen begonnen. Über die Ägypter, Kreter, Sumerer, Babylonier, Inder und Chinesen wissen wir viel länger Bescheid als z. B. über die Kelten, Slawen und Germanen, die dort lebten, wo heute Deutschland ist. Und über manche heute lebenden Naturvölker wissen wir immer noch sehr wenig. Die Geschichte beginnt nicht für alle Völker gleichzeitig, sondern zu jeweils unterschiedlichen Zeiten.

Informationen aus Überresten

Für die Zeit vor den schriftlichen Aufzeichnungen, also für die Ur- und Frühgeschichte, müssen sich die Forscher damit begnügen, den Boden zu untersuchen, Schlüsse aus ihren Untersuchungsergebnissen zu ziehen und dann auch Bodenfunde sorgfältig auszugraben und auszuwerten. Die Forscher, die das tun, nennt man Archäologen; oft sind sie dabei auf die Hilfe der Naturwissenschaftler angewiesen, z. B. wenn es darum geht, das Alter von Knochenfunden zu bestimmen. Während der beinahe endlos langen Zeit der Ur- und Frühgeschichte sind solche Überreste die einzigen Quellen, durch die wir etwas darüber erfahren, wie die Menschen damals lebten, wie sie sich kleideten und was sie anbauten, wie sie wohnten und wie sie sich schmückten, wie sie ihre Toten begruben und wie sie Häuser bauten. Wir wissen durch die Arbeiten der Archäologen inzwischen, an welchen Krankheiten die Menschen litten und sogar, wovon sie sich ernährten. Wir erfahren durch Überreste viel Interessantes, aber nicht, wie diese Menschen oder ihre Götter hießen, was sie dachten, wie sie ihre Kinder erzogen, wie sie sprachen, welche Geschichten sie sich erzählten, welche Gesetze sie hatten und viele andere Einzelheiten, die wir brennend gerne wüssten.

Besonders günstig ist es, wenn wir Überreste und gleichzeitig schriftliche Aufzeichnungen auswerten können. Solch ein Beispiel sind die Pyramiden (allerdings braucht die niemand zu suchen), über die wir auch durch schriftliche Berichte viel wissen. Am Besten ist es natürlich, wenn wir Überreste, schriftliche Quellen, Bilder und dazu noch mündliche Überlieferungen haben. Das ist aber nur für den allerletzten, den jüngsten Abschnitt der Geschichte so.

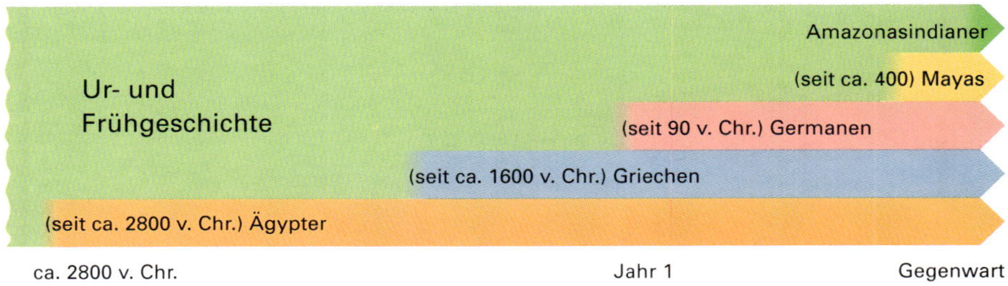

1 Schriftliche Quellen und geschichtliche Zeit. *Die Völker traten zu unterschiedlicher Zeit in die Geschichte ein. Ein Kennzeichen dafür ist, ob sie eine Schrift besaßen.*

2 ***Mädchenkleidung,*** *entstanden vor etwa 3200 Jahren, gefunden in einem Baumsarg in Jütland, Dänemark.*
Welche Informationen liefern solche Funde über das Leben der Menschen früher?

3 ***Römisches Wandgemälde*** *aus dem 1. Jahrhundert nach Christi Geburt. Es zeigt eine junge Frau mit Metallgriffel und einer aufklappbaren hölzernen Schreibtafel, die innen mit Wachs überzogen war.*

Informationen aus Bildern

Ein besonderer Glücksfall für uns ist, dass die Menschen schon immer gerne gemalt haben. Manchmal haben sie nur gekritzelt, wie du das sicherlich auch mal tust. Oft aber haben sie auch wichtige Ereignisse festgehalten, etwa eine siegreiche Schlacht oder eine Krönung. Bedeutende Leute (oder solche, die sich dafür hielten) ließen sich gerne malen um der Nachwelt zu zeigen, wie sie ausgesehen haben. Wieder andere wollten nur ihre Häuser gemütlicher machen. Aus solchen Bildern, aber auch aus Bildhauerarbeiten wie z. B. Skulpturen und Reliefs, können wir eine Menge über das Leben früher erfahren.
Bilder gibt es in Höhlen, an Decken und Wänden von Häusern, auf Tellern und Vasen, sogar auf Teppichen und Tapeten, auf Holz und auf Leinwand, auf Stoff und Papier, eigentlich beinahe auf allen Gegenständen und auf jedem Material, das du dir vorstellen kannst. Leider sind Bilder nicht besonders haltbar, weil sie altern wie die Menschen, wenn auch nicht ganz so schnell. Im Laufe der Zeit verblassen nämlich durch Licht und Luft ihre Farben, und dann hat man sie früher oft einfach weggeworfen oder neue Bilder darüber gemalt.
Die Bilder verraten uns jedoch nur etwas über die Vergangenheit, wenn wir sie ganz genau betrachten und die passenden Fragen an sie richten. Denn nicht immer haben die Maler gerade das in den Mittelpunkt gerückt, was wir gerne erfahren würden.

Moderne historische Quellen

Durch den technischen Fortschritt der Neuzeit hat sich das historische Quellenmaterial enorm erweitert. So gibt es seit 150 Jahren Fotos, seit hundert Jahren Filme und Schallplatten. Kassettenrecorder, Videos und Computerdisketten sind Erfindungen der letzten Generation. Diese Quellen erlauben es uns, an historischen Ereignissen immer wieder als Zuschauer teilzunehmen. Wir können Personen beobachten, die vielleicht schon lange tot sind, und ihre Worte vernehmen, nachdem diese längst verklungen sind. Stell dir bloß mal vor, es hätte schon Kameras gegeben, als Kolumbus zum ersten Mal den Boden Amerikas betrat …

4 Der Vesuv bricht aus – ein Bericht

Über eine noch heute berühmte Katastrophe, den Untergang der unteritalienischen Städte Pompeji und Herculaneum beim Ausbruch des Vulkans Vesuv im Jahre 79 nach Christi Geburt berichtet der Römer Gaius Plinius Caecilius Secundus Folgendes:

Mein Onkel befand sich in Misenum und führte persönlich das Kommando über die Flotte. Am 24. August, etwa um die siebente Stunde ließ meine Mutter ihm sagen, am Himmel stehe eine Wolke von ungewöhnlicher Gestalt und Größe … Denn sie stieg wie ein Riesenstamm in die Höhe und verzweigte sich dann in eine Reihe von Ästen … Er ließ Vierdecker zu Wasser bringen … und eilte dorthin, von wo andere flohen, … so gänzlich unbeschwert von Furcht, dass er alle Phasen … des Unheils, wie er sie mit den Augen wahrnahm, seinem Sekretär in die Feder diktierte. Schon fiel Asche auf die Schiffe, … bald auch Bimsstein und schwarze, halbverkohlte, vom Feuer geborstene Steine, schon trat das Meer plötzlich zurück, und das Ufer wurde durch Felsbrocken vom Berge her unpassierbar … Inzwischen leuchteten vom Vesuv her an mehreren Stellen weite Flammenherde und hohe Feuersäulen auf … Infolge häufiger starker Erdstöße wankten die Gebäude und schienen wie aus ihren Fundamenten gelöst hin- und herzuschwanken … Anderswo war es Tag, dort aber Nacht, schwärzer und dichter als alle Nächte sonst … Dann jagten Flammen und ihr Vorbote Schwefelgeruch alle in die Flucht.

Gaius Plinius Caecilius Secundus: Briefe. Lateinisch-deutsch. Hg. von H. Kasten. München 5. Aufl. 1984.

5 Bemalte griechische Schale *aus dem 6. Jahrhundert vor Christi Geburt. Sie zeigt den König von Kyrene beim Verladen des Handelsguts Silphion (ein Gemüse und Gewürz, das auch als Heilmittel benutzt wurde).*

Geschichte / Vorgeschichte: Der historische Zeitraum erstreckt sich etwa 5000 Jahre in die Vergangenheit. Nur aus dieser Zeit besitzen wir schriftliche Aufzeichnungen. Mit dem Begriff Geschichte bezeichnen wir unsere Vorstellungen von dieser Zeit. Verschiedene Völker traten zu unterschiedlichen Zeitpunkten in die Geschichte ein. Was zeitlich nahe an der Gegenwart liegt, nennen wir „jung“. Je weiter etwas zurückliegt, desto „älter“ ist es.
Die Zeit vor der eigentlichen Geschichte hieß früher und zum Teil auch heute noch Vorgeschichte. Man drückt damit aus, dass sie anders war als die eigentliche Geschichte. Heute nennt man die gesamte Zeitspanne gewöhnlich Ur- und Frühgeschichte.

a) Schreibe die Abfolge der Naturereignisse, wie Plinius sie in der Quelle M4 berichtet, in Stichwörtern heraus. Gib wieder, welche genauen Informationen du in der Quelle über Zeiten, Orte und Personen erhältst.

b) Berichte deinem Nachbarn oder deiner Nachbarin, wie man etwas über die Vergangenheit erfährt. Verwende dabei die neuen Begriffe.

c) Zeichne eine Tabelle mit zwei Spalten in dein Heft. Trage in die linke Spalte die Quellen ein, die in den letzten 200 Jahren neu hinzugekommen sind (z. B. Filme), und schreibe in die rechte Spalte, was sie leisten (z. B. „historische Ereignisse können immer wieder beobachtet werden“).

d) Beschreibe möglichst genau die Tätigkeiten der Menschen auf den Abbildungen M3 und M5.

4. Warum wir etwas über die Geschichte erfahren wollen

Historische Entwicklung

Vielleicht ist dir in Büchern und Filmen schon einmal aufgefallen, dass früher beinahe alles ganz anders war als heute. Es gab Freie und Sklaven, adlige Damen und Herren sowie Knechte und Mägde. Jede Arbeit musste mit Muskelkraft erledigt werden, weil es noch keine Maschinen und Motoren gab. Die Menschen früher dachten anders, sprachen anders und lebten anders. Die Menschen haben sich also entwickelt. Das macht uns neugierig darauf, wie das geschehen ist. Außerdem können wir die Geschichte fragen: Wie haben die Menschen früher etwas gemacht, wie haben sie gelebt und was war ihnen besonders wichtig? Und dann können wir die Antwort mit unseren eigenen Lösungen von heute vergleichen und feststellen, ob wir es besser oder vielleicht schlechter machen. Man kann aus der Geschichte für die Zukunft lernen und seine eigene Gegenwart besser verstehen.

Entwicklungen können grundsätzlich in zwei Richtungen verlaufen. Sind die neuen Lösungen in unseren Augen moderner, so sprechen wir von Fortschritt. Weisen sie unserer Meinung nach in die „falsche“ Richtung, wirken sie auf uns altertümlicher, so nennen wir das Rückschritt. Dabei bedenken wir nur selten, dass der Fortschritt in der Geschichte – und noch bis heute – manchmal auch zu riesigen Fehlern geführt hat; z. B. haben Menschen ihre Umwelt zerstört, Länder durch Kriege verwüstet oder Andersgläubige unterdrückt.

Genau genommen gibt es sogar beliebig viele „Geschichten“, die gemeinsam „die Geschichte“ ausmachen. Jeder Mensch hat seine persönliche Lebensgeschichte, es gibt die Geschichte von Städten und Dörfern, von bestimmten Gebieten, von Ländern, Kontinenten und der ganzen Welt, aber auch die Geschichte der Technik, der Wirtschaft oder des Ackerbaus. Aus allen diesen verschiedenen Geschichten können wir etwas für uns persönlich lernen. Immer aber gehören zur Geschichte Menschen, die ihr Leben meistern, mit Problemen fertig werden müssen, neue Ideen haben, von einer besseren und schöneren Zukunft träumen – Menschen also, die nach Fortschritt streben und sich weiterentwickeln wollen.

1 ***Römische Steinfigur eines Mädchens*** *aus dem 1. oder 2. Jahrhundert nach Christi Geburt. Schon damals waren Haustiere auch als Begleiter und Spielgefährten üblich.*

2 ***Ein traditioneller Zeitvertreib*** *sind Ballspiele wie das auf dieser Radierung vom Ende des 19. Jahrhunderts dargestellte. Mit welchen heutigen Spielen lässt es sich vergleichen?*

3 Sonntags im Park
Welche traditionellen Beschäftigungen von Jung und Alt kannst du auf diesem französischen Druck von 1856 erkennen?

Historische Traditionen

Geschichte ist sozusagen allgegenwärtig, auch wenn wir meistens gar nicht daran denken. Wenn wir uns an Weihnachten beschenken, wenn wir Karnevalsumzüge machen, ein Schützenfest oder ein altes Stadtfest feiern, so erinnern wir uns an vergangene Ereignisse. Dabei achten wir genau darauf, es jedes Jahr wieder so zu machen wie im vergangenen – oder noch etwas besser und schöner. Solche überlieferten Gewohnheiten etwas immer wieder und auf eine ganz bestimmte Weise zu tun nennt man Traditionen. Wissenschaftler glauben sogar, dass menschliche Gemeinschaften – Familien, Dörfer und Städte, selbst ganze Völker – unter anderem durch ihre gemeinsamen Traditionen zusammengehalten werden. Traditionen sind gewissermaßen historisches Leben in der Gegenwart.

Auch Kinder leben in Traditionen: Sie lernen von ihren Eltern und anderen Erwachsenen, was diese für richtig halten und an die nächste Generation – die der Kinder – weitergeben wollen. Traditionen werden auch von den älteren Kindern an die jüngeren weitergereicht. Zum Beispiel hat es viele Spiele, die ihr noch heute kennt, schon vor Jahrhunderten gegeben, wie man auf alten Bildern sehen kann – und zwar ohne dass jemand die Spielregeln je aufgeschrieben hätte.

Historische Entwicklung: Im Laufe der Zeit und der Geschichte mussten sich die Menschen immer wieder an wechselnde Lebensbedingungen anpassen. Mitunter veränderten sich Umwelt und Klima, dann wieder gab es neue Ideen und Entdeckungen oder man erfand neue Techniken und Geräte. Bei jeder derartigen Veränderung im Leben der Menschen sprechen wir von einer historischen Entwicklung. Ist eine Entwicklung in unserem Sinne moderner, dann bezeichnen wir sie als Fortschritt – auch wenn dieser Fortschritt nicht immer nur Vorteile bringt –, knüpft sie dagegen wieder an ältere Vorstellungen an, so ist sie in unseren Augen rückschrittlich.

Tradition: Traditionen sind Erinnerungen an vergangene Gewohnheiten, Sitten oder Ereignisse, die unser Handeln beeinflussen. Sie sind im Alltag so lebendig geblieben, dass wir uns auch heute noch nach ihnen richten. Alle menschlichen Gemeinschaften leben in Traditionen, aus denen sich u. a. ihr Zusammengehörigkeitsgefühl herleitet.

4 ***Uhren aus verschiedenen Zeiten.*** *– Wie unterscheiden sich die abgebildeten Uhren und die Genauigkeit ihrer Zeitmessung?*

5 ***Die Entwicklung des Straßenverkehrs*** *auf Briefmarken aus unserer Zeit.*
Beschreibe die wesentlichen Schritte dieser Entwicklung.

a) *Schreibe Traditionen auf, die dir aus deiner Familie, deiner Schule oder dem Ort, an dem du lebst, bekannt sind.*

b) *Suche Entwicklungen, die du aus Büchern, Filmen oder Erzählungen kennst. Überlege mit deinem Nachbarn oder deiner Nachbarin, ob sie eurer Meinung nach eher fortschrittlich oder rückschrittlich waren.*

c) *Welche Auswirkungen haben die unterschiedlichen Transportmittel auf die Menschen und den Verkehr (M5)?*

5. Die Zeit als Einbahnstraße

Wir in der Zeit

Geschichte hat etwas mit dem Ablauf von Zeit zu tun. Was die Zeit aber ist, das können wir immer noch nicht genau sagen. Immerhin können wir die Zeit beschreiben. Für alles, was man tut, benötigt man Zeit. Man sagt: ein Sprinter läuft die 100 m in 10 Sekunden. Oder du erzählst: für meine Geschichtshausaufgaben habe ich eine Viertelstunde gebraucht. Das sind Zeitangaben, die sagen, wie viel Zeit jemand für eine bestimmte Aufgabe benötigte.
Nun nehmen wir einmal an, dir sind deine Hausaufgaben nicht so richtig gelungen und du beschließt deswegen: ich mache sie noch einmal. Jetzt kannst du mit allem noch einmal ganz von vorne beginnen – bis auf eins: die Uhr stellt sich nämlich nicht zurück. Die einmal verbrauchte Zeit ist weg und du kannst sie um nichts auf der Welt wieder zurückholen. Die Zeit fließt also immer nur in eine Richtung: aus der Vergangenheit in die Gegenwart und von dort in die Zukunft. Denn nur in unserer Fantasie können wir eine Reise in die Vergangenheit unternehmen.
Wir können die Zeit auch nicht anhalten, beschleunigen oder verlangsamen. Gelegentlich haben wir zwar den Eindruck, dass die Zeit quälend langsam vergeht (z. B. vor Weihnachten) oder eilig dahinrast (bei Klassenarbeiten oder in den Ferien) oder wir sie ganz vergessen (beim Spielen). Aber wir wissen auch, dass uns das nur so vorkommt. Ohne Zeit können wir nichts tun, aber sie vergeht auch dann, wenn wir ganz still im Sessel sitzen und uns nicht rühren.

Zeitrechnung

Man kann die Zeit messen. Die einfachsten Mittel dazu stellt uns die Natur zur Verfügung. Der Tag (eine Umdrehung der Erde um sich selbst), der Monat (ursprünglich ein Umlauf des Mondes um die Erde), das Jahr (ein Umlauf der Erde um die Sonne) sind als Zeiteinheiten seit jeher fast überall auf der Welt bekannt. Wenn man allerdings kleinere Zeiteinheiten messen will, wird es schwierig. Die Menschen haben sich schon früh einige „Tricks" ausgedacht: manchmal haben sie Wasser aus einem Gefäß tropfen, Kerzen abbrennen oder Sand ausrinnen lassen. Einigermaßen genau kann man die Zeit aber erst seit der Erfindung der Räderuhren im 14. Jahrhundert messen.
In ägyptischen Quellen findet man Zeitangaben wie die folgende: „Im 23. Jahr des Pharaos Thutmosis III., am 5. Tag des 9. Monats brach der Pharao auf um den elenden Feind zu züchtigen." Leider können wir mit diesem doch ganz exakten Datum zunächst wenig anfangen, weil der Schreiber eine andere Zeitrechnung hatte als wir. Wir brauchen also Angaben über die Thronbesteigung

1 Die Zeit ist eine Einbahnstraße

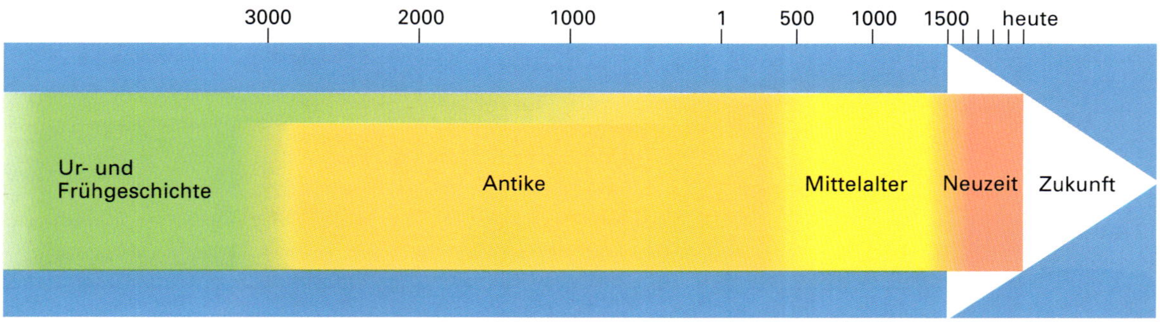

des Thutmosis, über den Beginn des ägyptischen Jahres und über die Länge der Monate. Erst dann wissen wir, wann der König nach unserer Zeitrechnung seinen Kriegszug begann.
Um ein Datum genau einordnen zu können benötigen wir einen festen Markierungspunkt. In unserer Zeitrechnung ist das die Geburt Christi. Deshalb rechnen wir auch in Jahren vor oder nach Christi Geburt. In der DDR gebrauchte man dafür den Ausdruck „unsere Zeitrechnung". „50 vor unserer Zeitrechnung" (v. u. Z.) bezeichnete das Jahr 50 vor Christi Geburt (v. Chr.). Das ist aber keineswegs immer und überall so gewesen und noch heute bestehen mehrere verschiedene Zeitrechnungen nebeneinander, so z. B. die islamische, die mit der Auswanderung des Propheten Mohammed nach Medina am 15. 6. 622 beginnt. Die jüdische berechnet die Zeit nach der biblischen Schöpfungsgeschichte. Die Römer wiederum zählten die Jahre „nach Gründung der Stadt Rom", angeblich im Jahre 753 vor Christi Geburt, und benannten sie nach ihren Oberbeamten, den Konsuln.

Antike – Mittelalter – Neuzeit

In den älteren historischen Quellen herrscht also ein ziemliches Durcheinander von verschiedenen Zeitrechnungen. Um wenigstens ein bisschen Ordnung zu schaffen, haben Historiker in Europa die gesamte Geschichte in drei Zeitalter eingeteilt. Die Zeit von den ältesten schriftlichen Aufzeichnungen bis etwa zum Ende des Römischen Reiches nennt man seitdem Antike. Von da an bis ungefähr zur Entdeckung Amerikas spricht man vom Mittelalter. Die Zeit danach nennen wir Neuzeit.
Natürlich gilt diese Einteilung nur für die europäische Geschichte. In anderen Kulturen gibt es eine solche Einteilung nicht und es gibt selbst in unserer heutigen Zeit – noch – einige Völker, deren Leben und Kultur sich vom Leben in der Steinzeit kaum unterscheidet. Sie leben meist in schwer zugänglichen Gebieten, jagen mit einfachen Waffen aus Stein oder Holz und pflegen ihre Traditionen, Sitten und Gebräuche wie hunderte von Generationen vor ihnen.

Zeitrechnung: Eine Zeitrechnung ist eine Zählung von Jahren von einem bestimmten Zeitpunkt an. Fremde Zeitrechnungen geben uns zunächst nur die Dauer von Ereignissen an. Genaue Daten erhalten wir erst, wenn wir sie in unsere Zeitrechnung umrechnen. Für das Wort „Zeitrechnung" gebrauchen die Historiker häufig den Ausdruck Chronologie. Dieses Wort stammt aus dem Griechischen und erinnert an Chronos, den Gott der Zeit.
In der Geschichte gibt es übrigens auch oft Zeitangaben wie „im 18. Jahrhundert": damit ist dann z. B. der Zeitraum von 1700 bis 1799 n. Chr. gemeint.

a) Der römische Historiker Tacitus beginnt sein Geschichtswerk „Historien" mit den Worten: „Ausgangspunkt meines Werkes soll das zweite Konsulat Galbas und das Konsulat des Titus Vinius sein". Aus den Konsulatslisten wissen wir, dass die beiden Römer im Jahr 822 nach der Gründung Roms regierten. Rechne aus, in welchem Jahr das nach unserer Zeitrechnung war.

b) In welchem Jahr lebst du heute nach der islamischen Zeitrechnung?

c) Die ersten schriftlichen Aufzeichnungen sind etwa 5000 Jahre alt. Zeichne für diesen Zeitraum maßstabgerecht eine Zeitleiste in dein Geschichtsheft. Nimm dir dazu die Abbildung M1 als Vorlage. Markiere in deiner Zeichnung die im Text genannten Zeitangaben (also z. B. Christi Geburt) und andere Daten, die dir wichtig erscheinen.

6. Die Entstehung des Menschen

Vor etwa 4,5 Milliarden Jahren	*(ausgeschrieben: 4 500 000 000) bildete sich ein glühend heißer Gasball; sehr viel später nannten seine Bewohner ihn „Erde".*
Vor etwa 4 Milliarden Jahren	*war er so weit abgekühlt, dass sich eine erste dünne Kruste bilden konnte.*
Vor etwa 3,5 Milliarden Jahren	*entstand das erste Leben in den Ozeanen.*
Vor etwa 400 Millionen Jahren	*begann das Leben auch das trockene Land zu erobern.*
Vor etwa 245 Millionen Jahren	*entwickelten sich die Dinosaurier und beherrschten für unvorstellbare 180 Millionen Jahre die Erde.*
Vor etwa 65 Millionen Jahren	*starben die Dinosaurier aus noch immer nicht geklärten Gründen recht plötzlich aus. Ihren Platz nahmen die Säugetiere ein, aus denen schließlich auch unsere eigene Art hervorgegangen ist.*
Vor etwa 8 Millionen Jahren	*spalteten sich unsere noch tierischen Vorfahren von den übrigen Säugetieren ab.*

Menschen und Mythen

Über die Entstehung der Welt haben die Menschen schon sehr lange nachgedacht. Soweit wir wissen, haben sich die verschiedenen Völker überall auf der Erde darüber unterschiedliche Geschichten erzählt. Diese Geschichten nennt man Mythen. Sie zeigen, dass Menschen sich auch mit Fragen beschäftigten, auf die sie noch keine Antwort wussten. Ein Mythos versucht also, das noch Unerklärbare zu erklären.

Die Entwicklung in der Zeit

Heute brauchen die Wissenschaftler keine Mythen mehr um die Entstehung der Welt zu verstehen. Aber selbst sie haben noch immer beachtliche Wissenslücken und können manches überhaupt nicht erklären und vieles nur sehr grob abschätzen:
Seit der Entstehung der Erde ist viel Zeit vergangen. Es gibt wohl nichts auf der

1 ***Wann entstand das Leben?***
Stell dir vor, wir nehmen die Hundertmeterbahn auf deinem Sportplatz als Maßstab und stellen dann darauf Fahnen als Markierung auf. Die ersten 22 m wäre die Erde vollkommen wüst und leer. Erst bei Fahne 1, also nach 22 m, entstünde das erste Leben. Bis Fahne 2, bei 91 m, bliebe das Festland öde und unbewohnt. Die Säugetiere begännen ihre Herrschaft bei Fahne 3, nach 98,6 m. Die vierte Fahne müssten wir dann praktisch auf den Zielstrich setzen, weil selbst die ältesten noch tierischen Vorfahren des Menschen erst 18 cm davor auftreten würden.

Das Erst Buch Mose. I.

I.

AM anfang schuff Gott himel vnd erden/Vnd die erde war wüst vnd leer/vnd es war finster auff der tieffe/vnd der Geist Gottes schwebet auff dem wasser.

Vnd Gott sprach/Es werde liecht/Vnd es ward liecht/vnd Gott sahe das liecht fur gut an/Da scheidet Gott das liecht vom finsternis/ vnd nennet das liecht/Tag/vnd die finsternis/Nacht/Da ward aus abend vnd morgen der erste tag.

Vnd Gott sprach/Es werde eine feste zwisschen den wassern/vnd die sey ein vnterscheid zwisschen den wassern/Da macht Gott die Feste/vnd scheidet das wasser hunden/von dem wasser droben an der Festen/Vnd es geschach also/Vnd Gott nennet die Festen/Himel/ Da ward aus abend vnd morgen der ander tag.

Vnd Gott sprach/Es samle sich das wasser vnter dem himel/an sondere örter/das man das trocken sehe/ vnd es geschach also/ Vnd Gott nennet das trocken/Erde/vnd die samlung der wasser nennet er/Meere/Vnd Gott sahe es fur gut an.

Vnd Gott sprach/Es lasse die erde auff gehen gras vnd kraut/das sich besame / vnd fruchtbare beume/ da ein iglicher nach seiner art frucht trage/vnd habe seinen eigen samen bey im selbs/auff erden/ Vnd es geschach also/Vnd die erde lies auff gehen/gras vnd kraut/ das sich besamet/ein iglichs nach seiner art/vnd beume die da frucht trugen/vnd iren eigen samen bey sich selbs hatten/ein iglicher nach seiner art/Vnd Gott sahe es fur gut an/Da ward aus abend vnd morgen der dritte tag.

2 ***Die Schöpfungsgeschichte*** *(Bild links) wird in der christlichen Religion im 1. Buch Mose dargestellt. Hier ist die erste Seite der Bibelübersetzung Martin Luthers, Wittenberg 1534, abgebildet. Der Druck verwendet eine altertümliche Schrift, eine Frakturschrift. Auch die deutsche Sprache in diesem Text unterscheidet sich von der heutigen noch erheblich. Der erste Satz lautet in heutigem Deutsch: „Am Anfang schuf Gott Himmel und Erde. Die Erde war noch wüst und leer. Es war finster und der Geist Gottes schwebte über dem Wasser.“*
Adam und Eva *(Bild rechts) stehen im Paradies vor Gott. Das Bild dieser biblischen Szene stammt von einem unbekannten Maler.*

Welt, was sich im Laufe der Zeit nicht verändert und entwickelt hätte. Selbst Kontinente und Ozeane sind nicht ewig. So ist beispielsweise der Atlantik ein noch sehr junger Ozean im Alter von gerade mal 150 Millionen Jahren. Das Mittelmeer ist der kleine Rest eines mächtigen Ozeans, der von China bis zum heutigen Bayern reichte. Gebirge entstehen und werden abgetragen, das Klima ändert sich, selbst die Luft war früher anders zusammengesetzt als heute. Und auch Pflanzen und Tiere verändern sich.
Auch der Mensch ist nicht plötzlich entstanden, sondern hat sich im Laufe von vielen Jahrmillionen aus tierischen Vorfahren entwickelt. Die Geschichte von Adam und Eva ist also nur ein Schöpfungsmythos. Genauso wenig stammt der Mensch vom Affen ab, wie immer wieder erzählt wird. Gewiss, der Mensch hat tierische Ahnen, aber die heutigen Affen sind eher so etwas wie entferntere Verwandte von uns.

Unsere eigene Art entsteht

Im Laufe der Jahrtausende entwickelte sich der Mensch weiter. Das Gehirn wurde größer, der Schädel zarter, die Augenwülste und die Körperbehaarung verschwanden, Kinn und Stirn bildeten eine gerade Linie. So etwa beschreiben Wissenschaftler die ältesten Funde von Menschen unserer eigenen Art, des Homo sapiens sapiens (das ist Latein und heißt „der vernunftbegabte Mensch“). Dieser entwickelte sich vor ungefähr 100 000 Jahren, wahrscheinlich in Afrika, wie viele Wissenschaftler vermuten. Seit etwa 40 000 Jahren gibt es diese Art auch in Europa. Nach und nach verschwanden alle anderen Menschentypen, sodass sämtliche heute auf der Erde lebenden Menschen einer einzigen Art angehören.

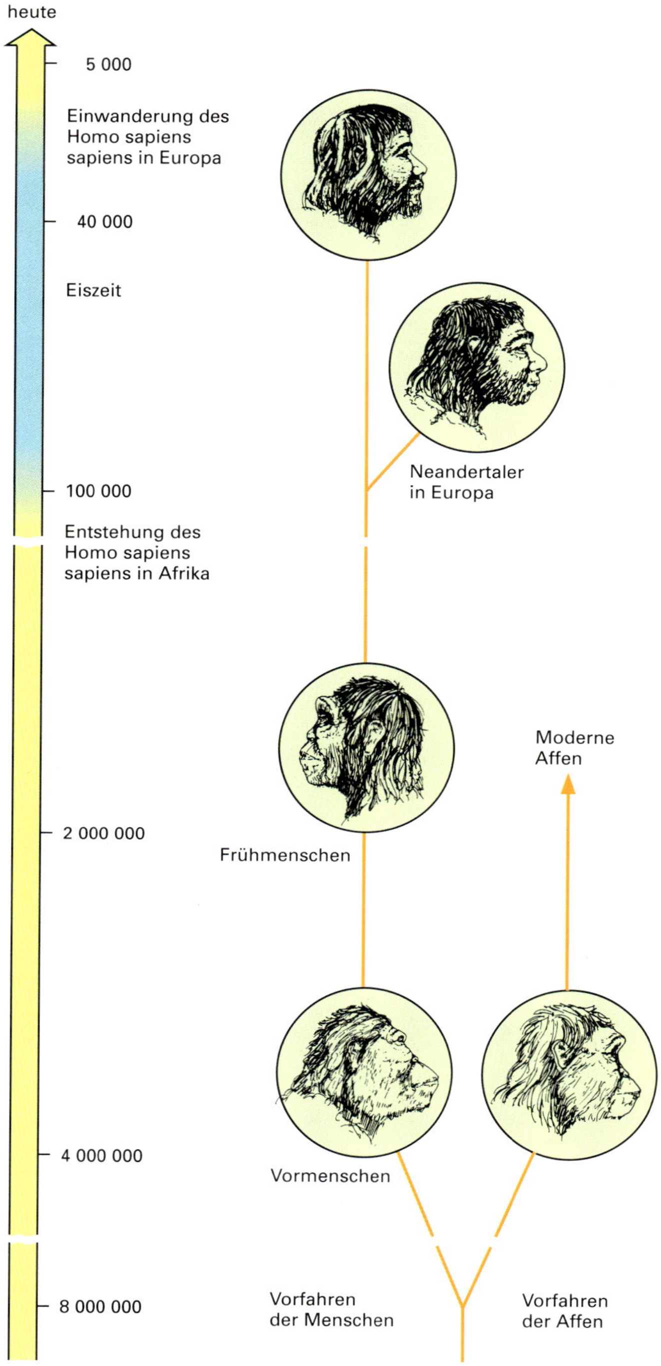

3 Wie entstand der Mensch?

Die Entwicklung vom Tier zum Menschen begann vor ca. 8 Millionen Jahren. Wahrscheinlich damit, dass Baumbewohner von einer zunehmenden Trockenheit dazu gezwungen wurden, den Schutz der Laubbäume zu verlassen und in der offenen Prärie zu leben. Hier schien es für sie wohl vorteilhaft, aufrecht zu gehen um damit Feinde oder Beute schon von weitem sehen zu können. Durch den aufrechten Gang wurden die Hände frei und erwarben im Laufe der Zeit die erstaunliche Geschicklichkeit, mit der wir heute schreiben, basteln oder etwas bauen. Leider gibt es gerade aus dieser Zeit, in der aus Tieren menschenähnliche Wesen wurden, keine Funde. Niemand kann deshalb genau sagen, wie dieser spannende Prozess wirklich abgelaufen ist.
4 Millionen Jahre später glichen uns diese Wesen bereits in erstaunlichem Maße. Allerdings war ihr Gehirn nicht einmal halb so groß wie unseres, ihre Stirn noch fliehend, der Unterkiefer stark nach vorne verlängert, der Körper behaart. Die Wissenschaft bezeichnet sie als Vormenschen.
Weitere 2,5 Millionen Jahre später kamen unsere Vorfahren erstmals auf die Idee Steine nicht einfach nur aufzulesen, sondern sie zurechtzuhauen und ihrem Zweck anzupassen. Die Erfinder dieser einfachen Steinwerkzeuge, die es in Ostafrika wahrscheinlich schon viel früher als in Europa gab, nennt man Frühmenschen. Erst vor etwa 500 000 Jahren kam dann in Europa der Faustkeil in Gebrauch.
Der Neandertaler ist entgegen mancher Vermutungen kein direkter Vorfahr des Homo sapiens sapiens; seine Entwicklung endete gewissermaßen in einer Sackgasse; etwa vor 40 000 Jahren starb diese Gattung aus.

Mythos, Mythen: Als Mythen bezeichnet man meist mit einer Religion verbundene sagenhafte Erzählungen aus der fernen Vergangenheit. Sie geben uns zwar keine Einblicke in frühe geschichtliche Zusammenhänge, zeigen uns aber doch, welche Vorstellungen die Menschen damals von sich, der Natur und ihren Lebenszusammenhängen besaßen.

4 ***Wie alt ist der Mensch?***

Die am Anfang dieses Kapitels abgebildete Hundertmeterbahn wird hier noch ein zweites Mal benutzt. Allerdings ist jetzt der Maßstab verändert um darauf die 8 Millionen Jahre darzustellen, in denen es menschenähnliche Wesen gibt. Erst nach 50 m treten dann also die ersten Vormenschen auf, nach rund 75 m die Frühmenschen. Dann blieben gerade einmal zwei kurze „Trippelschritte" (genau 1,23 m) für unsere eigene Art (Homo sapiens sapiens) und mal eben gut 6 cm für den Zeitraum, mit dem wir uns im Fach Geschichte beschäftigen (also etwa 5000 Jahre).

5 ***Ein Schöpfungsbericht der Germanen***

Die Germanen stellten sich die Erschaffung der Welt folgendermaßen vor:

Am Anfang gab es nur Niflheim, das Eisland im Norden, und Muspelheim, das Reich des Feuers im Süden. Aus dem Zusammentreffen von Feuerfunken und Eiskristallen entstanden eines Tages die ersten Wesen, der Riese Ymir und die Kuh Audumla. Ymir nährte sich von der Milch Audumlas. Audumla aber leckte das Salz von den Steinen, weil es sonst noch nichts anderes zu fressen gab. Einer dieser Steine erhielt dabei menschenähnliche Form und wurde von Audumla belebt.

Das war Buri, der Großvater der Götter. Er schuf sich aus eigener Kraft einen Sohn Bör. Dieser nahm Bestla, die Tochter des Riesen Ymir, zur Frau und zeugte mit ihr die Götterbrüder Odin, Vili und Ve. Diese erschlugen Ymir und brachten seinen Körper in die Leere zwischen Niflheim und Muspelheim. Aus seinem Fleisch schufen sie die Erde, aus seinem Blut das Wasser, aus seinen Knochen die Berge, aus seinen Zähnen die Steine, aus seinem Schädel den Himmel. Dieses Land nannten sie Midgard oder Mittelerde und bestimmten es für die Menschen. Diese formten sie aus angeschwemmten Baumstämmen und nannten den Mann Askr und die Frau Embla. Von jedem der drei Götter erhielten Askr und Embla eine besondere Gabe. Odin schenkte ihnen das Leben, Vili den Verstand und Ve die Sinne und Wahrnehmung. Seitdem bewohnen die Menschen die Mittelerde.

a) *Informiere dich in einer modernen Bibelübersetzung über die verschiedenen Stationen der Entstehung des Lebens auf der Erde und ordne M3 in den Gesamtablauf ein. Du kannst auch Informationen darüber sammeln, wie andere Religionen, z. B. der Islam, die Entstehung des Menschen darstellen.*

b) *Nenne Unterschiede zwischen der biblischen und der germanischen Schöpfungsgeschichte (M2, M5).*

c) *Trage in dein Geschichtsheft das Zifferblatt einer Uhr ein. Zeichne maßstabgerecht die Entwicklung des Menschen mit dem Auftreten des Vormenschen, des Frühmenschen und des Homo sapiens sapiens ein. Male die einzelnen Abschnitte verschieden bunt aus (M3, M4; denke daran: 1,5 Stunden entsprechen 1 Million Jahre).*

7. Die Menschen jagen und sammeln

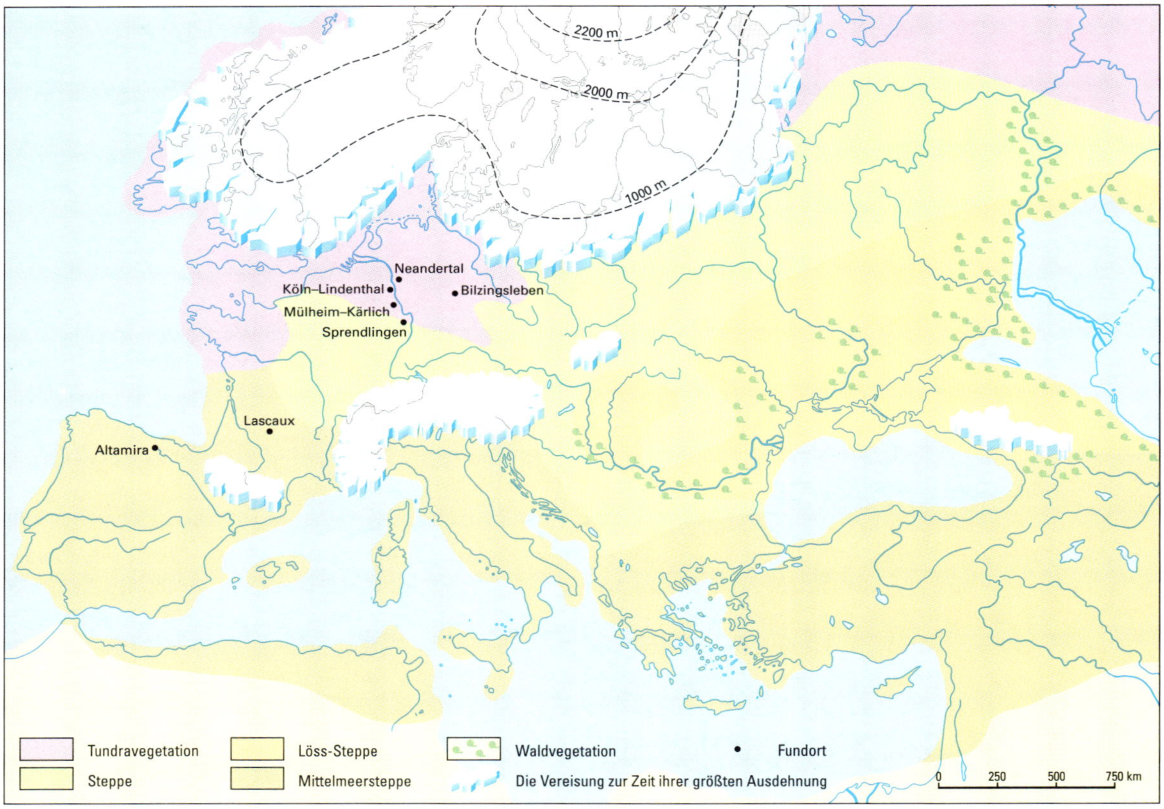

1 ***Europa während der letzten Eiszeit.*** *Weite Teile Europas waren unbewohnbar. Selbst im Süden war das Klima kaum anders als heute in Skandinavien, weil von den riesigen Eisflächen her ständig kalte Winde wehten.*

Die Eiszeit

Im Laufe der Erdgeschichte hat es immer wieder gewaltige Klimaveränderungen gegeben. In Deutschland war es zu manchen Zeiten so feuchtheiß, dass im Rhein Krokodile lebten, zu anderen so kalt, dass der Boden selbst im Sommer nicht völlig auftaute. Solche kalten Abschnitte nennt man Eiszeiten.

Wenn man von „der" Eiszeit spricht, so meint man gewöhnlich die letzte dieser Eiszeiten, die vor 75 000 Jahren begann und vor 10 000 Jahren endete. Sie bestand genau genommen aus einem Wechsel von sehr kalten und etwas milderen Perioden dazwischen. Große Teile Europas lagen unter dem Eis begraben, wie heute beispielsweise Grönland. Im Norden reichten die skandinavischen Gletscher bis tief nach Niedersachsen, im Süden erstreckten sich die Alpengletscher bis in die Höhe Münchens. Im Eis waren unglaubliche Mengen von Wasser gebunden, die dem Meer entzogen wurden. Der Meeresspiegel sank deshalb auch so tief ab, dass der Rhein erst in der Nähe der englischen Küste, die Elbe weit jenseits von Helgoland ins Meer mündeten. Das eisfreie Land bestand zumeist aus Steppe, in der nur an besonders geschützten Stellen vereinzelt Bäume wuchsen. Dafür war die Steppe sehr wildreich. Es gab Mammute, Steppenelefanten, Höhlenbären und Höhlenlöwen, Moschusochsen, Fellnashörner,

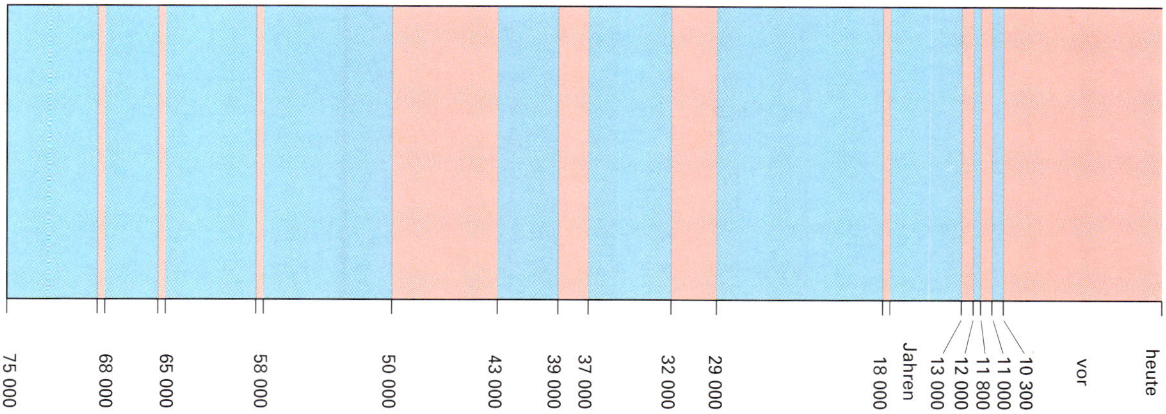

2 ***Wechsel von Kalt- und Warmzeiten*** *der Erde während der letzten 75 000 Jahre*

Wildpferde, Rentiere, Schneehühner und eine Menge anderer kälteangepasster Tiere, die der Mensch jagen konnte. So war das Gebiet des heutigen Deutschland wahrscheinlich auch nur während der kältesten Zeit, vor ungefähr 20 000 Jahren, völlig menschenleer und unbewohnt.

Die Altsteinzeit

Die Eiszeiten sind also Klimaerscheinungen, natürliche Ereignisse. Sie beschreiben die äußeren Lebensbedingungen von Menschen, sagen aber nichts darüber aus, wie weit unsere Vorfahren tatsächlich entwickelt waren. Die Urgeschichte befasst sich dagegen vor allem mit den Fähigkeiten und Fertigkeiten der Menschen. Die älteste und längste dieser Entwicklungsstufen bezeichnen die Wissenschaftler als Altsteinzeit. Diese begann vor 1,5 Millionen Jahren und endete mit der letzten Eiszeit vor etwa 10 000 Jahren.
Der Begriff Altsteinzeit wurde gewählt, weil aus dieser Zeit nur Steine als Überreste erhalten geblieben sind; allerdings ist er nicht ganz genau, denn die Menschen benutzten keineswegs nur Werkzeuge aus Stein. In dieser Zeit lebten die Menschen ausschließlich vom Jagen und Sammeln. Sie zogen umher und waren vollständig von dem abhängig, was die Natur ihnen bot. Für solche großen zusammengehörigen Zeitspannen benutzen die Historiker den Begriff „Epoche“.

Leben in Gemeinschaften

Wie wir bereits aus den ältesten Funden wissen, lebten schon die Vormenschen und nach ihnen die Frühmenschen niemals einzeln, sondern immer in größeren Gemeinschaften. In solchen sogenannten Horden zu leben war für die Menschen in jenen Zeiten sicherer, weil sie weder besonders schnell noch besonders stark waren. Der Einzelne allein war eine zu leichte Beute für jedes größere Raubtier. In der Gruppe aber konnten die Menschen zusammenarbeiten, sich gegenseitig unterstützen und ihre Überlebenschancen verbessern. Beim Jagen konnten sich mehrere zusammentun und das Wild treiben und hetzen. Und beim Sammeln wuchs natürlich die Wahrscheinlichkeit eine nahrungsspendende Stelle zu finden, wenn viele Leute danach suchten.
Wie die Frühmenschen miteinander umgingen, wissen wir nicht. Ihre Sitten sind uns weitgehend unbekannt. Es muss aber schon feste Regeln gegeben haben, z. B. dass Kinder von allen Erwachsenen geschützt, verteidigt und ernährt werden mussten. Menschenkinder brauchen nämlich sehr viel mehr Zeit als Tierkinder, ehe sie für sich selber sorgen können. Selbst das Laufen lernen sie erst etwa am Ende des ersten Lebensjahres. Hätten die erwachsenen Frühmenschen also nicht sorgsam auf ihre Kinder geachtet, wäre die Horde rasch ausgestorben.

Sammeln und Jagen

Ein solches Leben in der Natur muss wohl, wenn wir es mit heutigen Maßstäben messen, schwer und mühevoll gewesen sein. Aber auch damals werden die Menschen gelacht und sich gefreut haben, traurig und glücklich gewesen sein. Deshalb sei gleich vor einem Fehler gewarnt, den viele Leute immer wieder machen, wenn sie sich mit der Vergangenheit beschäftigen. Sie betrachten nämlich alles, was früher war, mit unseren Augen und lächeln darüber, dass nicht immer alles so war wie heute.

Die meiste Zeit waren die Menschen der Altsteinzeit mit der Nahrungssuche beschäftigt. Natürlich waren alle froh, wenn die Jäger mit Beute zurückkamen, denn von den erlegten Tieren konnte man eigentlich alles verwenden. Nichts durfte verschwendet werden, weil man nie wusste, wann man wieder etwas Lebensnotwendiges bekommen würde. Die Jagd war jedoch eine unsichere Sache: Nicht immer fanden die Jäger erlegbares Wild, oft wurden sie selber von Raubtieren gejagt. Auf die Jagd allein konnte man sich also nicht verlassen.

Dagegen lieferte das Sammeln einen viel zuverlässigeren Mittagstisch. Die Sammlerinnen und Sammler beschafften oft bis zu 80 Prozent des Nahrungsbedarfs, die Jagdgruppe nur den Rest. Gesammelt wurden Früchte, Beeren, Wurzeln, Körner, Nüsse, Pilze, außerdem Insekten und alle Arten von Kleingetier, das wir heute nicht so gerne auf der Speisekarte hätten. Die altsteinzeitlichen Menschen lebten also noch in der Natur, aber sie waren auch vollkommen von ihr abhängig. Zugleich lebten sie „von der Hand in den Mund“: Was sie fanden oder erjagten, musste auch sogleich verspeist werden, weil es praktisch noch keine Möglichkeiten gab, Nahrungsmittel länger als einige Tage aufzubewahren.

Welche Aufgaben Männer und Frauen in diesen Gemeinschaften von Jägern und Sammlern erfüllt, welche Rollen sie eingenommen haben und ob es Rangunterschiede zwischen den Geschlechtern gab, wissen wir nicht. Wir können immerhin vermuten, dass alle, Männer und Frauen gemeinsam, ihren Teil zum Lebensunterhalt der Horde beitragen mussten.

Vom Können der Frühmenschen

Bereits vor 350 000 Jahren konnten die Frühmenschen, wie ein Fund im thüringischen Bilzingsleben beweist, einfache Hütten bauen, Steinmesser, Steinschaber und Bohrer herstellen und – mit Feuer umgehen. Allerdings konnten sie es

3 ***Steinzeitliche Felsbilder.*** *Das linke zeigt eine Frau, die zu einem Bienennest aufgestiegen ist, das rechte Bogenschützen und eine Gruppe von Hirschen und Hirschkühen.*
Welche Vermutungen über die Lebensweise der damaligen Menschen lassen die Bilder zu?

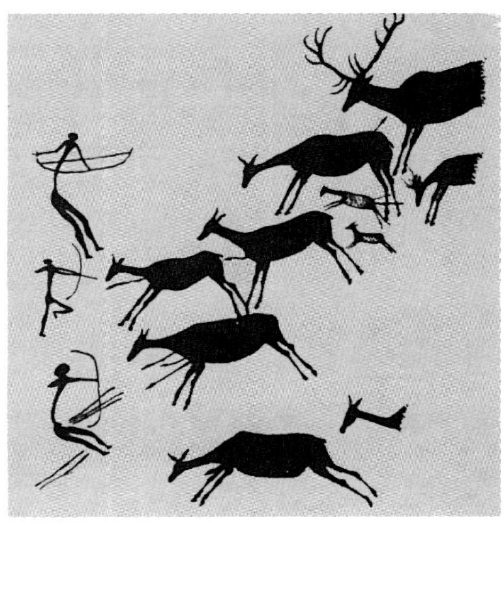

4 Funde aus der Alt- und Jungsteinzeit: *Faustkeil, Schaber, Tonscherben, Elfenbeinfiguren, Geröllgerät, Knochenharpune. Diese Gegenstände sind in einer Zeitspanne von ca. 300 000 Jahren entstanden. Überlege, wozu sie gedient haben mögen.*

nur bewahren und noch nicht selbständig entzünden. Mit Hilfe des Feuers war es möglich sich zu wärmen, Essen zuzubereiten, Waffen und Werkzeuge zu härten, Wild zu treiben und Raubtiere zu vertreiben. Die Feuerstelle wurde so zum wichtigsten Lebensort der Gemeinschaft. Zweifellos hat das Feuer das Leben erleichtert, aber wie sehr es die Entwicklung des Menschen beschleunigt hat, ist schwer zu sagen.
An einem 250 000 Jahre alten Lagerplatz in Mülheim-Kärlich (Rheinland-Pfalz) fanden Wissenschaftler Lanzen und im Feuer gehärtete Speere, Faustkeile, Knochenlöffel, Hacken, Meißel und Glätter. Kunstvoll bearbeitete Knochen zeigen uns außerdem, dass Gebrauchsgegenstände schon damals nicht nur praktisch sein sollten. Die Menschen hatten offenbar schon sehr früh das Bedürfnis sie auch zu verschönern.

Die Entwicklung beschleunigt sich

Trotz dieser Fähigkeiten der Urmenschen entwickelten sie sich nur langsam weiter. Über Jahrhunderttausende hinweg können wir kaum einen Fortschritt feststellen. Das änderte sich zunächst mit den Neandertalern, die in der Zeit vor 120 000 bis vor 40 000 Jahren in Europa lebten, und dann mit dem Auftreten des Homo sapiens sapiens. Diese Menschen waren geschickte Jäger, großartige Künstler, die Erfinder neuer Techniken, etwa des Schießens mit Pfeil und Bogen, des Kochens und des Nähens und sie waren wohl die Ersten, die über sich selbst und die Zusammenhänge der Natur nachzudenken begannen.
Als die neue Menschenart vor rund 40 000 Jahren in Europa einwanderte, fand sie eiszeitliche, d. h. äußerst raue und höchst unangenehme Lebensbedingungen vor. Die eiszeitlichen Menschen – also zu jener Zeit die Neandertaler – jagten vor allem Rentiere, Wildpferde, Fellnashörner, Wildrinder, Hirsche und die gewaltigen Mammute. Stell dir vor, wieviel Mut und Geschick dazu gehörten sich einem mehrere Tonnen schweren, wütenden Koloss von 3 m Schulterhöhe bis auf wenige Meter zu nähern und dann auch noch einen hölzernen Speer mit Knochenspitze zielsicher zu werfen. Da war es schon ein enormer Vorteil die riesigen Tiere zunächst aus sicherer Entfernung mit Lanzen und später mit Speerschleudern angreifen zu können.
Gekocht wurde in Gruben, die man mit Tierhaut auslegte und mit Wasser füllte, in das dann glühend heiße Steine geworfen wurden. Die Nähnadel erlaubte es, Tierfelle, die man sich vorher nur umgelegt hatte, zusammenzunähen und daraus richtige Kleidung oder auch wasserdichte Zeltbahnen zu nähen. Vielleicht

lächelst du über „Erfindungen“ wie Pfeil und Bogen, Kochmulden und die Nähnadel. Damit würdest du den damaligen Menschen Unrecht tun, denn diese Errungenschaften waren nur möglich, wenn man die Natur genau beobachtete und Schlussfolgerungen daraus zog.

Die eiszeitlichen Menschen waren die ersten bedeutenden Künstler. Du hast vielleicht schon einmal etwas von den 12 – 15 000 Jahre alten Höhlenzeichnungen in Altamira in Spanien oder von Lascaux in Frankreich gehört. Schau dir diese Darstellungen einfach einmal an und führe dir vor Augen, dass diese frühen Künstler ohne Ausbildung, mit selbstgefertigten Farben und beim Licht von Tranlampen arbeiteten. Außerdem fertigten sie bereits wunderbare Schmuckstücke. Wir kennen inzwischen zahlreiche Schnitzereien aus Menschen- und Tierknochen, die mehr als 30 000 Jahre in die Vergangenheit reichen. Aus der gleichen Zeit stammt eine Flöte, das älteste bisher entdeckte Musikinstrument.

Wahrscheinlich dienten Höhlenmalereien dazu, die Geister der gejagten Tiere

5 Höhle von Lascaux, Frankreich
Diese etwa 15 000 Jahre alten Malereien gehören zu den großartigsten Leistungen der frühen Menschheit. Sie sind mit Erdfarben gemalt und sehr empfindlich. Deshalb dürfen Touristen die Höhle auch nicht besuchen. Welche Tiere kannst du erkennen?

6 ***Ein erlegtes Rentier*** *gab nicht nur Fleisch. Von dem Tier durfte nichts verschwendet werden. Ordne die Verwendungsmöglichkeiten der Jagdbeute nach Gruppen (z. B. Nahrung).*

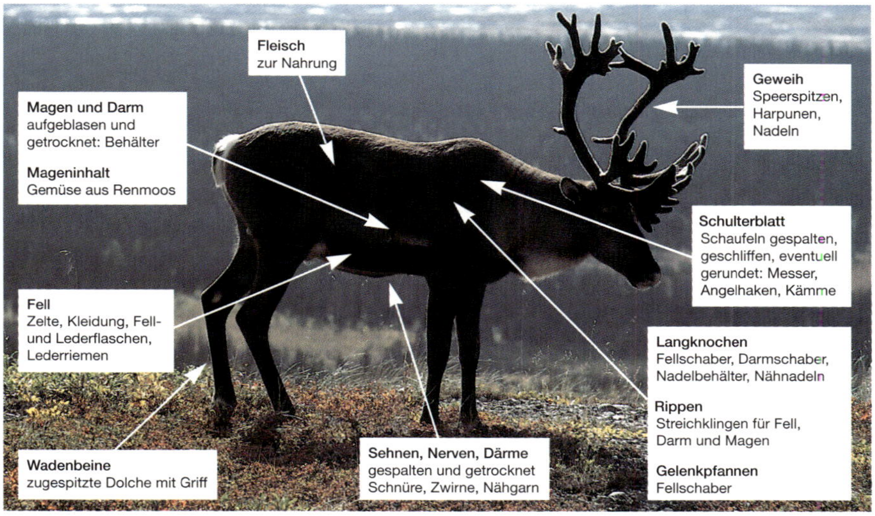

zu beschwören. Diese Idee hatte es vorher nicht gegeben. Sie bedeutet, dass es die Menschen danach drängte, nach Ursachen und Wirkungen zu fragen und die Welt zu erklären. Auch begnügten sie sich nicht mehr damit, einfach dahinzuleben und dann zu sterben. Sie entwickelten vielmehr die Idee vom Jenseits, von einem Leben nach dem Tode, und begannen ihre Toten sorgfältig zu bestatten und für das Jenseits auszurüsten, wie es ansatzweise auch schon die Neandertaler getan hatten. Das waren die Anfänge der Religion.
Selbst das Tauschen und Handeln kannten die eiszeitlichen Jäger bereits. Auf einem 25 000 Jahre alten Rastplatz in Sprendlingen (Rheinland-Pfalz) fanden sich zu Schmuckstücken verarbeitete Schnecken, die aus dem Mittelmeerraum stammen. Das bedeutet wohl, dass die Kontakte zwischen den Horden nach bestimmten Regeln abgelaufen sein müssen. Denn Handel ist nur möglich, wenn man friedlich miteinander umgeht und sich gegenseitig etwas zu bieten hat.

Altsteinzeit: Die Altsteinzeit ist der längste Entwicklungsabschnitt der Menschheit. Sie begann mit dem Auftreten des Frühmenschen vor ungefähr 1,5 Millionen Jahren und endete mit der letzten Eiszeit vor ca. 10 000 Jahren. Während ihrer gesamten Dauer blieben die Menschen wandernde Jäger und Sammler und damit noch völlig von der Natur abhängig. Solche historischen Einheiten nennt man Epochen. Aber auch während einer Epoche bleibt die Entwicklung nicht stehen. Das menschliche Leben verändert sich durch Umwelt, Technik, Klima usw. so lange, bis wir nach einer Übergangszeit von einer neuen Epoche sprechen.
Eiszeit: Eiszeiten sind kalte Perioden in der Erdgeschichte. Die letzte Eiszeit begann vor 75 000 und endete etwa vor 10 000 Jahren. Im Vorderen Orient verbesserte sich das Klima eher als bei uns, so dass dort auch die Altsteinzeit früher endete als in Mittel- und Nordeuropa.

a) Lege eine Liste der europäischen Länder an, die in der Eiszeit ganz oder zu großen Teilen von Eis bedeckt waren (M1).
b) Stelle in einer Liste die täglichen Tätigkeiten einer Horde von Frühmenschen zusammen.
c) Suche im VT Beweise für die Behauptung, dass sich seit dem Auftreten des Homo sapiens sapiens die Entwicklung der Menschen beschleunigte.

8. Die Menschen werden Bauern

vor ca. 100 000 Jahren — In Afrika entwickelt sich der Homo sapiens sapiens.
vor ca. 40 000 Jahren — Der Homo sapiens sapiens wandert nach Europa ein.
vor ca. 10 000 Jahren — Ende der letzten Eiszeit und der Altsteinzeit. Beginn der Mittelsteinzeit. Die Menschen lernen allmählich Tiere zu zähmen.
vor ca. 7700 Jahren — Beginn der Jungsteinzeit in Europa. Die Menschen erlernen den Ackerbau und werden sesshaft.

Eine Übergangszeit: die Mittelsteinzeit

Die allermeisten Dinge entstehen nicht über Nacht, sondern entwickeln sich über lange Zeiträume. Deshalb gibt es auch immer wieder Übergangsepochen, in denen das Alte noch vorhanden ist und das Neue sich langsam durchsetzt. Eine solche Übergangszeit begann mit dem allmählichen Abschmelzen der gewaltigen Eismassen vor etwa 16 000 Jahren. Diese Zeit scheint noch immer sehr lang, ist aber kurz, verglichen mit der beinahe endlosen Dauer der Altsteinzeit. Diese Übergangszeit nennen die Wissenschaftler „Mittelsteinzeit". In dieser Zeit erfanden die Menschen das Steinbeil, mit dem man Holz zum Hütten-, Werkzeug- und Bootsbau bearbeiten konnte, und in dieser Zeit liegen die Anfänge der Tierzucht. Diese Neuerungen waren wichtige Voraussetzungen für die kommenden Veränderungen in der Jungsteinzeit.

Die neue Epoche der Jungsteinzeit

Mit der Jungsteinzeit beginnt ein völlig neuer Abschnitt in der Frühgeschichte der Menschheit; Ackerbau, das Halten von Nutztieren, Töpferei und Sesshaftigkeit waren die Kennzeichen der neuen Zeit. Aus Jagenden und Sammelnden, die nehmen mussten, was die Natur ihnen bot, wurden Bauern, die planvoll wirtschafteten. Diese Veränderung in der Lebensweise der Menschen war so einschneidend und vollzog sich – verglichen mit der Dauer der Altsteinzeit – so schnell, dass man diesen Umbruch als „neolithische Revolution" bezeichnet hat („neolithisch" ist das griechische Wort für jungsteinzeitlich).
Wann genau die Veränderungen einsetzten, hing vor allem von der Lage des Ortes ab. Im heutigen Iran, Irak und rund ums Mittelmeer, also im Süden, machte sich die zunehmende Erwärmung der Erde am Ende der Eiszeit natür-

1 ***Verzierte Tongefäße aus der Jungsteinzeit*** *Sie sind etwa 6000 Jahre alt und wurden bei Bad Schussenried, Kreis Biberach, gefunden.*

2 ***Steinbohrapparat*** *(Rekonstruktion). Um ein Steinbeil mit einem Holzstab zu durchbohren brauchte man viel Geschick und Geduld.*

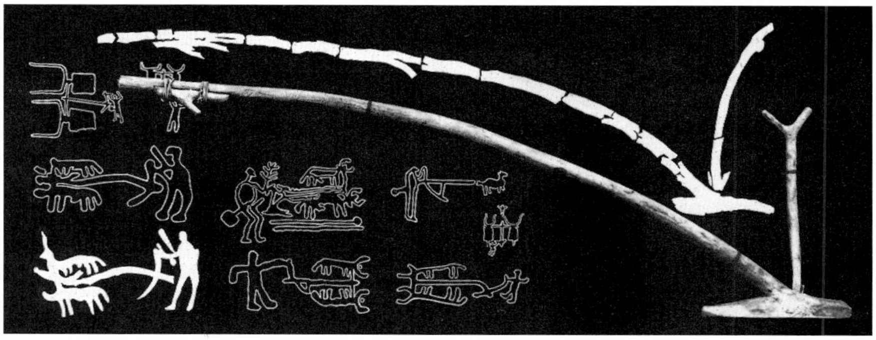

3 Hakenpflug *(Zeichnung und Rekonstruktion). Die Felszeichnung verschafft uns ein Bild von der bäuerlichen Lebensweise vor etwa 3500 Jahren.*
Erzähle davon mit Hilfe des Bildes.

lich viel rascher bemerkbar als bei uns in Mitteleuropa, wo manche Gegenden unter 2000 m mächtigen Eisschichten begraben lagen. Tatsächlich begann auf dem Gebiet des heutigen Deutschland wegen des raueren Klimas die Jungsteinzeit erst etwa 3000 Jahre später als im Orient. Dort, in der Südtürkei, fanden Archäologen gut erhaltene, etwa 8500 Jahre alte Überreste von Catal Hüyük, einer der ältesten Städte der Menschheit.

Veränderungen des Lebens: Tierzucht …

In einem 13 000 Jahre alten Grab in der Nähe von Bonn entdeckten Wissenschaftler die Überreste eines Hundes. Hunde wurden wahrscheinlich bei der Jagd eingesetzt, aber man aß auch Hundefleisch. Von da an waren es „nur“ noch ein paar tausend Jahre, bis am Anfang der Jungsteinzeit auch andere Tierarten gezähmt und gezüchtet wurden: zunächst Ziegen und Schafe, später auch Rinder, Schweine und andere Nutztiere. Von nun an konnte man Tiere halten und sie vermehren und brauchte sie erst dann zu schlachten, wenn man ihr Fleisch wirklich benötigte. Wie der Mensch es allerdings lernte, Tiere zu zähmen, darüber geben uns die Funde keine Auskunft.

… Töpferei …

Beim Übergang von der Mittelsteinzeit in die Jungsteinzeit entstand die Töpferei im Orient. Die von Hand geformten und dann gebrannten Tongefäße erwiesen sich als leicht und schnell herstellbare, wasserdichte und vielseitig verwendbare Geräte. Man konnte mit ihnen kochen, Vorräte in ihnen lagern oder sie als Transportbehälter verwenden.

… Ackerbau und Sesshaftigkeit …

Tierzucht und Töpferei waren wichtige Neuerungen. Aber es war der Übergang zum Ackerbau, der das Leben der Menschen am nachhaltigsten veränderte. Zunächst ernteten Sammlerinnen und Sammler offenbar wildes Getreide und legten davon Vorräte an. Dann beobachtete man wahrscheinlich, dass Getreide dort besonders reichlich wuchs, wo man es aufbewahrte. Auf diese Weise erkannte man den Zusammenhang zwischen dem Korn und der Vermehrung der Pflanze. Schließlich kam man auf die Idee das Getreide dort auszusäen, wo man seine Hütten gebaut hatte. So wurden die Menschen sesshaft. Sie lebten nun in Dörfern, also dort, wo auch ihre Äcker lagen. In Deutschland sind die ältesten Spuren des Ackerbaus etwa 7500 Jahre alt, im heutigen Israel und in Jordanien sogar noch einmal viereinhalb Jahrtausende älter.
Mit hölzernen Stöcken stachen die frühen Bauern Löcher in den Boden; später zogen sie mit Holzspaten Furchen und versenkten in diese den Samen. Der Pflug wurde erst im Laufe der Jungsteinzeit, vor ca. 5500 Jahren, erfunden. Die Bauern waren abhängig von Regen und Dürre, Hagel und Unwetter, Wildfraß, Unkraut und Ungeziefer. Sie mussten sich plagen und schuften, und dazu lebten sie – oft zusammen mit ihrem Vieh – in einfachen Hütten. Und dennoch bedeu-

4 ***Die Töpferscheibe*** *(hier in einer ägyptischen Darstellung von ca. 1900 v. Chr.) war eine wichtige Erfindung der jungsteinzeitlichen Menschen. In Mitteleuropa wurde sie erst viele Jahrhunderte später, nämlich seit etwa 550 v. Chr., verwendet. –*
Bringe in Erfahrung, wozu man die Töpferscheibe benötigte und welchen Fortschritt sie bedeutete.

5 ***Webstuhl*** *aus der Jungsteinzeit. Dieser Nachbau aus unserer Zeit wurde nach Bruchstücken aus Funden angefertigt.*

tete ihre Art zu leben wohl den bis dahin gewaltigsten Fortschritt in der Menschheitsgeschichte:

… neue Arbeitstechniken …

Mit dem Ackerbau wurde es überflüssig, dem Wild nachzuziehen. Denn nun konnte man an Ort und Stelle für die Zukunft sorgen. Das Leben und Wirtschaften veränderte sich in vielen Bereichen. Um Felder zu gewinnen musste man Wälder roden und die natürliche Umwelt verändern. Man musste günstige Zeiten für Aussaat und Ernte bedenken und für den Winter Vorräte anlegen. Neue Techniken wurden entwickelt wie das Backen, das Konservieren von Lebensmitteln oder das Pflügen. Schwere Lasten waren zu transportieren und dafür erfand man das Rad, die Achse und den Wagen. Durch die Fortschritte in der Landwirtschaft konnten bald mehr Menschen ernährt werden, und weil so ihre Zahl wuchs, benötigten die Menschen Regeln und Gesetze für ihr Zusammenleben.

… Beginn der Arbeitsteilung …

Schließlich konnten sogar geschickte Leute mit besonderen Fähigkeiten für ihre Dienste mit Nahrungsmitteln entlohnt werden. Zweifellos hat es auch früher schon Menschen gegeben, die eine besondere Begabung - etwa für die Bearbeitung von Stein – besaßen. Aber erst nachdem die Menschen sesshaft geworden waren, konnte man einen „Spezialisten" an einem bestimmten Ort aufsuchen, wenn man ihn brauchte, und mit ihm über seinen Arbeitslohn verhandeln. Damit entstanden Handwerk und Arbeitsteilung – und wohl auch die gesellschaftliche Ungleichheit der Menschen, weil diese begannen, den Wert des Einzelnen nach seinen Fähigkeiten und Fertigkeiten einzuschätzen.

… ein neues Verhältnis zur Natur

In der Jungsteinzeit begannen die Menschen bewusst in die Natur einzugreifen, sich die Erde untertan zu machen. Der Mensch nahm nun größeren Einfluss auf die Natur als jedes andere Lebewesen jemals zuvor. Schon die ersten Bauern rodeten die damals vorherrschenden Eichen-Linden-Mischwälder in einem solchen Ausmaß, dass es schon seit Jahrtausenden in Europa keine Lindenwälder mehr gibt.

6 Ein Dorf der Jungsteinzeit
Grabungen bei Köln-Lindenthal zeigten den genauen Grundriss eines jungsteinzeitlichen Dorfes und ermöglichten es ein Modell zu rekonstruieren. – Welche Vorteile bot eine solche Dorfanlage ihren Bewohnern?

7 Langhaus der Bandkeramiker *(Rekonstruktionszeichnung nach archäologischen Funden). Weil der Name dieser Menschen, die vor etwa 7000 Jahren lebten, unbekannt ist, haben die Archäologen sie nach den Verzierungen ihrer Tongefäße so benannt.*

Jungsteinzeit: Diese Epoche begann nach dem Ende der letzten Eiszeit vor rund 10 000 Jahren in klimatisch besonders günstigen Gegenden der Erde. In der Jungsteinzeit änderte sich das Leben der Menschen so nachhaltig und in so vielen Bereichen, dass man diese Umbrüche als jungsteinzeitliche (neolithische) Revolution bezeichnet hat.
Einen ähnlichen Entwicklungssprung machte die Menschheitsgeschichte erst wieder ab der Mitte des 18. Jahrhunderts, als in England die Industrielle Revolution ihren Anfang nahm.

a) Nenne Vorteile, die die Tierzucht den Menschen brachte.
b) Beschreibe, wie die Sesshaftigkeit das Leben der Menschen veränderte (VT, M6, M7).
c) Erzähle, wie die Menschen begannen Ackerbau zu betreiben. Wie veränderte sich ihr Leben (VT, M1 bis M3)?
d) Vergleiche die Werkzeuge früherer Menschen (Kapitel „Die Menschen jagen und sammeln“) mit denen aus der Jungsteinzeit (M1 bis M5). Welche Fortschritte kannst du erkennen?
e) Nenne alle Arbeiten, die nötig waren, ehe die frühen Menschen Brot essen konnten.

9. Die Kelten – Handwerker, Händler und Druiden

Asterix und Obelix – wer kennt sie nicht aus Comics und Filmen? Sie und ihr Dorf wehren sich erfolgreich gegen die Römer. Sie sind Gallier. So nannten die Römer vor 2000 Jahren die Bewohner Frankreichs. Asterix, Obelix und ihre Freunde können die Römer besiegen, weil ihr Druide einen Zaubertrank mixt, der ihnen außerordentliche Kräfte verleiht.
Die Geschichten von Asterix und Obelix haben zwei Franzosen erfunden. Gallier und Druiden aber gab es wirklich. Wer waren sie? Wie lebten sie? Woher kamen sie?

Die Kelten, ein indoeuropäisches Volk

Die Gallier gehörten vor mehr als 2000 Jahren zu einem Volk, das wir heute Kelten nennen. Ihre Sprache war mit dem Lateinischen, Griechischen und Indischen ebenso verwandt wie mit unserem Deutsch. Alle diese Völker haben wohl einen gemeinsamen Ursprung. Man bezeichnet sie heute als Indoeuropäer. Allerdings ist von den Kelten keine Schrift überliefert. So wäre uns ihre Sprache völlig unbekannt, wenn nicht heute noch in Europa Menschen keltische Dialekte sprechen würden: die Bretonen in Westfrankreich, die Waliser, Iren und Schotten auf den Britischen Inseln.
Informationen über die Kelten erhalten wir darüber hinaus aus den Berichten, die andere Völker über sie geliefert haben, z. B. von griechischen und römischen Schriftstellern. Vor allem sind wir jedoch auf die Bodenfunde der Archäologen angewiesen, wenn wir etwas über das Leben der Kelten erfahren wollen. Fluss- und Landschaftsnamen erinnern heute noch an sie: In Spanien gibt es die Landschaft „Galizien“, in der Türkei schrieb vor fast 2000 Jahren der Apostel Paulus Briefe an ein Volk, „Galater“ genannt. Richtig, dort lebten ebenfalls keltische Stämme, die aus ihren Siedlungsgebieten in Frankreich und Deutschland ausgewandert waren. Auch die Region Böhmen in der Tschechischen Republik hat ihren Namen vom keltischen Stamm der Bojer, der früher dort siedelte (Bojerheim → Bohemia → Böhmen).

Ein Kriegervolk?

Wie viele Völker, fürchteten auch die kriegerischen Römer die keltischen Angriffe. Einmal konnten Kelten sogar die Stadt Rom erobern, plündern und einen großen Schatz als Lösegeld für den Abzug fordern. Warum aber waren die keltischen Krieger so gefürchtet? Sicherlich trug schon ihre äußere Erscheinung dazu bei: Mit weiß gekalkten, offenen langen Haaren stürzten sie sich in die Schlacht. Die Frauen, die zusammen mit den Männern neue Siedlungsgebiete suchten, feuerten sie vom Rand des Schlachtfeldes aus an. Mut und schreckliches Aussehen reichten natürlich nicht allein zum Sieg in der Schlacht, mindestens genau so wichtig waren die scharf und fest geschmiedeten Schwerter.

Bergbau und Schmiedekunst

Schmiede genossen bei den Kelten hohes Ansehen, denn sie beherrschten die Kunst Metall im Feuer zu erhitzen und zu festen Gegenständen zu formen. Seit ungefähr 2000 v. Chr. suchten die Menschen im Mitterberg in Österreich in einem Bergwerk nach Kupfer. Mit großen Picken aus Kupfer brachen die Bergleute in Stollen das erzhaltige Gestein. Über Schächte wurde es nach oben gebracht, an

1 Eisenherstellung bei den Kelten:
(1) Bau eines Holzkohlenmeilers
(2) Meilerbrand zur Herstellung von Holzkohle
(3) Ofen: Brand von zerkleinertem Eisenerzgestein bei 700 Grad Celsius
(4) Blasebalg
(5) Geschmolzenes, schmiedbares Eisen
(6) Steinamboß

Hau- und Schmelzplätzen zunächst grob auseinandergehauen, zerkleinert und zwischen Mahlsteinen zerrieben. Nun wurde in der Feuerglut das Metall geschmolzen. Dann konnten Schmiede Waffen, Werkzeuge, Schmuckstücke und Gefäße anfertigen. Immer härter sollte das Metall werden, aus dem man die Waffen und Werkzeuge herstellte: So mischte man dem Kupfer Zinn bei und gewann Bronze. Ein ganzes Zeitalter (ungefähr 2000 bis 800 v. Chr.) hat man nach diesem Metall „Bronzezeit" genannt. Die keltischen Schmiede wussten aber auch schon, wie man die Schwerter aus dem noch festeren Eisen herstellen konnte.

Fernhandel

Die Kelten erfanden weder den Bergbau noch das Schmiedehandwerk. Die Menschen im Vorderen Orient und an der Mittelmeerküste beherrschten diese Künste schon früher und die Kelten lernten sie von ihnen. Jetzt stellten sie selbst Metallgegenstände, Schmuck und Waffen her, die von Händlern in ferne Gebiete in ganz Europa ausgeführt wurden. Ein besonders begehrtes Handelsgut war das Salz, denn mit Salz konnten die Menschen vor 2500 Jahren Fleisch und Fisch dauerhafter aufbewahren. Es wurde von Angehörigen eines keltischen Stammes in den Bergwerken im österreichischen Salzkammergut abgebaut.

Keltische Städte

Die meisten Kelten waren Bauern und lebten auf ihren Gehöften. Es gab allerdings bereits große, befestigte Städte. Diese waren um den Wohnsitz eines Fürsten oder

2 Keltenstadt Manching: *Plan und Osttor (Rekonstruktion). –*
Arbeite heraus, warum diese Stadt für die Bewohner große Sicherheit bot.

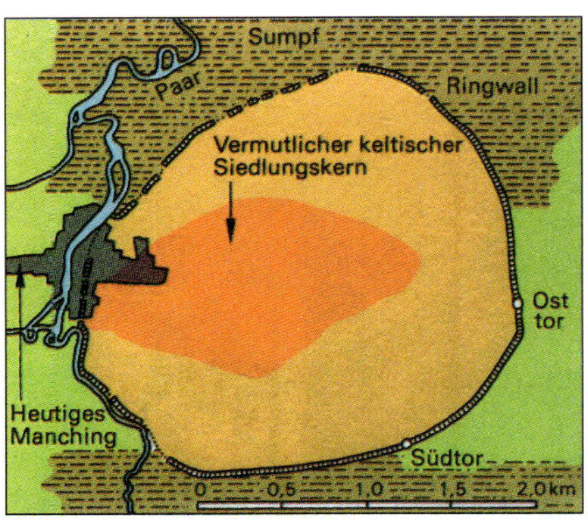

3 Keltische Funde von Manching: *Glasschmuck, Werkzeug und Waffen aus Eisen, Münzen aus Gold und Silber verwendeten die Kelten in ihrem Alltag. Rechts außen: ein vergoldetes Kultbäumchen. Beschreibe die Gegenstände. Wozu konnte man sie verwenden?*

an einem Platz entstanden, wo sich verschiedene Fernhandelswege kreuzten, wie in Manching bei Ingolstadt (Bayern). Hier hat man eine Keltenstadt ausgegraben. Sieben Kilometer lang war der Wall, der die Stadt umgab. Er war an seinem Fuß 20 Meter breit und erreicht heute noch eine Höhe von vier Metern. Die Steine für die vermauerte Außenseite des Walls wurden aus einer Entfernung von 30 Kilometern herbeigeholt. Allerdings war nicht das gesamte umwallte Gebiet bebaut. In Kriegszeiten konnten die Bauern aus der Umgebung hier Schutz finden. Oft errichteten die Kelten auf Bergen große Wälle, die in Kriegen als Fliehburgen den Menschen Sicherheit gewähren sollten. In Manching lebten Handwerker und Fernhändler. Ihre Häuser und Werkstätten, die Scheunen und Lagerhallen, die sie aus Holzstämmen erbauten, lagen an breiten und geraden Straßen.

Das Geheimnis der Druiden

Wir können also einiges über die Kelten erfahren, obwohl sie keine Schrift besaßen. Ihre Priester, die Druiden allerdings haben ihre Geheimnisse bewahrt. Sie besaßen ein Geheimwissen, das die Menschen für Zauberei hielten. Das war es aber nicht: Sie beobachteten die Sterne und konnten deswegen einen Kalender errechnen. Sie kannten Heilkräuter und konnten Kranke heilen. Sie waren mächtige Priester, die mehr Einfluss besaßen als die Fürsten. Bis zu 20 Jahre lang lernte ein Mann bei einem erfahrenen Druiden dessen Wissen, bis er selber Druide war. Bücher hinterließen die Druiden nicht, denn dann wäre ihr Wissen ja kein Geheimnis mehr gewesen. Das ist es noch heute – und folglich wirst du wohl nie ein Rezept für einen Zaubertrank finden, der dir das Lernen in der Schule erspart.

a) Suche in einem Geschichtsatlas die Siedlungsgebiete der Kelten.
b) Schreibe Berufe und Tätigkeiten auf, die die Kelten ausübten (VT, M1, M3).
c) Lies im Comic über Asterix und Obelix nach. Vergleiche mit den Informationen, die du im Geschichtsbuch erhältst und beurteile, was den historischen Tatsachen aus der Zeit der Römer entspricht und was erfunden ist. Berichte über das Heft „Asterix als Legionär", aus dem das Bild am Anfang dieses Kapitels stammt.
d) Was erfährst du durch die Bilder im folgenden Kapitel über die Kelten ?

10. Archäologen – Geschichtsdetektive am Werk

1 Hochdorf: Grabungsgelände
1968 entdeckte eine Frau in Hochdorf (bei Ludwigsburg) einen Grabhügel. Ein Bauer hatte sie über den Fund vieler großer Steine auf seinem Feld benachrichtigt. Obwohl die Frau selbst beim Landesdenkmalamt arbeitete, dauerte es noch zehn Jahre, bis die Grabungsarbeiten begannen. Die Archäologen fanden ein keltisches Fürstengrab aus dem 6. Jahrhundert v. Chr. Das Gelände des einst 60 m langen und 8 m hohen Grabhügels ist in Grabungsrechtecke eingeteilt. Über der ehemaligen Grabkammer sichert ein Zelt die Bergung der Funde. Zum Glück war das Grab noch nicht von Grabräubern geplündert worden.

2 Luftbildarchäologie
Dieses Foto, vom Flugzeug aufgenommen, zeigt Grabhügel der Eisenzeit bei Neuhausen ob Eck (Baden-Württemberg) an. Auf diese Weise konnten auch bei Hochdorf zehn weitere Hügelgräber entdeckt werden.

3 Mühevolle Kleinarbeit: *Jeder Fund muss genau registriert und gesichert werden. Dazu wird er im Maßstab 1:10 oder 1:20 gezeichnet, eingemessen, und die Fundlage wird dreidimensional festgehalten. Der Tisch an der Schere kann geschwenkt und verschoben werden. Mit Markierungsdrähten wird die Grabungsstätte überspannt und unterteilt. So sorgsam wie die Detektive an einem Tatort müssen die Archäologen am Fundort vorgehen. Erst dann können sie mit der Bergung und Restaurierung (Wiederherstellung) beginnen.*

4 ***Ausgraben*** *(oben)* ***und Restaurieren*** *(rechts) des Bronzekessels von Hochdorf. Der Kessel stammt aus Griechenland und fasste 500 Liter.*

5 ***Kline (Liege) des Keltenfürsten*** *von Hochdorf (restauriert). Die 2,75 m lange Kline ist aus sechs großen Blechen zusammengesetzt.*

6 ***Grabkammer von Hochdorf*** *(Rekonstruktion): (1) Wagen mit Bronzegeschirr; (2) Trinkhörner; (3) Bronzekessel mit Met (bierähnliches Getränk); (4) Bronzeliege mit dem Keltenfürsten; (5) Köcher mit Pfeilen. Überlege dir, wozu die Grabbeigaben dienten.*

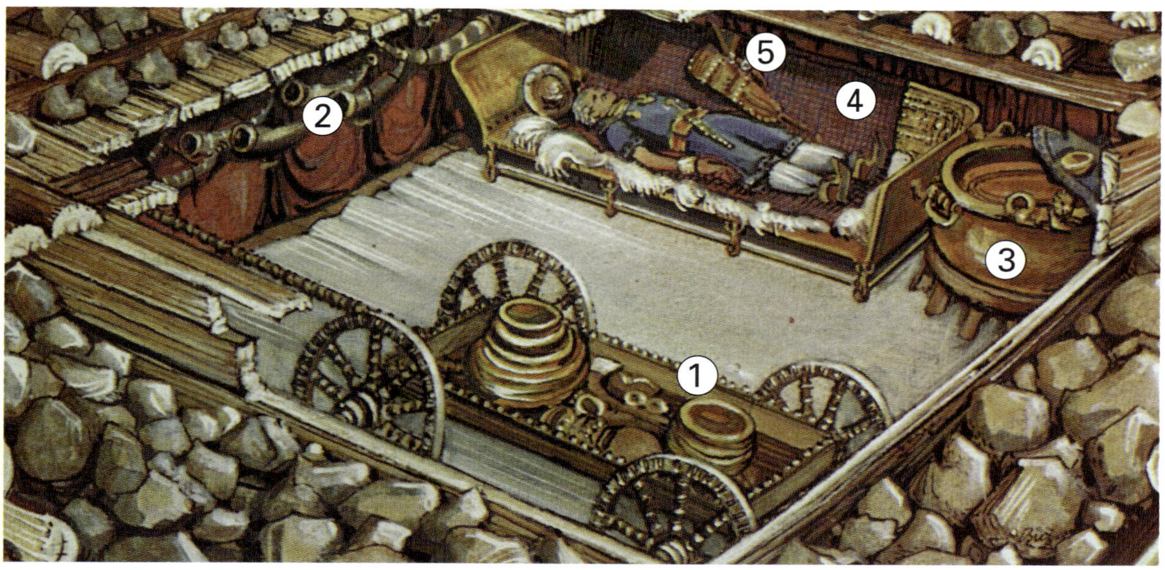

Finden: Zufall und Planung

Archäologen sind Geschichtsdetektive, deren Beruf es ist sich mit dem Auffinden, Ausgraben, Auswerten und Bewahren geschichtlicher Funde zu beschäftigen. Zufällige Entdeckungen, z. B. eines Schatzes im Garten oder von Mauern beim Erdaushub für den Straßen- und Hausbau, rufen schon bald Archäologen auf den Plan. Oft geht eine systematische Suche den Grabungsarbeiten voraus. Hierbei hilft besonders die Luftarchäologie: Fotografien, vom Flugzeug aus aufgenommen, zeigen durch Schattenlinien, wo im Erdreich noch Reste früheren menschlichen Lebens verborgen sein könnten.

Graben

Beim Ergraben, Bergen und Sichern der Überreste müssen die Archäologen behutsam vorgehen: Das Grabungsgelände wird vermessen und in Grabungsquadrate aufgeteilt. Langsam tragen die Helfer und Helferinnen dann Erdschicht um Erdschicht ab, lassen aber zunächst zwischen den Grabungsquadraten kleine Erdstege stehen. Auf ihnen können Erde und Schutt abtransportiert werden. Jeder Fund wird fotografiert und nach seiner Lage in einen genauen Plan eingezeichnet. Ein Grabungstagebuch hält den Verlauf der Grabungsarbeiten in allen Einzelheiten fest.

Datieren

Natürlich wollen wir wissen, wie alt die gefundenen Gegenstände sind. Verschiedene naturwissenschaftliche Methoden helfen den Archäologen bei der Datierung. Man kann zum Beispiel mit der Baumringmethode (Dendrochronologie) das Alter von Holzfunden errechnen: Das Wachstum der Bäume hinterlässt im Stamm jeweils Jahresringe. Deren Abstände weisen nun ein bestimmtes Muster auf. Dieses Muster finden wir mit gewisser Abwandlung in allen Bäumen der gleichen Zeit. Durch viele Vergleiche konnten die Wissenschaftler schließlich eine Art Jahresringkalender aufstellen. Bis auf die Zeit um 5000 v. Chr. zurück kann man heute Holzreste so überprüfen und zeitlich einordnen.
Noch hilfreicher ist die Radiocarbon-Methode: Jedes Lebewesen nimmt mit der Nahrung Kohlenstoff auf. Nach dem Tode zerfallen die radioaktiven Teilchen des Kohlenstoffs; sie nehmen in 5745 Jahren um die Hälfte ab. Misst man nun den radioaktiven Gehalt, kann man den Tod eines Menschen oder das Fällen eines Baumes genau berechnen. So wirken viele Wissenschaftler bei der Auswertung und Datierung der Funde mit: Chemiker, Biologen, Kunstgeschichtler und Geologen können mit ihren Untersuchungsmethoden vergangenes Leben auch anhand von scheinbar unwichtigen Funden untersuchen und erforschen.

Bewahren

Nach den Ausgrabungen sollen die Funde konserviert, d h. aufbewahrt, erhalten und gepflegt, vielleicht auch wiederhergestellt werden. In mühevoller Kleinarbeit werden die Gegenstände gereinigt, repariert, ergänzt, manchmal sogar nachgebaut. Hier helfen oft Handwerker, indem sie alte Techniken wiederentdecken. Im Museum kannst du Schmuck, Werkzeuge, Waffen, alltägliche und künstlerische Gegenstände anschauen. Wenn die Mauern alter Städte und Paläste ausgegraben werden, so sichert man sie und richtet sie zur Besichtigung her. Oft werden sie ergänzt, so dass du dir ein besseres Bild davon machen kannst, wie die Gebäude früher aussahen.

a) Erzähle über die Arbeit der Archäologen in Hochdorf mit Hilfe des VT und der Bilder dieses Kapitels.

b) Lies in einem Sachbuch über die Arbeit von Archäologen und berichte in deiner Klasse darüber.

c) Besucht ein Museum und lasst euch die Funde aus der Ur- und Frühgeschichte, aber auch die Arbeit der Archäologen erklären.

11. Der Mensch in der Geschichte

Vom Faustkeil zum Computer

Die Entdecker und Erfinder der Jungsteinzeit haben den Grundstein zu unserer Welt und damit zu unserer Geschichte gelegt. Denn wer wir sind und wie wir sind, das haben wir auch ihnen zu verdanken. Doch sie sind für uns namenlos; wir wissen nicht, wie sie ausgesehen haben. Wurden sie von ihren Mitmenschen als Erfinder geehrt oder gefeiert?
Mit den Veränderungen in der Jungsteinzeit beschleunigte sich die menschliche Entwicklung. Stell dir vor: Vom Faustkeil bis zu Pfeil und Bogen vergingen fast 500 000 Jahre, von Pfeil und Bogen bis zum Ackerbau ca. 3000 Jahre, vom Ackerbau bis zur Erfindung der Schrift noch 5500 Jahre und noch einmal 4500 Jahre vergingen von der Erfindung der Schrift bis zu Mondlandungen, Computern und Gentechnologie.

Die Menschen leben vom Ackerbau

Die Leistungen der frühen Ackerbauern waren in den folgenden Jahrtausenden die Grundlagen für die großartigen, aber auch erschreckenden Ereignisse der Geschichte: Die Pyramiden wurden gebaut, große Ströme gebändigt, die Meere befahren, Riesenreiche gegründet; Religionen entstanden, die Sterne wurden beobachtet, großartige Kunstwerke erschaffen; die Demokratie wurde erfunden, Amerika entdeckt und die Erde umsegelt. Andererseits wurden immer wieder Menschen gequält, ausgebeutet und unterdrückt, Hexen verbrannt, Andersgläubige verfolgt, Kriege angezettelt und die Umwelt wurde zerstört.
Was immer die Menschen in ihrer Geschichte auch leisteten: Immer waren sie abhängig von der Natur. Sie lebten vom Sammeln, vom Fischen und Jagen, später vor allem vom Ackerbau. Stets mussten mindestens vier von fünf aller Frauen, Männer und Kinder tagaus, tagein, bei Regen und sengender Sonne schwerste körperliche Arbeiten auf den Feldern verrichten. Selbst dann jedoch gab es in vielen Jahren schlimme Hungersnöte. Ohne die Bauern hätten andere ihre Leistungen nicht vollbringen können. Die Namen dieser zahllosen Bauern sind uns bis auf ganz wenige Ausnahmen nicht überliefert; ihre Arbeit ist ebenfalls vergessen, in den Quellen werden sie – wenn überhaupt – nur am Rande erwähnt.

Die Technik: Fluch – oder Segen?

Noch einmal hat es in der Geschichte der Menschheit einen solch gewaltigen Entwicklungssprung wie in der Jungsteinzeit gegeben: Vor gut 200 Jahren – in der zweiten Hälfte des 18. Jahrhunderts (das ist also zwischen 1750 und 1800) – begann in England die Industrielle Revolution. Seitdem ist nicht mehr der Ackerbau, sondern die industrielle Fertigung die Grundlage unseres Wirtschaftens. Die Technik hat uns heute die schwere körperliche Arbeit weitgehend abgenommen. Wir werden von Maschinen umsorgt, bedient, verwaltet, unterhalten und überwacht. Die Technik schafft uns Bequemlichkeiten, von denen früher selbst die Reichsten nicht einmal zu träumen wagten. Und nicht zuletzt: Sie hat uns vom Zwang zur ununterbrochenen Arbeit befreit. Du brauchst als Kind nicht für deinen Lebensunterhalt zu arbeiten wie beinahe alle Generationen vor dir. All das wäre vor dem technischen Umbruch für die meisten Menschen völlig unvorstellbar gewesen.
Ganz umsonst haben wir diese Möglichkeiten allerdings nicht erhalten. Wir sind abhängig von der Technik geworden. Sogar so sehr, dass wir ohne Elektrizität, ohne Motoren, ohne Computer oder ohne chemische Produkte kaum noch überleben könnten. Die Natur erleben wir fast nur noch in gebändigter Form,

1 Bäuerliche Arbeiten um 1500. *Monatsbild Juni des Breviarium Grimani, San Marco, Venedig, entstanden vor 1520*

2 Getreideernte im 20. Jahrhundert *auf Feldern in Colorado, USA*

bei Spaziergängen in gepflegten Parks und auf ausgeschilderten Waldwegen. Sie ist uns oft schon fremd geworden. Vielleicht war sie schon den jungsteinzeitlichen Bauern fremder als den jagenden und sammelnden Menschen vor ihnen. Bei jedem Entwicklungssprung hat sich die Menschheit also weiter von der Natur entfernt, hat sie ihre Lebensverhältnisse und ihre eigene Zukunft stärker beeinflusst. Wir müssen aufpassen, dass wir dabei nicht unsere eigenen Lebensgrundlagen zerstören.

Zurück in die Gegenwart

Wir sind bei unserem ersten Spaziergang durch die Zeit und die Geschichte wieder da angekommen, wo wir begonnen haben: in unserer Gegenwart, bei dir, deiner Neugier auf die Geschichte und bei deinen Fragen – und bei diesem Buch, das helfen will Antworten zu finden. Und auch daran kannst du etwas Wichtiges beobachten: Weil diejenigen, die nach der Geschichte fragen und forschen, in der Gegenwart leben und eine Zukunft vor sich haben, beschäftigen sich die Geschichte und der Geschichtsunterricht nie nur mit der Vergangenheit.

a) Stelle eine Liste mit alltäglichen Gebrauchsgegenständen zusammen (z. B. Schränke, Töpfe, Kleidung usw.). Überlege dir, woher die Menschen diese Gegenstände 1. heute, 2. vor der Industriellen Revolution, 3. in der Jungsteinzeit bekamen und wie die Gegenstände jeweils hergestellt wurden.
b) Beschreibe, wie die Bauern auf den Bildern M1 und M2 arbeiten. Versuche zu erklären, was sich zwischen 1500 und dem 20. Jahrhundert in der Technik und für das Leben der Menschen auf dem Bauernhof verändert hat.
c) Erkundige dich über die neuesten Entwicklungen in der Landwirtschaft, und diskutiert in der Klasse, inwiefern sie einen Fortschritt bedeuten.

Leben in frühen Hochkulturen

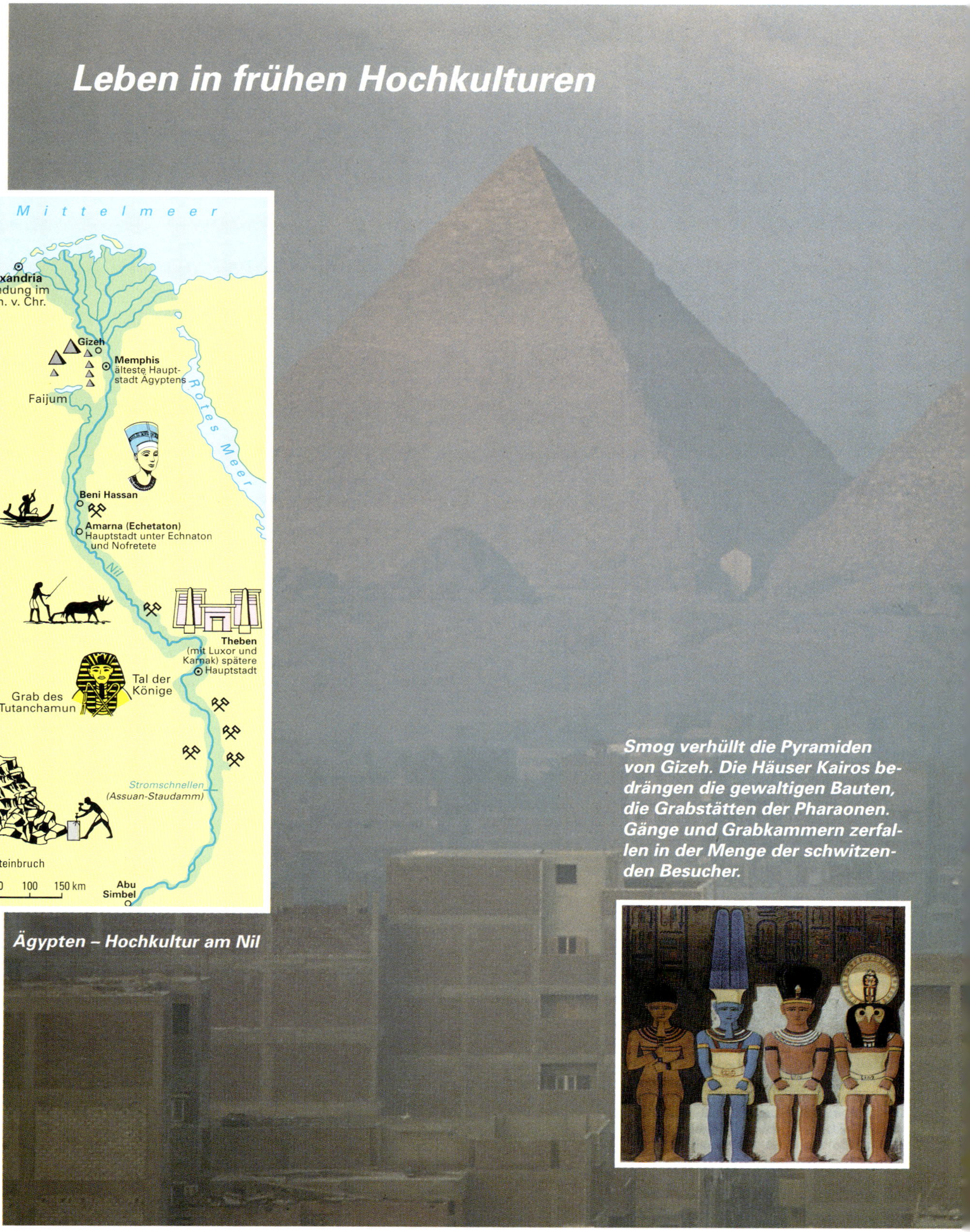

Ägypten – Hochkultur am Nil

Smog verhüllt die Pyramiden von Gizeh. Die Häuser Kairos bedrängen die gewaltigen Bauten, die Grabstätten der Pharaonen. Gänge und Grabkammern zerfallen in der Menge der schwitzenden Besucher.

Mit großem Aufwand versucht man die Bauwerke der Antike zu retten: links der Sphinx von Gizeh, erbaut um 2600 v. Chr., oben der Tempel von Abu Simbel (um 1250 v. Chr.). Farbige Pracht um 1800: die Gottheiten im Tempelinneren (Zeichnung links außen). Ganz oben: Totenmaske des Pharaos Tutanchamun (14. Jh. v. Chr.).

1. Ägypten – ein Geschenk des Nils

ca. 3500 v. Chr.	*Ober- und Unterägypten werden ein gemeinsames Reich.*
ca. 1600–1000 v. Chr.	*Im „Neuen Reich" regieren die Pharaonen Hatschepsut, Echnaton, Tutanchamun, Ramses u. a.*
30 v. Chr.	*Nach einem Sieg über Kleopatra VII. machen die Römer Ägypten zu einer Provinz des Römischen Reiches.*

Das Volk am Fluss

In die Tiefebene des Nils wanderten um 5000 v. Chr. Nomaden ein. Ihr Leben war durch zunehmende Trockenheit in der Savanne schwierig geworden. Im Niltal siedelten sie sich an; aus Sammlerinnen, Sammlern und Jägern wurden auch hier Ackerbauern und Viehzüchter. Das Niltal war aber kein Paradies. Sumpfgebiete und Hochwasser bedrohten die Menschen. Sie begannen zum Schutz gegen Überschwemmungen Dämme zu bauen und die Sümpfe der Papyruswälder trocken zu legen. Jetzt nannten sie das Land auf beiden Seiten des Flusses das „Schwarze Land", weil es ein fruchtbarer Boden war, der reiche Ernten versprach.

Der Nil führte in jedem Sommer Hochwasser, weil in seinem Quellgebiet in Äthiopien starke Regenfälle auftraten. Den genauen Zeitpunkt, an dem das Hochwasser die bewohnten Gebiete überschwemmte, kannten die Ägypter aus ihrer Beobachtung der Natur: Immer wenn der Stern Sirius zum ersten Mal in der Morgendämmerung am Horizont auftauchte, folgte regelmäßig die Nilschwelle. Nach diesem Rhythmus setzten die Ägypter das „Niljahr" mit 365

1 ***Das Niltal bei Beni Hassan*** *sah im Altertum schon ganz ähnlich aus wie heute. Zwischen dem Fluss und der riesigen Wüste, die sich über Tausende von Quadratkilometern ausdehnt, liegt nur ein schmaler fruchtbarer Streifen. Er ist zwischen einem und bis zu 20 Kilometern breit.*

2 **Ein Schöpfrad am Nil,** *von den Ägyptern „Schaduf" genannt, dient heute noch in manchen Gegenden Ägyptens zur Bewässerung der Felder. Häufig werden diese Wasserräder durch Ochsen oder Kamele angetrieben. Diese Bewässerungsmethode hat sich dort seit dem Altertum kaum verändert.*

Tagen fest. So hatten sie sich einen sehr genauen Kalender geschaffen, der es ihnen ermöglichte, sich auf die Überschwemmung vorzubereiten. Das Hochwasser brachte fruchtbaren Schlamm für die Felder der Bauern mit. Deshalb erwarteten die Ägypter jedes Jahr das Wasser mit großer Hoffnung. Der römische Schriftsteller Plinius sagte dazu: „Hochwasser bei 12 Ellen: Hunger; bei 13 Ellen: Genüge; bei 14 Ellen: Freude; bei 15 Ellen: Sicherheit; bei 16 Ellen: Überfluss". „Überfluss" bedeutete, dass zu viel Wasser das Land und die Siedlungen bedrohte.
Wenn die Überschwemmung langsam zurückging und der fruchtbare Schlamm zurückblieb, begann die Arbeit der Feldvermesser. Sie teilten den Bauern ihr Land zu und ordneten an, welche Aufgaben jeder zu erfüllen hatte. Damit nach der Aussaat genügend Wasser vorhanden war, bauten die Bauern Kanäle und Schöpfräder um das Wasser auf die höher gelegenen Felder zu transportieren. Überreichliche Ernten gab es auch in Ägypten selten; oft mussten die Menschen hungern. Neue, höher gelegene Felder wurden angelegt, wenn die Fläche für die Ernährung der Bevölkerung nicht mehr ausreichte.

Der Nil stellt Aufgaben

Der Nil war so zum Mittelpunkt des Lebens aller Ägypter geworden; sie waren ein „Volk am Fluss". Ihn nannte der Dichter Cheti den „Herrn der Hoheit, der gekommen ist, Ägypten am Leben zu erhalten". Die Ägypter hatten erkannt, dass sie die Aufgaben nicht einzeln bewältigen konnten. Nur in der Gemeinschaft gab es für alle ein sicheres Auskommen. Jeder Einzelne hatte einen Teil der gemeinsamen Aufgaben zu erledigen. Für die Verwaltung gab es Beamte. Eine für alle wichtige Persönlichkeit war z. B. der „oberste Scheunenverwalter". Er war für die Versorgung der Bevölkerung zuständig und kümmerte sich darum, dass Getreide für Notfälle abgeliefert wurde. Ein anderer hoher Beamter war der, „der die Kanäle anlegt". Er musste neben der Aufsicht über die Bewässerungsanlagen auch Abgaben eintreiben lassen.

Die „fruchtbaren beiden Ufer"

Ein Teil der gemeinsamen Arbeit war die Bestellung der Felder. Man erntete die Getreidesorten Emmer, eine Weizenart, und Gerste. Daraus stellten die Ägypter Brot und Bier her. Gemüse und Hülsenfrüchte wie Linsen, Bohnen und Kichererbsen, Knoblauch, Zwiebeln und Lauch waren sehr häufig zu finden. Salat, Kohl, Melonen und Rettiche standen ebenso auf dem täglichen Speisezettel. Wir wissen auch, dass die Ägypter die Wurzeln des Papyrus aßen. Alle genannten Nahrungsmittel verfeinerten sie mit Gewürzen wie Kümmel, Koriander, Dill und Kresse. Für die Ernährung war außerdem Obst wichtig. Neben uns heute bekannten Früchten wie Feige, Dattel und Granatapfel finden wir weniger bekannte wie Sykomore und die Frucht des Christdorns.

3 ***„Überschwemmte" Felder:*** *Mit dem Hochwasser wurden große Mengen fruchtbaren Bodens über mehr als tausend Kilometer nilabwärts transportiert. Beim Rückgang des Wassers bildete sich eine ca. 1 mm dicke Schlammschicht. Diesen „Dünger" brauchten die Bauern für ihre Felder.*

4 ***Saat und Ernte im Niltal.*** *Der griechische Geschichtsschreiber Herodot (ca. 485–425 v. Chr.) besuchte auch Ägypten. Er schrieb darüber:*

Offenbar sind die Gebiete Ägyptens, die von Griechen besucht werden, Neuland (Schwemmland des Nils) und ein Geschenk des Stromes. Die Ägypter ernten den Ertrag ihres Bodens heute recht mühelos wie kaum andere Menschen. Sie haben es nicht nötig, mühevoll mit dem Pflug Furchen zu ziehen, den Boden zu hacken oder Feldarbeiten zu tun, womit sich andere plagen. Der Strom kommt von selbst, bewässert die Äcker und fließt dann wieder ab. Dann besät jeder seinen Acker und treibt Schweine darauf. Wenn er die Tiere die Saat hat festtreten lassen, wartet er ruhig die Ernte ab. Über die Natur des Flusses habe ich weder von den Priestern noch von sonst jemand etwas erfahren können. Ich hätte gern wissen wollen, warum der Fluss von der Sommersonnenwende an fast 100 Tage so wasserreich strömt, und auch, warum er danach wieder zurückgeht.

Herodot, Historien II 4, 5, 19, übers. v. J. Feix. München 1977, S. 203 ff.

5 ***Über den Nil*** *schrieb der Dichter Cheti (um 1300 v. Chr.). Dieser Text wurde als Übungstext für Schreibschüler in Ägypten verwendet:*

Sei gegrüßt Nil, der aus der Erde herauskommt und herbeikommt um Ägypten zu ernähren; von Rê (dem falkenköpfigen Gott) erschaffen um alle Durstigen zu beleben. Der Gerste schafft und Emmer entstehen lässt. Ist er träge (bei geringer Überschwemmung), dann werden die Nasen verstopft und jedermann verarmt. Wenn er steigt, dann ist das Land in Jubel, dann ist jeder Bauch in Freuden. Herr der Hoheit, der den Herden das Futter bringt, der jedem Gott Schlachtopfer zukommen lässt. Der die Macht ergreift …, der die Speicher füllt, der den Armen Besitz gibt. Der Bäume wachsen lässt, der das Schilf hervorbringt durch seine Kraft. Niemand weiß, wo seine Quelle ist. Der zu seiner Zeit kommt, Ober- und Unterägypten zu füllen. Der Frieden schafft. Nil, komm nach Ägypten, lass die Gesetze entstehen.

J. Assmann (Hg.), Ägyptische Hymnen und Gebete. Zürich 1975, S. 500 ff.

a) Mit welchem Recht kann Herodot Ägypten als ein „Geschenk des Stromes" bezeichnen? Er behauptet auch, die Ägypter ernteten „recht mühelos". Was kannst du dazu sagen (VT, M1–M4)?

b) Beschreibe, was du auf dem Bild M3 erkennen kannst. Warum legten die Ägypter ihre Felder so an?

c) Was sagt der Dichter Cheti über die Bedeutung des Nils? Er sagt auch, dass man nicht wisse, wo die Quellen des Nils seien. Nimm deinen Erdkundeatlas, verfolge den Lauf des Flusses und suche nach seinen Quellen (M5).

d) Von 1960–1970 wurde in Ägypten der Assuan-Hochdamm gebaut. Ein Ägypter sagte über diesen Staudamm: „Er hat auch seinen Preis. Aber unser Leben ist besser als vorher. Das nennen wir Fortschritt!". Erkundige dich über den Assuan-Damm. Was hat der Ägypter gemeint?

2. Die Schrift – ein unentbehrliches Hilfsmittel

um 3000 v. Chr. ——— *Die Ägypter entwickeln eine Schrift.*
1822 ——— *Der Franzose François Champollion entziffert die Hieroglyphen.*

Phiops muss in die Schule

An einem Sommertag im Jahre 1880 v. Chr. segelt der Schreiber Duo-Cheti mit seinem Sohn Phiops auf dem Nil südwärts in Richtung Theben. Sein Sohn soll in der Schule des Tempels von Theben zum Schreiber ausgebildet werden. Wir kennen die Namen der beiden aus einem Brief, in dem der Vater seinem Sohn die Vorzüge seines Berufes erklärt. „Auf das Schreiben sollst du deine Gedanken richten, ich kenne keinen Beruf, der mit dem des Schreibers zu vergleichen wäre." Der Sohn war ungefähr acht Jahre alt und gar nicht begeistert, Elternhaus und Freunde für viele Jahre aufzugeben. Der Vater hatte aber Recht. Schule, Schrift und Schreiber hatten in Ägypten große Bedeutung. Die Ägypter hatten vermutlich eine Schrift entwickelt, weil sie merkten, dass das gesprochene Wort nicht mehr ausreichte um sich zu verständigen.

Eine Schrift wird notwendig

Als die Ägypter das Niltal immer stärker besiedelten, benötigten sie für die vielen Aufgaben ein Hilfsmittel. Sie brauchten nämlich Schriftzeichen um bedeutende Ereignisse, wie z. B. die Nilschwelle, registrieren zu können. Listen über Vorräte und Abgaben der Bauern mussten angelegt, Berichte der Beamten verfasst, Aufträge und Befehle geschrieben werden. Die Erfindung der Schrift war der entscheidende Schritt für die Entwicklung zu einer „Hochkultur".

1 ***Hieroglyphen.*** *Unten ist eine Kartusche, d. h. die Umrahmung eines Herrschernamens, abgebildet. Sie enthält den Namen des Tutanchamun. Er bedeutet „Lebendes Bild des Amun" (Amun ist ein Gott). Der zweite Name Tutanchamuns war „Re ist Herr der Verwandlung".*

(1) Wie hieß das auf Ägyptisch?
(2) Versuche den Namen in Hieroglyphen zu schreiben.
(3) Welche Zeichen auf dem Sargdeckel rechts (4. Jh. v. Chr.) kannst du lesen?

t-w-t ^{c}-n-ch j-m-n
(Tut Anch Amun)

Hieroglyphen	Gegenstand	Laut	Bedeutung
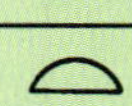	Brot	t	
	Wachtelküken	u	
	„Sandalen-riemen"	anch	leben
	Schilfrohr	i	
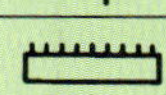	Brettspiel	men	bleiben
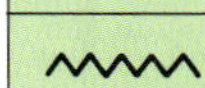	Wasser	n	
	Szepter	heka	Herrscher
	Korb	re	Herr
	Mistkäfer	cheper	verwandeln
	Sonne	re	Sonnengott

Hieroglyphen werden entziffert

Die älteste Schrift nannten die Ägypter „Gottesworte“. Wir finden sie heute noch an Wänden in Grabmälern und Tempeln, in Stein gehauen oder in Holz geschnitzt. Die Griechen konnten die Schriftzeichen nicht lesen und nannten sie „Hieroglyphen“, was „heilige Einritzung“ bedeutet. Lange war der Sinn der Hieroglyphen ein Rätsel. Nach vielen Versuchen gelang es dem Franzosen François Champollion im Jahre 1822 die Schrift zu entziffern. Auf einem im Niltal gefundenen Stein entdeckte er einen Text, der in Hieroglyphen und Griechisch gleich lautend geschrieben war. Champollion ging vom bekannten Text in Griechisch aus, entdeckte dort die Namen zweier Könige, Kleopatra und Ptolemäus, und fand sie im Hieroglyphentext wieder – der Schlüssel zur Lösung des Rätsels war gefunden.

Papyrus wird zu Papier

Kehren wir zurück zu Duo-Cheti und seinem Sohn. Immer wieder fragt Phiops, was ihn in der Schule erwartet. Oft hatte er seinem Vater beim Schreiben zugesehen. Einfach waren Schreiben und Lesen nicht. Es gab über 1000 Schriftzeichen: Bildzeichen für konkrete Dinge (z. B. die Sonne), Zeichen für Laute und Deutzeichen. Diese waren nötig um Missverständnisse zu vermeiden, denn die Ägypter schrieben nur Konsonanten. In unserer Sprache stünden zum Beispiel die Konsonanten L und B für viele Wörter: für „Lob“, „Liebe“, „Elbe“ usw.
Der Vater hatte Phiops aber erklärt, dass es neben den Hieroglyphen auch eine einfachere Schrift für den täglichen Gebrauch gab. Für sie verwendete man als Schreibmaterial den Papyrus. Das kannte Phiops gut. Oft hatte er den Bauern bei der Ernte zugesehen. Nach dem Trocknen wurde der Papyrus mit einem Stein geglättet und in Form geschnitten. Brauchte man für längere Texte mehr als ein Blatt „Papier“, klebte man die einzelnen Seiten zu einer Rolle zusammen. Man schrieb mit Binsen und benutzte schwarze und rote Tinte, die man aus Ruß bzw. aus rotem Ocker gewonnen hatte.

In die Schule darf jeder

In der Schule würde Phiops Mitschüler aus allen Bevölkerungskreisen treffen, das hatte ihm der Vater gesagt. Mädchen würde er nur wenige sehen. Sein Vater kannte aber Frauen, die als Beamtinnen und Priesterinnen das Schreiben beherrschten. Das Lernen in einer Schreibschule war kein Vorrecht, sondern jedem gestattet. Der Vater berichtete von einem Priester, der gesagt hatte, er sei dank seiner Klugheit in die Schule aufgenommen worden und „von seiner Armut bis zum Dolmetscher für jedes Ausland aufgestiegen“.

Die Schule – schwere Fächer und strenge Lehrer

Der Vater erzählte ihm auch, dass er neben dem Schreiben und Lesen auch Mathematik, Bildhauerei, Malerei, Geographie und Sport zu lernen habe. Nicht alles verriet er seinem Sohn über die kommende Schulzeit. Aus eigener Erfahrung wusste er, dass die Lehrer strengen Gehorsam verlangten und oft die Prügelstrafe anwandten. Erziehung und Lernen waren für die Ägypter ein Teil der göttlichen Ordnung, der „Maat“. Die jungen Menschen sollten erkennen, dass sie wie die Erwachsenen ein Teil der allgemeinen Ordnung seien. Die Ägypter glaubten, dass nur mit strenger Disziplin diese Ordnung zu bewahren sei.

Hochkultur: Der Begriff wird für ein Volk gebraucht, das schon früh z. B. eine Schrift und eine Zeitrechnung, Leistungen in Kunst, Literatur, Architektur, auch städtische Siedlungen, eine Verwaltung und eine von den Menschen anerkannte Ordnung – wir nennen das „Staat“ – vorzuweisen hatte. Dadurch unterscheiden sich Hochkulturen von dörflich-bäuerlichen Völkern. Eine leistungsfähige Landwirtschaft produzierte Ernteüberschüsse, sodass immer mehr spezialisierte Berufe entstehen konnten. Frühe Hochkulturen entwickelten sich oft an großen Flüssen (Nil, Euphrat und Tigris, Indus, Hwangho); dazu auf Kreta, in Kleinasien und Mittelamerika.

2 Papyrusernte *(aus dem Grab des Nefer, ca. 2400 v. Chr.)*
Die Bauern schnitten die Stengel in dünne Streifen und legten sie in zwei Lagen kreuz und quer übereinander. Durch Pressen und Schlagen verklebte das aus den Stengeln austretende Mark. Beschreibe, welche Tätigkeiten du auf dem Bild erkennen kannst.

3 *Der Schreiber Duo-Cheti an seinen Sohn Phiops:*

Ich lasse dich die Schriften mehr lieben als deine Mutter. Ich führe dir die Schönheit vor Augen; sie ist größer als die aller anderen Berufe. Kaum ist ein Schriftkundiger herangewachsen, wird man ihn grüßen. Der Steinmetz graviert mit dem Meißel in harten Steinen. Hat er die Arbeit vollendet, so versagen ihm seine Arme und er ist müde. Der Töpfer steckt in seinem Lehm; der beschmiert ihn mehr als ein Schwein. Wenn der Weber den Tag vollbracht hat ohne zu weben, wird er mit 50 Peitschenhieben geschlagen. Siehe, es gibt keinen Beruf, in dem einem nicht befohlen wird, außer dem des Schreibers; da ist er es, der befiehlt. Wenn du schreiben kannst, wird dir das mehr Nutzen bringen als alle Berufe, die ich dir genannt habe. Nützlich ist dir schon ein Tag in der Schule.

Geschichte in Quellen I. München 1978, S. 29 f.

4 *Schultag eines Jungen* *(ca. 1200 v. Chr.):*

Mit einem „Wach auf, an deinen Platz!“ wird der Junge geweckt. „Die Bücher liegen schon vor deinen Kameraden. Bring deine Kleider in Ordnung (der Junge schläft in seiner Kleidung) und zieh die Sandalen richtig an!“, so fing der Tag an. Dann hieß es: „Du legst deine Aufgaben täglich ordnungsgemäß vor. Sei nicht faul! Man gibt auf: 3+3 … Dann fängst du an, ein Buch zu lesen, rechnest und bist dabei still. Lass keinen Laut aus deinem Mund hören! Schreibe mit deiner Hand und lies mit deinem Mund! Faulenze nie oder wehe deinen Gliedern! Suche zu verstehen, was dein Lehrer will, höre auf seine Mahnungen; werde ein Schreiber!“

Zit. nach E. Brunner-Traut, Die Alten Ägypter. Stuttgart 1987, S. 72 f.

5 *Eine Lohnabrechnung:*

1. Monat der Sommerjahreszeit, Lohn für den 2. Monat: Der Vorarbeiter $7\frac{1}{2}$ Sack Getreide, der Schreiber $7\frac{1}{2}$ Sack, 17 Arbeiter jeder $5\frac{1}{2}$ Sack, macht $93\frac{1}{2}$ Sack, die 2 Jungen je 2 Sack, der Wächter $4\frac{1}{2}$ Sack, die Dienerinnen zusammen 3 Sack, der Pförtner $1\frac{1}{2}$ Sack, der Arzt $1\frac{1}{2}$ Sack, macht zusammen $117\frac{1}{4}$.

Zit. nach A. Eggebrecht, Das Alte Ägypten. München 1984, S. 265.

a) Der Text M3 wurde in Schulen als Schreibübung verwendet. Welche Wirkung sollte er auf Schüler haben? Was sagt der Text über den Beruf des Schreibers aus?
b) Die Ägypter betrachteten die Hieroglyphen als ein kostbares Geschenk des Gottes der Weisheit. Kannst du dies erklären (VT, M1)?
c) Vergleiche den Schulalltag eines jungen Ägypters mit deinem (M4).
d) Nicht jeder Schreiber konnte rechnen. Merkst du es an M5?

3. Leben unter der Herrschaft der Pharaonen

Von Achthoes und Phiops erfahren wir nach Beginn der Schulzeit nichts mehr. Wir können nur vermuten, was Phiops in Theben gesehen und erlebt hat. Stellen wir uns vor, dass er zur Zeit des Pharaos Sesostris III. lebte. Dieser regierte von 1878 bis 1840 v. Chr.

Die Krönung des Pharaos

Gesehen hat Phiops den Pharao sicher nicht, das durften nur die nächsten Angehörigen und die Priester. Der Tag der Krönung war für den Jungen dennoch unvergesslich. Die Stadt und vor allem die großen Tempel waren festlich geschmückt. Aus allen Teilen Ägyptens und den Nachbarländern kamen Gesandte. Die Priester erzählten: „Mit dem Tod des letzten Pharaos ist die von den Göttern festgelegte Weltordnung, die Maat, in Gefahr geraten. Der neue Pharao, er ist der älteste Sohn, stellt mit seiner Krönung die alte Ordnung wieder her. Die Götter haben ihm dazu die Macht verliehen. Der Tod des alten Pharaos und die Thronbesteigung des neuen sind genauso zu verstehen wie Aussaat und Ernte, wie fruchtbares Nilland und Wüste, wie Nilschwemme und Trockenheit."

Herrscher und Beschützer

Die herausragende Stellung des Pharaos zeigt sich auch in seinen verschiedenen Namen und Titeln: Das Wort „Pharao" in der ägyptischen Sprache bedeutet „Großes Haus". Der erste Titel war „Lebender Horus auf Erden". Damit war der Pharao dem Himmelsgott Horus gleichgestellt, er war der Stellvertreter des Gottes auf der Erde. Horus wurde als Falke dargestellt. Weitere Titel waren „Sohn des Rê", des Sonnengottes, und „Herr von Ober- und Unterägypten".
Der Pharao war also Herr über seine Untertanen, der als Gott nach Überzeugung der Ägypterinnen und Ägypter auch niemals Fehler machen konnte; er übte im Auftrag der Götter die Herrschaft aus. Damit verbunden war aber auch die Pflicht, die Untertanen zu beschützen. Sesostris III. hat kurz nach seiner Krönung Feinde im Norden und Süden seines Reiches bekämpft. Die Beute aus den Kriegszügen spendete er dem Tempel in Theben zur Verteilung an die Bevölkerung. Die Quellen berichten von 340 Gefangenen, 2000 Pferden, 924 Streitwagen, 24 000 Stück Vieh und 100 000 Garben Getreide nur von einem einzigen Feldzug.

1 ***Ausländische Gesandte*** *vor dem Pharao (Kalkstein, aus einem Grab, um 1350 v. Chr.). Zwischen ihnen: Dolmetscher.*

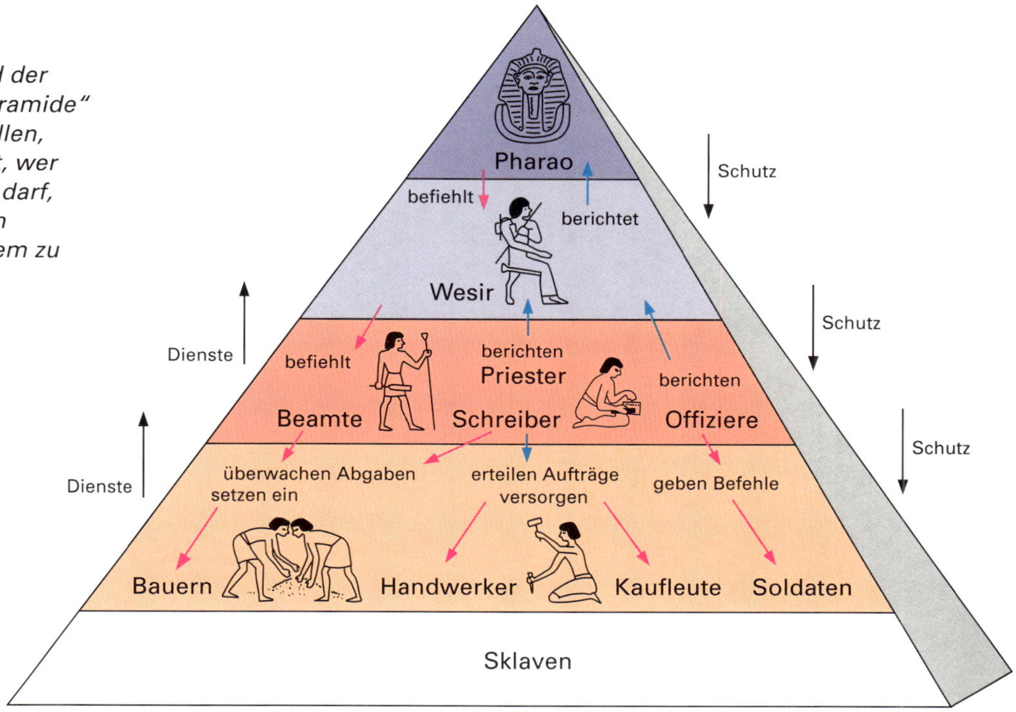

2 ***Der Aufbau des Staates*** *im alten Ägypten. Anhand der „Gesellschaftspyramide" kannst du feststellen, wer wem befiehlt, wer Aufträge erteilen darf, wer sie ausführen muss und wer wem zu berichten hat.*

Um seine Aufgaben erfüllen zu können traf der Pharao die wichtigsten Entscheidungen für die Verwaltung des großen Reiches selbst. Wer aber sorgte dafür, dass seine Befehle auch ausgeführt wurden?
Der erste Mann nach dem Pharao war der Wesir. Er nannte sich „Herr der geheimen Dinge des Palastes und Gefährte des Pharaos beim Beraten". Meist war er ein Sohn des Pharaos. Er war – nach dem Pharao – der oberste Richter; auch für die Versorgung der Bevölkerung mit Nahrungsmitteln und Kleidung trug er die Verantwortung. Ihm unterstanden hohe und niedere Beamten, außerdem Offiziere und Soldaten, die für die Sicherheit des Landes zuständig waren. Wie wir uns das vorstellen können, zeigt am besten ein Schaubild. Es bildet die Rangordnung – das Oben, Unten und Nebeneinander – in der ägyptischen Gesellschaft ab. Man nennt das eine „Hierarchie" (griechisch, d. h. heilige Herrschaft). Die Menschen in Ägypten kann man in vier Gruppen einteilen, die Farben machen das deutlich. Der Platz in der Gesellschaft hängt ab von der Herkunft (z. B. Wesir) und von den Fähigkeiten (z. B. Schreiber). Die ganz unten stehende Gruppe ist die der Sklaven. Meistens waren sie Kriegsgefangene, die schwere Arbeiten zu tun hatten und Eigentum ihrer Herren waren.

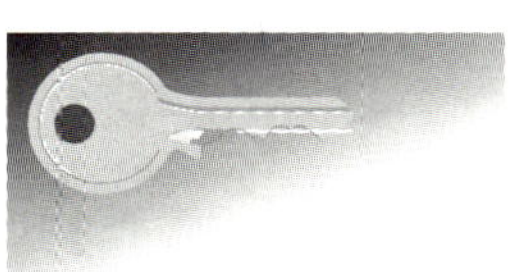

Einem Schaubild historische Informationen entnehmen

Ein Schaubild kann im Geschichtsunterricht Informationen übersichtlich darstellen. Wenn du es verstehen und wichtige Hinweise erhalten willst, solltest du folgende Fragen beantworten:
Welche Überschrift, welches Thema hat das Schaubild? Welche Form wurde gewählt (z. B. Pyramide)? Welche Einzelteile enthält das Schaubild (z. B. Begriffe, Farben, Pfeile, Linien)? Was wird miteinander in Verbindung gebracht? Beschreibe jetzt, was das Schaubild aussagen soll. Erkläre selbst, warum ein Schaubild oft leichter zu verstehen ist als ein geschriebener Text.

Die Frau – „Herrin des Hauses"

Im Schaubild war nur von Männern die Rede. Das bedeutet aber nicht, dass die Frau im alten Ägypten eine untergeordnete Stellung einnahm. Frauen und Männer hatten gleiche Rechte; dies galt in Ägypten als Teil der Weltordnung, der Maat, die auch durch eine weibliche Gottheit dargestellt wurde. Der Mann sorgte für den Unterhalt der Familie, die Frau aber war als „Herrin des Hauses" für die Erziehung der Kinder verantwortlich. Frauen konnten wie Männer Berufe ergreifen und z. B. Weberin, Schreiberin, Richterin oder Priesterin werden. Die Frau durfte über Besitz und Vermögen verfügen und konnte vor Gericht Klage erheben. Bei einer Scheidung erhielt sie ein Drittel des Familienbesitzes.

Eine Frau wird Pharao

Der Pharao musste nach Meinung der Ägypter immer ein Mann sein. Tapferkeit und Stärke waren für den Ägypter männliche Eigenschaften. Einmal jedoch kam es ganz anders. Als im Jahre 1490 v. Chr. der Pharao Thutmosis II. starb, übernahm seine Witwe Hatschepsut für den noch unmündigen Sohn die Regierung. Die Königin gab dann die Macht dem Sohn auch nicht zurück, als dieser volljährig wurde. Damit geschah für die Ägypter etwas Unglaubliches: Eine Frau übernahm die männliche Rolle des Pharaos. Hatschepsut verwaltete ihr Amt mit großem Erfolg. „Sie ist die Meisterin der Herrschaft, ihre Pläne sind ausgezeichnet!" Das sagte ein Ägypter über sie. Sie regierte 20 Jahre und brachte dem Land einen langen Frieden. Berühmt wurde ihre Expedition in das Land Punt (das heutige Somalia). Mit reich beladenen Schiffen kehrte sie nach Theben zurück. Nach ihrem Tod übernahm ihr Sohn die Regierung.

3 ***Der Priester Tenti und seine Frau Imeretef*** *(Kalkstein, 65 cm hoch, um 2400 v. Chr.)*

4 ***Bierbrauerin*** *mit Perücke (Kalkstein aus Gizeh, 27 cm hoch, um 2350 v. Chr.)*

6 ***Pharao Amenophis II.*** *(1436 - 1412 v. Chr.). Er trägt ein gestreiftes Kopftuch und den Zeremonialbart. Auf der Stirn ist die aufgerichtete Kobra zu sehen, die alles Böse abwehren soll.*

5 ***Pharaonin Hatschepsut*** *(Statue aus Theben, roter Granit, 75 cm hoch, um 1475 v. Chr.). Nachdem Hatschepsut ihre Herrschaft als Pharao angetreten hatte, wurde sie auch als solcher, also als Mann, dargestellt. Sie bringt – wahrscheinlich dem Gott Amun – einen Wasserkrug als Opfer dar und trägt dabei die für eine Opferhandlung vorgeschriebene Kleidung eines Pharaos: nackter Oberkörper, kurzer Schurz, Königskopftuch, einen sogenannten Zeremonialbart, der zu besonderen Anlässen umgebunden wurde, und das Diadem mit der Uräus-Schlange, einer aufgerichteten Kobra, auf der Stirn. Der Krug ist an seiner Vorderseite mit dem Djed-Pfeiler, einem Symbol für „Ewigkeit, Beständigkeit", geschmückt.*

7 ***„Freundlich sein ist gut!"*** *schreibt der Pharao Meri-Ka-Rê an seinen Sohn (etwa 1480 v. Chr.):*

Sei geschickt im Reden, damit du die Oberhand behältst, Reden ist erfolgreicher als Kämpfen. Ahme deine Väter nach, die vor dir gestorben sind. Sei nicht böse, freundlich sein ist gut. Zeige dich deinem Land gütig, man preist deine Güte und betet für deine Gesundheit. Mache deine Beamten vermögend, damit sie nach deinen Gesetzen handeln. Wer reich ist, ist nicht parteiisch. Sag die Wahrheit in deinem Hause, dann haben die Großen vor dir Respekt. Tu du als Pharao das Rechte, quäle keine Witwe. Hüte dich davor, ungerechterweise zu strafen. Mache keinen Unterschied zwischen dem Sohn eines Vornehmen und dem niedriger Herkunft, hole dir einen Mann wegen seiner Fähigkeiten.

Geschichte in Quellen, Bd. I. München 1978, S. 24 f.

a) Beschreibe das Bild des Ehepaares (M3). Wie hat der Künstler das Verhältnis zwischen Mann und Frau dargestellt?

b) Der Sohn der Hatschepsut hat das Andenken an seine Mutter aus allen ihm erreichbaren gemalten oder in Stein gehauenen Bildern auslöschen lassen. Versuche zu erklären, warum er das tat (VT, M5).

c) Vergleiche die Statue der Hatschepsut mit der Büste von Amenophis II.

d) Was beabsichtigt der Pharao mit den Ratschlägen an seinen Sohn (M7)?

4. Deir el-Medineh – ein Dorf im alten Ägypten

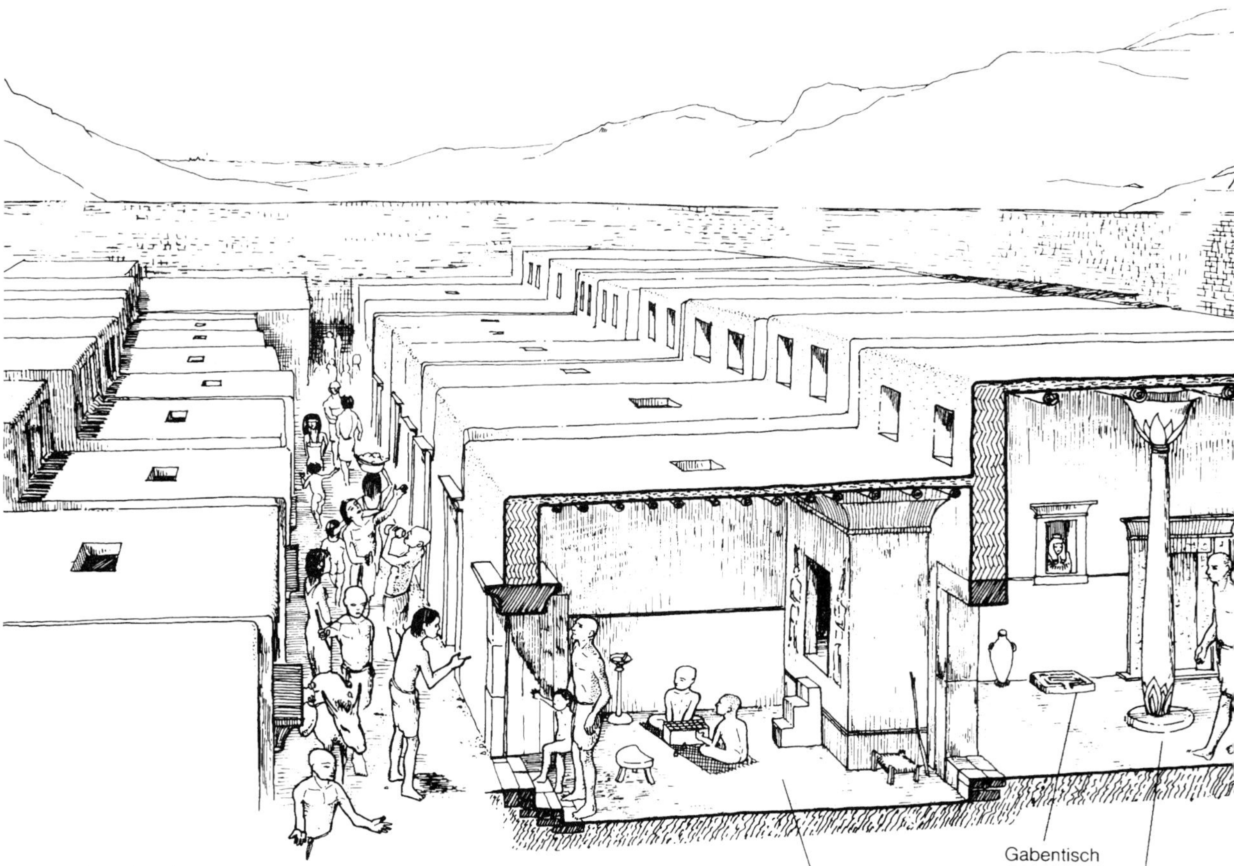

1 ***Deir el-Medineh***

Das Dorf in der Wüste

Bisher war von Schreibern, Priestern, Wesiren, Herrscherinnen und Herrschern die Rede. Über ihr Leben haben wir recht gute Kenntnisse. Bilder und Inschriften aus ihren aus Stein gearbeiteten Grabanlagen geben uns Auskunft. Wenig wissen wir jedoch über die Menschen, die die Grabanlagen gebaut und die Wände bemalt haben. Die Häuser dieser Handwerker und Arbeiter waren aus Materialien gebaut (Nilschlammziegel, Palmblätter, Holz, Schilf und Stroh), die die Zeit nicht überdauert haben. Erhalten sind uns aber die Grundmauern einer Siedlung nicht weit von Theben entfernt, in der Handwerker und Arbeiter lebten, die die Grabanlagen der Pharaonen bauten. Man fand Papyrusschriften, denen wir entnehmen können, dass das Dorf ungefähr zwischen 1500 und 1000 v. Chr. bewohnt war. Die Archäologin Viviane Koenig gibt uns in einem Jugendbuch eine Vorstellung, wie das Leben in diesem Dorf – es ist das Jahr 1162 v. Chr. – gewesen sein könnte:

Aufregung in Deir el-Medineh

„Heute, am 15. Tag des ersten Sommermonats, im 32. Jahr der Herrschaft des Pharaos Ramses III., kommt der Polizeichef Mentoumes nach Deir el-Medineh. Er ruft: ‚Der Pharao ist tot. Sein Sohn Ramses IV. hat sich auf den Thron gesetzt.' In wenigen Augenblicken ist die Hauptstraße von Deir el-Medineh mit Menschen gefüllt. Die königlichen Beamten zählen in diesem Dorf 120 Feuerstellen,

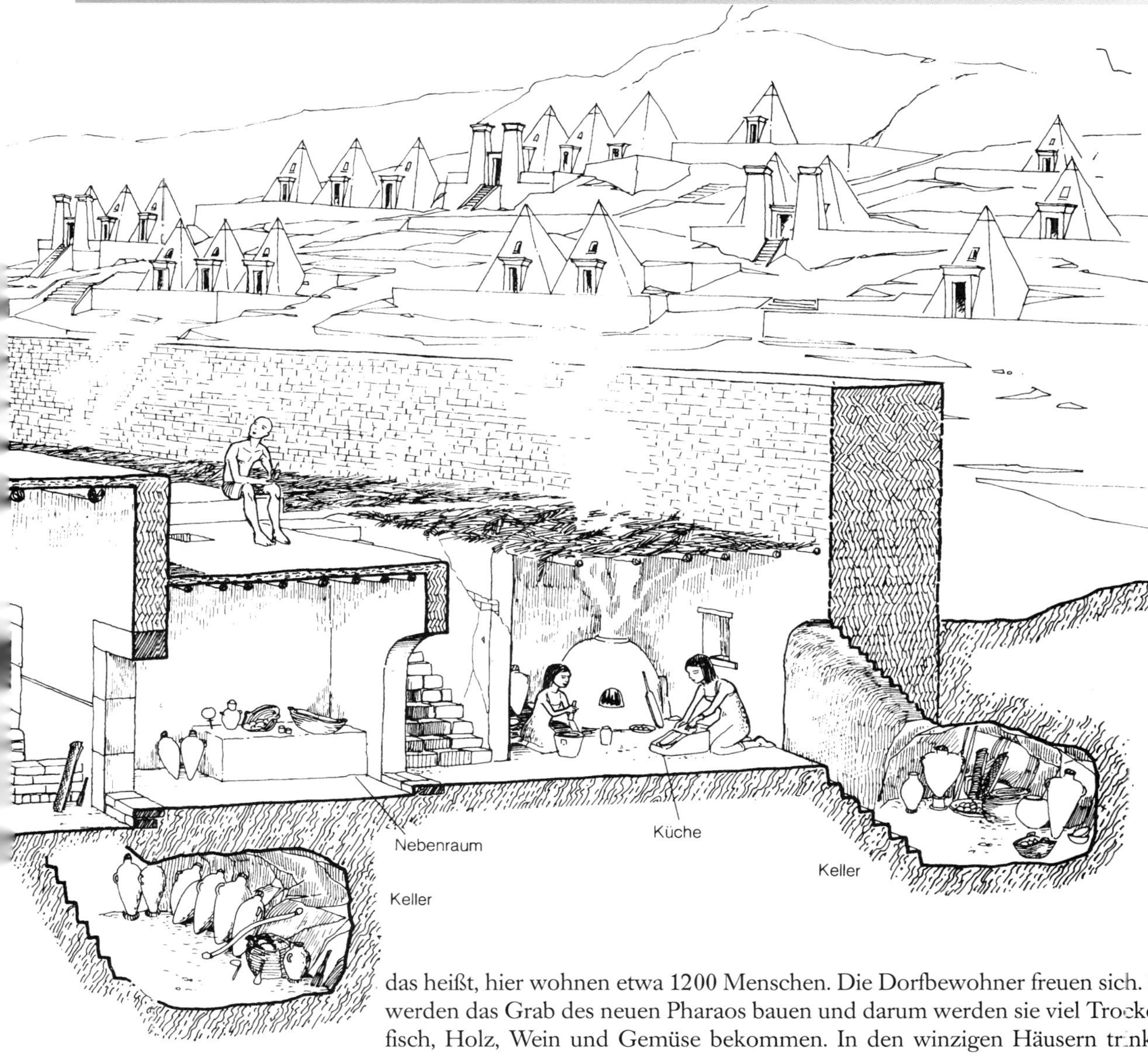

das heißt, hier wohnen etwa 1200 Menschen. Die Dorfbewohner freuen sich. Sie werden das Grab des neuen Pharaos bauen und darum werden sie viel Trockenfisch, Holz, Wein und Gemüse bekommen. In den winzigen Häusern trinken Männer und Frauen Bier und sprechen über die Neuigkeiten. Die Kinder spielen. Die Bauten links und rechts der Hauptstraße sehen alle gleich aus. Möbel gibt es in den Räumen selten: Dazu sind sie zu klein! Mit zwei großen Schritten durchquert man den größten Raum des Hauses. Gestampfte Erde bildet den Fußboden, die Decke besteht aus einem Geflecht aus Palmzweigen, die Wände sind mit Kalkmilch getüncht: So sieht man Skorpione und Spinnen besser! Im Nebenraum und in den Kellern stapeln sich Haushaltsgegenstände, Werkzeuge, Kleidungsstücke und Nahrungsmittel."

Spiele der Kinder

In den Häusern von Deir el-Medineh lebten viele Kinder. Eine Schule gab es für sie in diesem kleinen Ort nicht. Der Weg nach Theben war zu weit und zu gefährlich, er führte ein Stück durch die Wüste. Wandbilder und Grabbeigaben aus dem alten Ägypten geben uns Hinweise darauf, was Mädchen und Jungen in ihrer Freizeit getan haben könnten. Die Jungen trugen Wettkämpfe wie Ringen, Laufen, Springen und Stockfechten aus. Mädchen werden beim Tanzen und Balljonglieren gezeigt. Viel Zeit zum Spielen gab es für die Kinder in Deir el-Medineh aber nicht, denn sie mussten schon früh ihren Eltern bei der Arbeit helfen.

2 ***Spielende Kinder,*** *dargestellt an den Wänden der Felsengräber von Beni Hassan. Die Spielregeln zu diesem Ballspiel sind uns nicht überliefert.*

3 ***Ein Beschwerdebrief der Arbeiter von Deir el-Medineh*** *an den Wesir Ta:*

Ich teile meinem Herrn mit, dass ich an den Gräbern der Königskinder arbeite, deren Errichtung der Wesir befohlen hatte. Wir Arbeiter sind sehr elend geworden. Alle Sachen für uns, die das staatliche Schatzhaus, die Scheune und das Magazin uns liefern sollten, sind nicht verteilt worden. Nicht leicht ist das Tragen von Steinen! Man hat uns auch die $1^1/_2$ Sack Gerste fortgenommen um uns statt dessen $1^1/_2$ Sack Dreck zu geben! Möge mein Herr handeln, so dass wir leben können, denn wir sind schon am Sterben. Denn man gibt uns nichts, gar nichts!

Die Arbeiter verweigern daraufhin die Arbeit, sie besetzen die Tempel der Stadt Theben mehrere Tage. Erst als die Lohnzahlungen endlich eintreffen, beruhigen sie sich wieder. Für die Streikaktionen wird niemand bestraft. Nach einiger Zeit jedoch wiederholt sich das Geschehen, als erneut kein Lohn gezahlt wird. Die Arbeiter beschuldigen diesmal sogar den Wesir ihren Lohn für sich behalten zu haben. Wieder können sie ihre Forderungen durchsetzen, indem sie die Arbeit niederlegen. Angeblich handelt es sich hier um den ersten Streik in der Weltgeschichte.

Zit. nach A. Eggebrecht, Das Alte Ägypten. München 1984, S. 219.

a) Was fällt dir an der Bauweise der Häuser in M1 auf? Warum gibt es so wenige und so kleine Fenster? Damit du dir die Größe der Räume besser vorstellen kannst, versuche im Klassenraum einzelne Zimmer nach der Zeichnung und der Beschreibung nachzustellen.

b) Worüber beschwert sich der Schreiber in M3? Warum wendet er sich nicht erst an einen Beamten, sondern gleich an den höchsten, den Wesir?

c) Überlegt, wie die Regeln des Ballspiels (M2) sein könnten. Vielleicht könnt ihr im Sportunterricht das Spiel nachspielen?

5. Pyramiden – Grabkammern für das ewige Leben?

um 2500 v. Chr. ——— *Die Pyramiden von Gizeh werden gebaut.*
um 1350 v. Chr. ——— *Der Pharao Tutanchamun wird im „Tal der Könige" westlich von Theben bestattet. 1922 wird sein Grab entdeckt.*

Rätselhafte Pyramiden?

Noch heute staunen die Menschen, die vor den Pyramiden stehen, über die Größe und über die Genauigkeit, mit der sie erbaut wurden. Vor einigen Jahren schrieb ein Schriftsteller, die Pyramiden seien von Außerirdischen gebaut worden. Kein Mensch hätte vor 4500 Jahren die Kenntnisse und Fähigkeiten gehabt, die Pyramiden zu errichten. Es hat in der Geschichte viele Versuche gegeben, den Sinn der Pyramiden zu erklären. Im Mittelalter z. B. meinten die Menschen, die Pharaonen hätten die Pyramiden als Kornspeicher erbauen lassen um vor Hungersnöten sicher zu sein. Andere meinten, lange vor den Pharaonen hätte man die Pyramiden als Schutzbauten gegen die Sintflut errichtet.
Warum haben die Menschen so viele abenteuerliche Erklärungen gefunden? Was wissen wir wirklich? Zunächst können wir anhand der Lage der Pyramiden feststellen, dass sie wie die meisten Tempel auf die Grenze zwischen fruchtbarem Land und Wüste gebaut wurden. Für die Ägypter bedeutete diese Grenzlinie den Übergang vom Leben zum Tode.

1 ***Das Pyramidenfeld von Gizeh*** *mit den Pyramiden des Mykerinos, Chephren und Cheops (von links nach rechts) aus den Jahren 2510–2457 v. Chr. Im Vordergrund stehen kleine Pyramiden von Königinnen und Prinzessinnen.*

Die Cheops-Pyramide

Die größte der Pyramiden in Gizeh, die des Pharaos Cheops, ist 147 m hoch, eine Seite ist 230 m lang. Zum Bau benötigte man ca. 2,5 Millionen Steinblöcke, von denen jeder 2,5 Tonnen wog. Die Arbeiter brauchten ca. zehn Jahre um alle Steine zur Baustelle zu transportieren. 20 Jahre waren dann Tausende von Ziegelmachern, Maurern, Zimmerleuten, Bildhauern, Malern, Steinmetzen u.a. beschäftigt. Wenn die Arbeit auf den Feldern wegen der Nilschwelle nicht möglich war, mussten auch die Bauern beim Transport der Steinblöcke helfen.
Den Wissenschaftlern geben die Pyramiden heute kaum noch Rätsel auf: Diese Bauwerke sind Pharaonengräber, welche die Mumien der verstorbenen Pharaonen in einer Grabkammer im Innern des Baus aufnehmen sollten. Auch die Familienangehörigen und engsten Vertrauten des Pharaos ließen sich oft in der Nähe in kleineren Pyramiden bestatten.
Ebenso ist uns die Technik weit gehend bekannt, wie die Pyramiden gebaut wurden. Darüber können wir nur staunen und die Bezeichnung „Weltwunder" besteht zurecht. Ein „Geheimnis" aber bleibt: Warum haben die Ägypter für eine Grabstätte die Form einer Pyramide gewählt?

„Häuser für das ewige Leben"

Pyramiden waren „Häuser für das ewige Leben", denn die Ägypter waren fest davon überzeugt, dass der Tote ins Jenseits kommt. Dort bei den Göttern sehe das Leben nicht anders aus als bei den sterblichen Menschen. Damit es dem Toten im Jenseits an nichts fehlte, musste er durch die Angehörigen mit Lebensmitteln versorgt werden. Weil man aber nicht täglich Speisen ans Grab bringen konnte, ließ man sie an die Wände des Grabes malen. Die wichtigste Vorsorge für den Toten war die Erhaltung seines Körpers durch die Mumifizierung. In bis zu siebzigtägiger Arbeit wurde der Leichnam einbalsamiert und in Leinen gewickelt. Nun erst konnte nach dem Glauben der Ägypter die Seele aus dem Jenseits in den Körper gelangen und ihn zu neuem Leben erwecken.

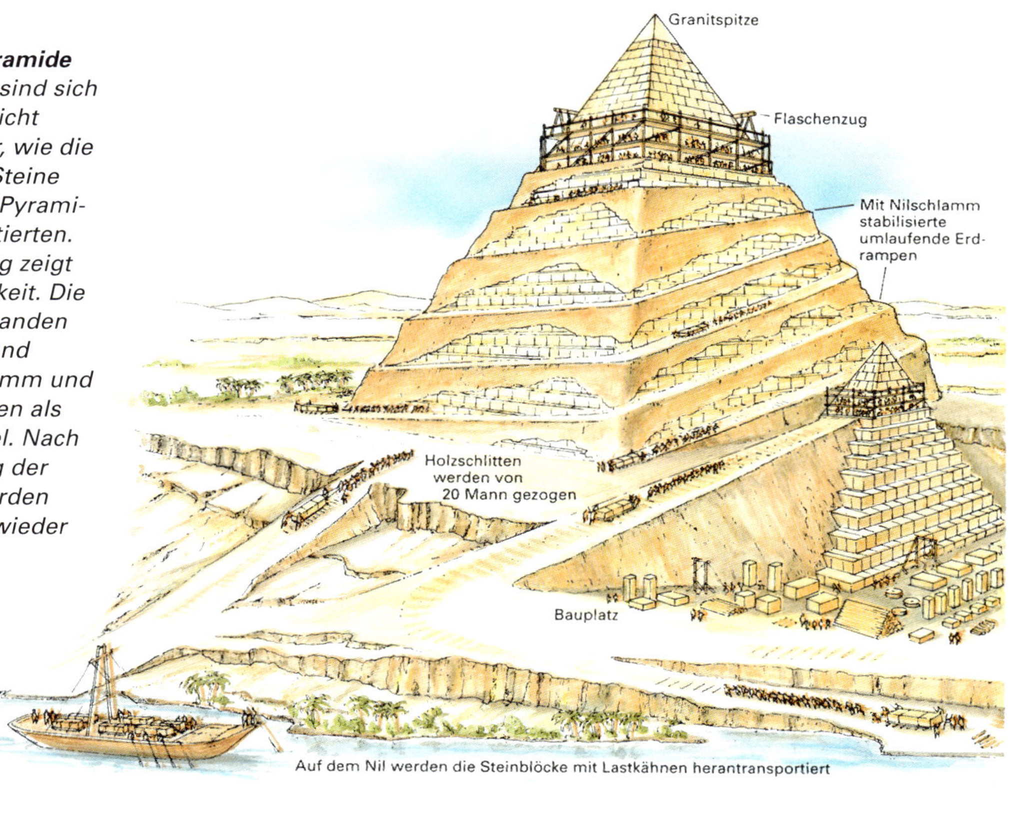

2 Bau einer Pyramide
Die Forscher sind sich heute noch nicht einig darüber, wie die Ägypter die Steine zum Bau der Pyramiden transportierten. Die Zeichnung zeigt eine Möglichkeit. Die Rampen bestanden aus Ziegeln und Schutt, Schlamm und Wasser dienten als Schmiermittel. Nach Fertigstellung der Pyramide wurden die Rampen wieder abgebaut.

3 ***Uschebtis*** *– Diener für die Ewigkeit. Die älteste Figur stammt ungefähr aus dem Jahre 2000 v. Chr., die jüngste ist ca. 2300 Jahre alt.*

Die letzte Prüfung

Auf das ewige Leben war der Tote von den Angehörigen nun zwar vorbereitet, um es aber im Jenseits auch zu erreichen musste der Verstorbene, nach Überzeugung der Ägypter, noch eine wichtige Prüfung vor dem Totengericht bestehen. Hatten die Richter den Toten für würdig befunden, konnte er ins Jenseits eingehen. Der Fährmann ruderte ihn über die himmlischen Gewässer ins himmlische Reich. Dort herrschten – so glaubten die Ägypter – „paradiesische" Zustände: Niemand musste Hunger leiden, weil der Nil jedes Jahr zur richtigen Zeit und in genügendem Maße über die Ufer trat und es deshalb immer genügend zu ernten gab.

Der Verstorbene musste aber damit rechnen, von den Göttern zur Feldbestellung und zu anderen mühseligen Arbeiten gerufen zu werden. Damit er dieser Pflicht nachkommen konnte, gaben ihm die Angehörigen Dienerfiguren, die Uschebtis, mit ins Grab. In manchen Grabanlagen fand man 365 Uschebtis, für jeden Tag des Jahres einen. Was die Diener zu tun hatten, wissen wir aus einer Inschrift: „Wenn ich (der Verstorbene) gerufen und verpflichtet werde, irgendeine Arbeit zu tun, dann sollst du (Uschebti) verpflichtet werden die Felder zu bestellen und die Ufer zu bewässern. ‚Ich will es tun, hier bin ich!', sollst du sagen."

Totengericht: Dass Menschen an ein Weiterleben nach dem Tode glaubten, lässt sich schon daraus erschließen, wie die Menschen in der Jungsteinzeit ihre Toten bestatteten. Doch erst aus der Zeit der frühen Hochkulturen, etwa in Ägypten, wissen wir, wie sich Menschen ein Weiterleben nach dem Tode vorstellten und ausmalten. Von den Ägyptern stammt der Glaube, dass sich die Menschen nach ihrem Tode vor dem Gericht der Götter für ihre Lebensführung verantworten müssen. Ähnliche Vorstellungen sind in später entstandenen Religionen, z. B. im Christentum („Jüngstes Gericht") und im Islam weiterentwickelt worden.

4 ***Totengericht*** *(aus dem Papyrus des Hunefer, um 1300 v. Chr.). Der Gott Anubis mit dem Schakalkopf, der Wächter der Toten, führt den Verstorbenen (ganz links) vor das Totengericht des Gottes Osiris. Das Herz des Hunefer wird auf der Waage (links) gegen die Maatfeder, das Zeichen für Ordnung und Wahrheit, gewogen. Anubis überwacht die Waage. Neben ihm hockt die „Fresserin", ein Ungeheuer mit Krokodilskopf und dem Körper eines Löwen. Rechts davon notiert der Gott Thot, der Schreiber der Götter mit dem Kopf eines Ibis (Vogel), das Ergebnis des Wägens auf eine Tafel. Der falkenköpfige Gott Horus führt den Verstorbenen nun vor den Thron des Osiris zur Urteilsverkündung. Oben sitzen Götter als Richter und fällen das Urteil, ob Hunefer ins Jenseits eingehen kann. Wenn die Waage nicht im Gleichgewicht ist, wird die Fresserin zu ihrem Recht kommen.*

5 ***Totenspruch für einen Pharao.*** *In einer Pyramide fand man diesen Text:*

Hallo, hallo, erhebe dich, o Pharao! Nimm deinen Kopf, sammle deine Knochen, raff' deine Glieder zusammen, schüttle die Erde von deinem Fleische! Empfange dein Brot, das nicht schimmelt, und dein Bier, das nicht schal wird! Du stehst an der Tür, die die Menschen fern hält. Der Gott Chontamenti[1] kommt zu dir und ergreift deine Hand. Er geleitet dich zum Himmel zu deinem Vater Geb[2]. Er jubelt bei deinem Namen, er umarmt dich, er küsst dich. Er setzt dich an die Spitze der unvergänglichen Sterne. Es preisen dich die, deren Wohnstätten verborgen sind (die Götter). Gerste ist für dich gedroschen, Emmer ist für dich gemäht. Erhebe dich, o Pharao! Du sollst nicht sterben!

1 Chontamenti führt die Verstorbenen in den Himmel
2 Geb ist der Vater der Götter

Pyramidenspruch 373, zit. nach A. Eggebrecht, Das Alte Ägypten. München 1984, S. 302.

a) Vergleiche die Angaben für die Höhe der Cheopspyramide (VT, M1) mit dem höchsten Gebäude in deinem Wohnort. Wie oft passt deine Schule auf die Grundfläche der Pyramide? Suche nach Gegenständen (z. B. Auto), die ein ähnliches Gewicht haben wie die Steinblöcke M2 (bis zu 3 t).

b) Informiert euch in Jugendbüchern über weitere Theorien, wie die Pyramiden gebaut wurden (M1, M2). Berichtet darüber und diskutiert Vor- und Nachteile der verschiedenen Modelle.

c) Was sagt der Pyramidenspruch M5 über die Vorstellung der Ägypter vom Jenseits? Wie empfanden die Ägypter den Tod (VT, M3, M4)? Vergleiche dies mit den Vorstellungen in anderen Religionen (z. B. Christentum, Islam).

6. Wie kleideten und schmückten sich die Ägypterinnen und Ägypter?

Malerei und Bildhauerarbeiten in Tempeln und Grabanlagen zeigen uns heute, wie die Ägypterin und der Ägypter sich gekleidet und geschmückt haben. Wie angesehen und wichtig eine Person war, erkennen wir an der Kleidung. Sie war also ein Ausdruck der Rangfolge. Je größer die Bedeutung einer Person, desto feiner war auch der Kleiderstoff. Grobes Leinen trugen die einfachen Leute. Das sogenannte „Königsleinen" war für die Vornehmen bestimmt. Es war leicht, durchsichtig und lag eng am Körper. Sehr viel Wert legten Frauen und Männer auf Perücken, die glattes Haar oder feingeflochtene Locken haben konnten. Kinder gingen meist nackt oder waren mit einem kurzen Lendenschurz bekleidet. Zur Kleidung gehörte der Schmuck. Frauen und auch Männer trugen ihn aus

1 ***Eine Beamtin*** *oder die Frau eines Beamten war genau so gekleidet wie diese Opferträgerin (um 2000 v. Chr.). Sie trug ein enganliegendes, knöchellanges Kleid aus feinstem Leinen.*

2 ***Ägyptischer Beamter*** *In Ägypten trugen Männer meistens Röcke mit Schurz. Das Bild zeigt einen ägyptischen Beamten, erkennbar an seinem Schmuck, denn nur diese Personengruppe durfte Schmuck tragen.*

3 ***Ein Zimmermann** bei der Arbeit auf einem Baugerüst (Bruchstück aus einer Wandmalerei, 15 cm hoch, um 1400 v. Chr.). Er trägt einen kurzen Lendenschurz. Handwerker und Bauern sind oft auch nackt abgebildet.*

4 ***Brustschmuck des Pharaos Tutanchamun.** In der Mitte ist ein Käfer mit ausgebreiteten Flügeln, Sinnbild des Sonnengottes, dargestellt. Oben sieht man das Auge des Horus, darüber die Mondscheibe (ca. 1330 v. Chr.).*

unterschiedlichen Gründen. Er sollte vor wilden Tieren, Krankheiten und Unfällen schützen. Schmuck war aber auch Zeichen von Reichtum und Ansehen. Der Pharao schenkte Beamten, die ihm gute Dienste geleistet hatten, Schmuck als Belohnung. Als Material finden wir häufig Gold und Edelsteine wie Türkise, Lapislazuli und Karneole. Der Türkis war das Sinnbild für das Grün der Pflanzen und Bäume, der Lapis für das Blau von Wasser und Himmel, der Karneol für das Blut und das Gold für die Sonne.

5 ***Perlenarmbänder** aus dem Grab einer Prinzessin oder Königin. Die Perlen bestehen aus Gold, Karneolen und Lapis (ca. 1530 v. Chr.).*

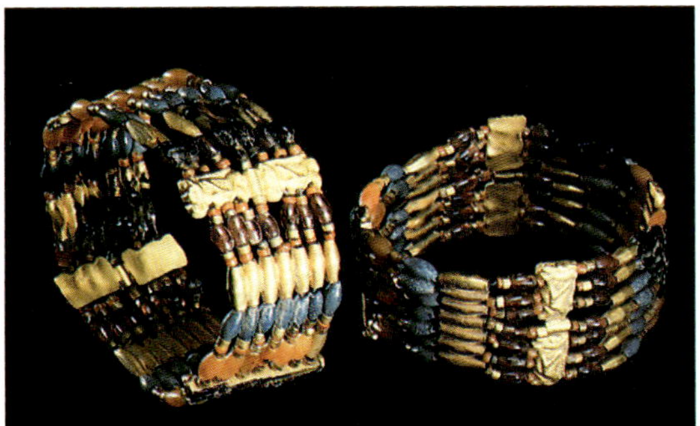

6 ***Armband** aus massivem Gold mit der Darstellung eines Käfers, eines Skarabäus. Er soll dem Träger Glück bringen (ca. 1330 v. Chr.).*

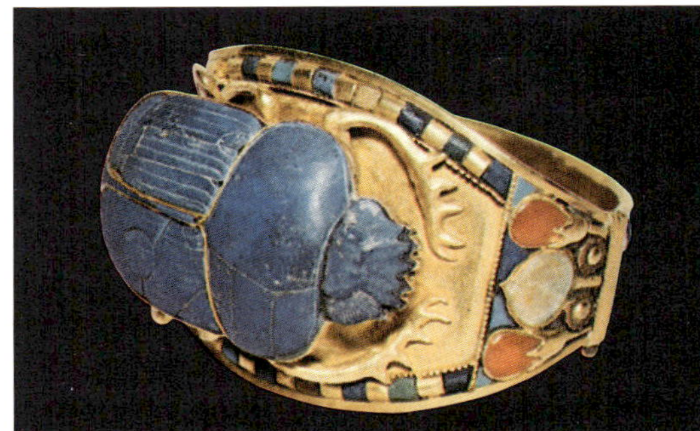

7 Kragenartiger Schmuck aus Karneolen, Türkisen und Gold. Die beiden großen Falkenköpfe (Kennzeichen des Gottes Horus) lagen auf den Schultern, der kleine Falke auf dem Rücken (37 cm breit, um 1800 v. Chr.).

8 Sandalen des Pharaos Tutanchamun. Auf der Innenseite sind Feinde abgebildet. Immer, wenn der Pharao die Schuhe anzog, trat er nach Überzeugung der Ägypter seine Feinde.

9 Den Modestil um 1350 v. Chr. zeigt rechts das Königspaar Semanchkarê und Meritaton (Künstlerskizze auf Kalkstein, 24 cm hoch).

a) Der Ägypter Ipu-wer lebte in einer politisch unruhigen Zeit (um 2300 v. Chr.). Aufständische bekämpften die gewohnte Ordnung. Es kam zum Krieg in Ägypten. Er schreibt: „Gold und Lapislazuli, Silber und Türkis, Karneol und Amethyst sind um den Hals von Sklavinnen gelegt, während edle Damen im Land herumziehen und gezwungen sind betteln zu gehen." Was will Ipu-wer zum Ausdruck bringen?

b) Zeige, wie Kleidung und Schmuck die Bedeutung einer Person zum Ausdruck bringen können. Du findest auf dieser und den vorangehenden Seiten Bilder, die das verdeutlichen.

6. Mesopotamien – das Land zwischen den Flüssen

ca. 7000 v. Chr. ________ *In Mesopotamien entstehen die ersten Städte: Ur, Uruk, Lagasch.*
um 3000–2300 v. Chr. ___ *Die Sumerer schaffen eine der ersten Hochkulturen.*
ca. 1700 v. Chr. ________ *König Hammurabi macht Babylon zur Hauptstadt eines großen Reiches. Er lässt Gesetze aufzeichnen und veröffentlichen. Mesopotamien wird in der folgenden Zeit von Assyrern, Persern und Griechen erobert und besiedelt.*

Leben im Lande Sumer

An den Strömen Euphrat und Tigris im Lande Sumer (heute: Irak) entstand etwa zur gleichen Zeit wie am Nil eine Hochkultur. Auch hier verwandelten die Bewohner in gemeinsamer Arbeit die Flusstäler in fruchtbares Ackerland:
Wie der Nil traten Euphrat und Tigris über die Ufer, wenn in den Quellgebieten die Schneeschmelze einsetzte. Anders als in Ägypten geschah das aber nicht regelmäßig. Daher mussten die Sumerer nicht nur Dämme und Deiche gegen das Hochwasser bauen, sondern auch die Felder in der Trockenzeit bewässern – das war für die Bewohner lebensnotwendig.
Die Arbeiten an den komplizierten Bewässerungsanlagen waren jedoch nur zu bewältigen, wenn viele Menschen nach einem Plan zusammenarbeiteten. Also schlossen die Sumerer sich in Siedlungen zusammen, wo sie nach gemeinsamen Vorschriften und Regeln lebten. Hier hatten sie alle Nutzen von den Bewässerungsanlagen: Der fruchtbare Schlamm düngte die überschwemmten Felder und brachte den Bewohnern des Landes reiche Ernten. Den Überfluss an Nahrungsmitteln tauschten sie gegen Holz, Marmor und Kalkstein zum Bau ihrer Häuser.

Die ersten Städte entstehen

Die Siedlungen wuchsen mit der Zeit, weil immer mehr Menschen in das fruchtbare Land kamen. Aus Dörfern wurden Städte, in denen Menschen mit vielerlei Berufen lebten: Bauern, Fischer und Hirten, außerdem Handwerker, Kaufleute, Soldaten, Beamte und Priester. Weil diese Städte so blühend waren, lockten sie weitere Stämme aus der Wüste oder dem Gebirge an. Häufig drangen Hirtengruppen in die Anbaugebiete und Städte ein. Um Besitz und Leben zu schützen, umgaben die Sumerer nun ihre Siedlungen mit festen Mauern.
Im Mittelpunkt einer Stadt stand der Tempel. Hier wurden die Götter durch Opfer verehrt. Der Tempel war darüber hinaus ein wirtschaftliches Zentrum. In großen Vorratsräumen sammelte und speicherte man hier die Ernteerträge. Vom Tempel aus wurde die Stadt regiert und Recht gesprochen. An der Spitze der Stadt stand ein Priesterfürst – König und Priester zugleich. Er war Vertreter des Stadtgottes und verteilte das Land im Auftrag des Gottes gegen eine Pachtgebühr an die Bauern. Für die Aufgaben in der Stadt entwickelten die Sumerer schon früh eine Schrift – vermutlich früher als die Ägypter ihre Hieroglyphen. Man nannte sie Keilschrift, weil ein Griffel aus Rohr im weichen Ton einen keilförmigen Eindruck verursachte.
Einer der berühmtesten Könige des Landes war Hammurabi. Er ließ die Gesetze sammeln und sie in Stein meißeln. Warum er das tat, wissen wir von ihm selber: „Mit der Einsicht, die Ea mir gab, mit der Tüchtigkeit, die Marduk mir verlieh (Ea und Marduk sind babylonische Götter), vernichtete ich die Feinde zum Vorteil des Landes. Die siedelnden Menschen ließ ich ruhen auf friedlichen Feldern. Ich bin der Hirte, dessen Stab gerade ist. Durch meine Lebenskraft erhalten die Menschen Wohlergehen, in Frieden sorge ich für sie.“

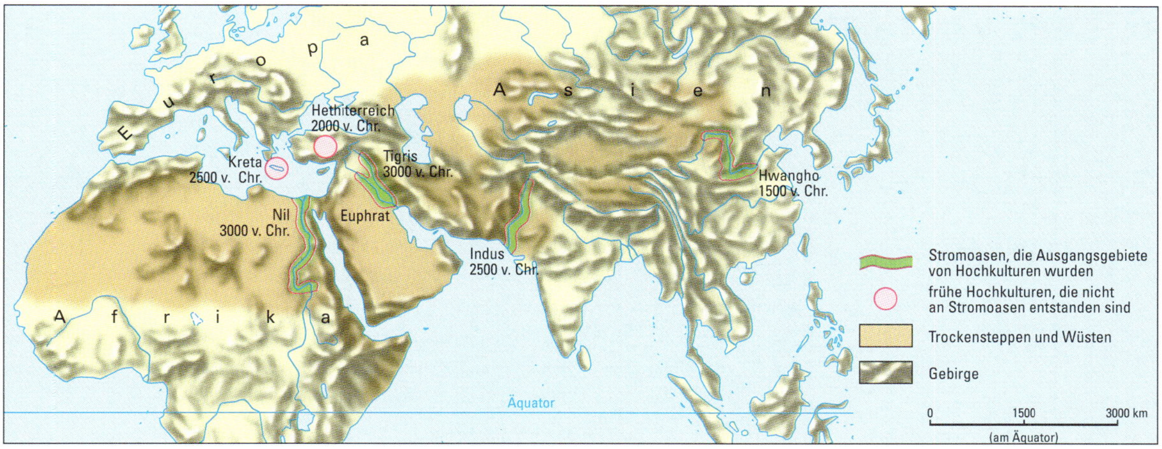

1 ***Frühe Hochkulturen in Asien, Afrika und Europa***

2 ***Keilschriftzeichen*** *aus verschiedenen Zeiten. Diese Schriften wurden ungefähr in der Zeit von 2900 bis 600 v. Chr. benutzt. Vergleiche die Schriftzeichen mit den ägyptischen Hieroglyphen. Was fällt dir auf?*

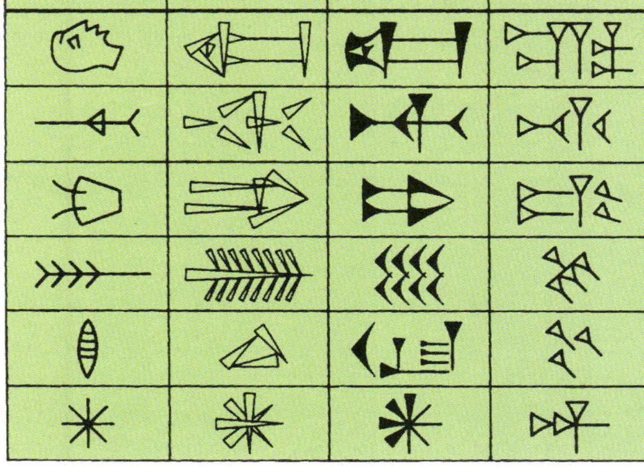

Sumerisch		Babylonisch	Assyrisch	Sumerischer Sinn- und Silbenwert	Bedeutung
				sag	Kopf
				ti	Pfeil
				gud	Rind
				schē	Korn
				ki	Erde Land
				an dingir	Himmel Gott

3 ***Aus den Gesetzen Hammurabis:***

§ 53: Wenn ein Bürger seinen Deich nicht befestigt hat und in seinem Deich die Öffnung entsteht, sodass der Acker vom Wasser weggeschwemmt wird, so ersetzt der Bürger, in dessen Deich die Öffnung entstanden ist, das Getreide, das er dadurch vernichtet hat …

§ 54: Wenn er das Getreide nicht ersetzen kann, so verkauft man ihn und seinen Besitz; und seine Mitbürger, deren Getreide das Wasser weggeschwemmt hat, teilen den Erlös …

§ 138: Wenn sich ein Bürger von seiner ersten Gemahlin, die ihm keine Kinder geboren hat, scheiden lassen will, so gibt er ihr Geld in Höhe ihres Brautpreises zurück. Außerdem entschädigt er sie für die Mitgift; dann erst kann er sich von ihr scheiden lassen.

Geschichte in Quellen, Bd. I. München 1978, S. 64 f., Bearb. d. Verf.

a) Erläutere den Zusammenhang zwischen der planmäßigen Landwirtschaft durch Bewässerung und der Gründung von Staaten und Städten (VT).

b) Warum ließ Hammurabi den Bürger bestrafen, der seinen Deich nicht geschützt hatte (M3)? Wie würde man das heute bestrafen?

c) Was beabsichtigte Hammurabi mit dem Gesetz zur Ehescheidung (M3)?

d) Nenne Merkmale, die die ägyptische und die mesopotamische Kultur zu einer Hochkultur machten.

8. Das Volk Israel sucht seine Heimat

um 1800 v. Chr.	*Israelitische Nomadenvölker, geführt von den Stammvätern Abraham, Isaak und Jakob, wandern nach Kanaan ein, ziehen aber bald nach Ägypten weiter.*
um 1250 v. Chr.	*Der Pharao Ramses II. zwingt die Israeliten zur Sklavenarbeit. Moses führt sein Volk aus Ägypten („Exodus") zurück nach Kanaan. Dort finden die Israeliten nach heftigen Kämpfen ihre Bleibe.*
um 1000 v. Chr.	*König David einigt die israelitischen Stämme und errichtet ein mächtiges Reich. Jerusalem macht er zur Hauptstadt und zum religiösen Mittelpunkt.*
um 950 v. Chr.	*König Salomon lässt Jerusalem prächtig ausbauen. Nach seinem Tod zerfällt das Reich in die Teile Israel und Juda.*
597 v. Chr.	*Die Babylonier erobern Juda und Israel, zerstören Jerusalem und führen einen Teil der Bevölkerung für 50 Jahre in die Gefangenschaft nach Babylon.*
63 v. Chr.	*Palästina wird eine Provinz des Römischen Reiches.*
70 n. Chr.	*Nach Aufständen der Juden zerstören die Römer Heiligtümer der Juden in Jerusalem.*
135 n. Chr.	*Der römische Kaiser Hadrian lässt Jerusalem nach weiteren Aufständen zerstören: Der jüdische Staat des Altertums geht unter. Von da an leben die Juden in alle Welt verstreut als Minderheit, oft ausgeschlossen oder verfolgt.*
1939–1945	*Die Nationalsozialisten unter Hitler versuchen die Juden in Europa systematisch „auszurotten". Über 5 Millionen Juden werden ermordet. Wenigen gelingt die Flucht, u. a. nach Palästina.*
1948	*Der jüdische Staat Israel wird in Palästina gegründet.*

Im Gebiet zwischen Nil und Zweistromland siedelten im Altertum nicht nur die Ägypter, Sumerer und Babylonier, sondern auch viele kleine Völker, die als Bauern lebten oder als Hirten umherzogen. Auf der Suche nach fruchtbarem Land wanderten sie weiter und vermischten sich mit anderen Völkern; so sind ihre Namen heute nur noch einigen Geschichtsforschern bekannt.

Die Bibel berichtet von der frühen Geschichte der Juden

Eine Ausnahme gibt es: Es ist das Volk Israel bzw. einer seiner Stämme, der Stamm Juda; daher spricht man heute vom jüdischen Volk. Bis heute hat sich dieses Volk seine Eigenart in Sprache und Religion bewahrt, bis heute halten die Juden die Erinnerung an ihre viele tausend Jahre alte Geschichte wach.
Über die Anfänge des jüdischen Volkes ist wenig bekannt. Die ausführlichsten Informationen finden wir in der Bibel, im Alten Testament. Es gehört zu den heiligen Schriften der Juden und der Christen. Für Juden und Christen ist das Alte Testament auch eine Quelle, die davon erzählt, wie Gott die Geschichte des jüdischen Volkes begleitet und immer wieder in sie eingegriffen hat. Diese biblischen Erzählungen sind zwar nicht wörtlich zu verstehen, enthalten aber viele Begebenheiten, die sich in der Geschichte wirklich zugetragen haben. Diese werden auch durch andere Quellen aus Mesopotamien und Ägypten bestätigt.

Die Wanderungen der Israeliten

Die Bibel berichtet, wie die Hebräer, ein Nomadenstamm aus Mesopotamien, unter ihrem Stammvater Abraham ins Land Kanaan zogen. Bald aber wurden sie vom Hunger weitergetrieben. Erst viele Generationen später gelangten die Stämme Israels nach Ägypten, in das fruchtbare Niltal. Die Israeliten hofften, dass dort alle eine Bleibe fänden und satt würden. Die Pharaonen nahmen die

1 Das Volk Israel in Ägypten *(Gemälde von Edward Poynter [1836–1919], Ausschnitt)*

Fremden auf, sie erhielten Unterkommen und Arbeit, und einige machten sogar als Beamte des Pharaos Karriere. Viele der Zugewanderten wurden aber auch als Zwangsarbeiter eingesetzt, z. B. zum Bau der Pyramiden.

Jahwe, der Gott der Juden

Von den Ägyptern und allen anderen Nachbarstämmen unterschieden sich die Israeliten vor allem durch ihre Religion. Sie glaubten als einziges Volk des Altertums nur an einen Gott, den sie „Jahwe" nannten. Die Bibel erzählt, dass ein Mann namens Moses, durch Jahwe beauftragt und geleitet, sein Volk aus der Zwangsherrschaft des Pharaos führte. Listenreich soll Moses die Israeliten den gefährlichen Weg durch Wasser und Wüste geführt haben – zurück in das Land Kanaan, das ihre Vorfahren vor langer Zeit vor Hunger verlassen hatten.
Da die Bibel keine historisch genauen Angaben macht, bleiben manche der geschilderten Vorgänge unklar; so ist z. B. der Weg, den Moses genommen hat, nicht genau auszumachen. Sicher ist, daß der Auszug („Exodus") der Israeliten aus Ägypten stattgefunden hat. Unterwegs in der Wüste, auf dem Berge Sinai, erhielt Moses, so erzählt die Bibel, von Jahwe Regeln für das Zusammenleben seines Volkes. Dies waren die Zehn Gebote, die noch heute in christlichen Kulturen das Miteinander der Menschen regeln. Sie wurden auf Gesetzestafeln festgehalten und in der heiligen Bundeslade, einer hölzernen Truhe, mitgeführt.
In Kanaan mussten die Stämme Israels sich erst gegen die schon lange dort lebenden Völker durchsetzen. In diesen Kämpfen schlossen sie sich enger zusammen und unter dem König von Juda, David, gelang es ihnen um 1000 v. Chr., die

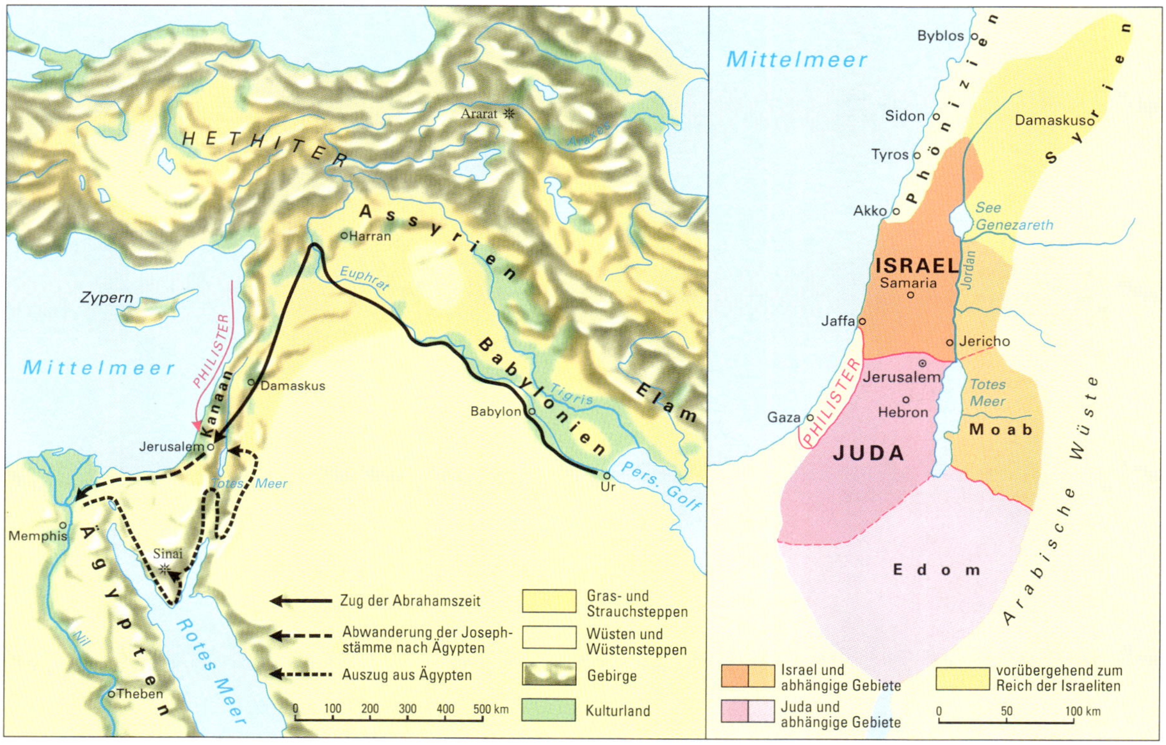

2 ***Die Wanderungen der Israeliten*** *im 2. Jahrtausend v. Chr., bis sie sich um 1200 v. Chr. in Kanaan niederließen, sind auf der Karte links dargestellt; die Karte rechts zeigt das Gebiet der Israeliten in* ***Palästina im 9. Jahrhundert v. Chr.****, nach Ende der Herrschaft der Könige Saul, David und Salomon.*

Philister und die Kanaanäer zu besiegen. David machte Jerusalem zur Hauptstadt; das Reich war jetzt zum mächtigen Staat Israel geworden.

Aufstieg und Zerfall des Staates Israel

Der Nachfolger Davids, Salomon, baute Jerusalem glanzvoll aus und ließ einen prächtigen Tempel errichten, in dem die Bundeslade aufbewahrt wurde. Dem Land ging es wirtschaftlich so gut wie nie zuvor. Doch die Einigkeit währte nicht lange: Das Reich zerfiel nach dem Tode Salomons 926 v. Chr. in zwei Teile, Israel und Juda. In den folgenden Jahrhunderten wurden die Israeliten wiederholt von den Assyrern, Babyloniern und Ägyptern angegriffen.
Ein großes Unglück erlebten die Israeliten, als der babylonische König die gesamte Oberschicht 597 v. Chr. in das Gebiet des Euphrat vertrieb (in das „Babylonische Exil") und anschließend Jerusalem völlig zerstörte (587 v. Chr.). In einer fremden Kultur und in Gefangenschaft mussten die Israeliten ihren Glauben und ihre eigenen Traditionen bewahren. Gerade in solchen Zeiten der Not schrieben Priester und jüdische Gelehrte ihnen auf, welche besondere Geschichte sie mit ihrem Gott verband und durch welche Verhaltensweisen, Kulte und Gebräuche sie sich von anderen Kulturen unterschieden. Nach Ende des Babylonischen Exils 538 v. Chr. kehrten viele Israeliten in ihre Heimat zurück.
Von da an wurde es üblich, den Namen „Juden" nicht mehr nur auf die Angehörigen des Stammes Juda anzuwenden, sondern auf alle Menschen, die dem jüdischen Gott die Treue hielten. Der Glaube daran, Auserwählte Gottes zu sein, hat den Juden wohl durch ihre gesamte Geschichte hindurch die Kraft gegeben auch unter Bedrohung, Gefahren und in ausweglosen Situationen ihre Kultur lebendig zu halten.

3 ***Nach der Eroberung Jerusalems*** *70 n. Chr. führen römische Soldaten heilige Gegenstände aus dem Tempel in Jerusalem im Triumphzug durch Rom, darunter den siebenarmigen Leuchter (Reliefausschnitt vom Titusbogen in Rom, 1. Jh. n. Chr.).*

5 ***Das Passahfest*** *ist eines der wichtigsten jüdischen Feste, und Juden, wie diese Familie, feiern es bis heute. Es erinnert daran, wie Jahwe die Israeliten aus der Sklaverei in Ägypten befreite.*
Erkundige dich nach der Bedeutung der verschiedenen Gegenstände auf dem Tisch.

4 ***Unabhängigkeitserklärung des Staates Israel,*** *verkündet am 14. Mai 1948 (Auszug):*

Im Lande Israel entstand das jüdische Volk. Hier prägte sich sein geistiges, religiöses und politisches Wesen. Hier lebte es frei und unabhängig. Hier schuf es eine nationale und universelle Kultur und schenkte der Welt das Ewige Buch der Bücher (die Bibel).
Durch Gewalt vertrieben, blieb das jüdische Volk auch in der Verbannung seiner Heimat in Treue verbunden. Nie wich seine Hoffnung. Nie verstummte sein Gebet um Heimkehr und Freiheit. Beseelt von der Kraft der Geschichte und Überlieferung suchten Juden aller Generationen in ihrem alten Lande wieder Fuß zu fassen. Im Laufe der letzten Jahrzehnte kamen sie in großen Scharen, Pioniere, Verteidiger und Einwanderer, … erweckten Einöden zum Blühen, belebten aufs neue die hebräische Sprache.

Nach P. Antes / G. Aslam-Malik (Hg.), Judentum. Stuttgart 1990, S. 55.

Monotheismus (griechisch „monos“, d. h. einzig; „theos“, d. h. Gott): Glaube an einen einzigen Gott. Nach dem Judentum entstanden mit dem Christentum und dem Islam zwei weitere monotheistische Religionen. Das Christentum ist aus dem Judentum hervorgegangen, die christliche Kirche trennte sich zur Zeit der Apostel im 1. Jahrhundert vom Judentum. Mohammed, der Begründer des Islams (7. Jh. n. Chr.), betrachtete sich als Nachfolger von Moses und Jesus.
Das Gegenstück dazu ist Polytheismus (griechisch „polys“, viel). Polytheistische Religionen hatten z. B. die Ägypter, Griechen, Römer und Germanen.

a) Erzähle über die Wanderungen der Israeliten mit Hilfe des VT und der Karte M2. Du kannst dir dazu weitere Informationen aus der Bibel beschaffen.
b) Beschreibe das Bild M1 mit Hilfe der Informationen, die du aus dem VT erhältst.
c) Erkundige dich nach Festen und Gebräuchen der Juden, mit denen sie noch heute die Erinnerung an ihre Geschichte wachhalten (siehe M5).
d) Warum haben sich die Juden bis heute immer wieder in schwierigen Zeiten auf ihre Geschichte und Religion berufen (VT, M4)?

Die Welt der Griechen

„In kurzer Zeit wurden Bauwerke geschaffen für die Ewigkeit. Ihre lebendige Kraft schenkt ihnen bis auf den heutigen Tag den Reiz der Neuheit und der Frische." (Plutarch, 1. Jh. n. Chr.)

Die Akropolis, der Tempelberg Athens. Perikles, ein athenischer Staatsmann, ließ die Tempel vor 2500 Jahren errichten:
① Propyläen (Eingangstor)
② Parthenon (Haupttempel der Athene)
③ Odeon (aus späterer Zeit)
④ Nike-(Siegesgöttin-)Tempel, der Athene geweiht
⑤ Statue der Athene

Die griechische Kultur blieb immer ein Vorbild für die später lebenden Menschen – auch Bauwerke zeigen dies: oben links: Hera-Tempel in Paestum (Süditalien); daneben: das Brandenburger Tor in Berlin; darunter: die Walhalla bei Regensburg.

1. Griechenland – eine Landschaft bestimmt die Lebensweise ihrer Bewohner

um 2000 und
um 1250 v. Chr. ________ *Aus dem Norden wandern Volksstämme in Griechenland ein und bilden Kleinstaaten.*
750–550 v. Chr. ________ *Die Griechen besiedeln die Küsten des Schwarzen Meeres und des Mittelmeeres („Griechische Kolonisation").*

Griechenland wird besiedelt

Im 2. Jahrtausend v. Chr. wanderten Völker aus dem Norden nach Griechenland ein. Weil sich das Klima in ihrer Heimat verschlechtert hatte, fanden sie dort nicht mehr genügend Nahrung. Deshalb suchten sie neue Siedlungsgebiete.
Die Besonderheiten des Landes, in dem sie leben wollten, zeigt eine geographische Karte. Sieh sie dir genau an und beantworte folgende Fragen: Wo konnten die Einwohner siedeln? Wo war es ihnen erschwert oder nicht möglich? Wohin öffnen sich die Täler? Wie hoch sind die Gebirge, und in welcher Richtung verlaufen sie? Achte auch auf die Gestalt der Küste. Was fällt dir auf?
Wenn du Antworten auf die Fragen gefunden hast, kannst du dir vorstellen, was die Einwanderer sahen, als sie nach Griechenland kamen. Eine solche Landschaft bestimmte die Lebensweise ihrer Bewohner. Sie siedelten vorzugsweise in

1 ***Siedlungsraum der Griechen bis 750 v. Chr.:*** *Griechenland und Kleinasien*

2 Griechische Landschaft in Lakonien; im Vordergrund Häuserfundamente des alten Sparta

Unten: Auch heute noch haben die Griechen ihre Vergangenheit vor Augen – Vorderseite einer 50-Drachmen-Münze von 1988.

den Tälern am Meer. Der Platz für Ackerbau und Viehzucht war allerdings durch die Gebirge sehr eingeengt. Weil der Landweg sehr beschwerlich und das Meer überall nahe war, nahmen die Bewohner Verbindung über das Meer auf. Später wanderten noch weitere Volksstämme nach Griechenland ein. Auch die Küste Kleinasiens wurde besiedelt. Die einzelnen Stämme sprachen Griechisch als gemeinsame Sprache und sie nannten sich Hellenen.

Die Polis

In ihrem begrenzten Lebensraum bauten die Griechen im Schutz einer festen Burg ihre Siedlungen und Städte. Sie lagen meist auf einem Felsen, von dem aus man das Land gut überblicken konnte. Eine solche Burg nannten die Griechen „Polis". Die Siedlung und das umliegende Land erhielten ebenfalls diesen Namen. Die Polis war die Gemeinschaft aller Bürger. Jede Polis achtete auf ihre Selbstständigkeit, die Bewohner waren stolz auf ihre Freiheit und auf das eigene Recht, das in ihrer Gemeinschaft herrschte.

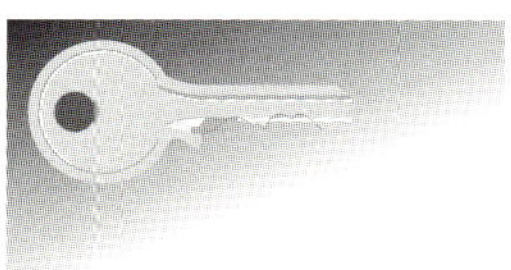

Wie geographische Karten Geschichte erklären können

In diesem Kapitel kannst du sehen, dass eine geographische Karte, die du aus dem Erdkundeunterricht kennst, auch für die Geschichte nützliche Informationen geben kann. Die Karte zeigt das Landschaftsbild. In unterschiedlichen Farben sind Gebirge, Täler, Flüsse, Küstenverlauf, Inseln, Seen und Meere eingezeichnet. Ein Maßstab gibt die Größenverhältnisse an. Wenn du eine geographische Karte für die Geschichte auswerten willst, musst du folgende Schritte einhalten:

1. *Sieh dir die Karte genau an, beachte die Legende und beschreibe, was du erkennen kannst. Verschaffe dir so eine Vorstellung davon, wie die Landschaft beschaffen war, wie sie aussah.*
2. *Jetzt kannst du dir die Frage stellen, wie die Menschen in dieser Landschaft gelebt, gearbeitet und miteinander Kontakt gehabt haben. So kannst du dir Ereignisse in der Geschichte eines Volkes wie z.B. die Kolonisation der Griechen besser erklären.*
   Wenn du die Karte von Ägypten auf der Auftaktdoppelseite zu den Ägyptenkapiteln aufschlägst, kannst du das, was du jetzt gelernt hast, verwenden und erklären, wie die Besiedlung Ägyptens vorgegangen ist.

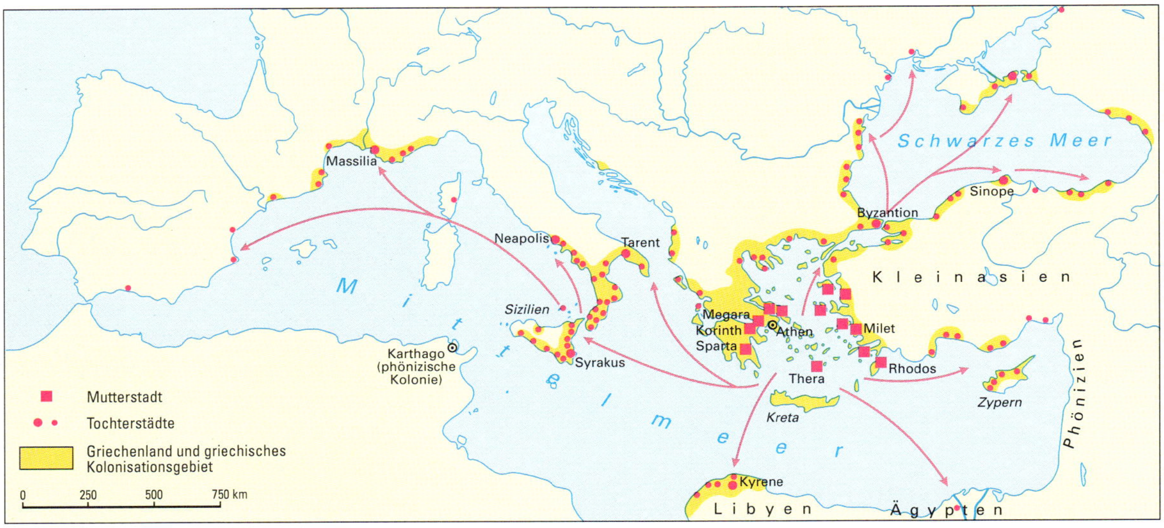

3 ***Griechische Kolonisation*** *(750–550 v. Chr.). Bürger einer „Mutterstadt" gründeten eine selbstständige „Tochterstadt", eine Kolonie, mit eigener Regierung. Manche Tochterstädte wurden größer als die Mutterstädte. Auch aus ihnen wanderten machmal Bürger ab und gründeten weitere Kolonien.*

Griechen wandern aus

Auf Dauer bot der knappe Boden für die wachsende Bevölkerung nicht mehr genug Nahrung. Missernten verschlimmerten diese Lage noch. Die Menschen wurden unzufrieden und suchten nach Abhilfe. Als Ausweg gab es für viele nur die Auswanderung. So verließen Griechen seit dem 8. Jahrhundert v. Chr. ihre Polis und siedelten sich an den Küsten des Mittelmeeres und des Schwarzen Meeres an, wo sie Ackerbau und Handel trieben.

Polis (Mehrzahl Poleis): Das griechische Wort bedeutet „Burg" oder „Stadt", aber auch „Bürgerschaft". Gemeint ist die Lebensgemeinschaft aller Bürger. Wir übersetzen Polis oft mit „Staat". Die Poleis bestanden aus der Stadt mit dem Umland und seinen Bewohnern. Die größten Poleis waren Athen und Sparta; andere wie Megara, Korinth oder Argos waren wesentlich kleiner. Von „Polis" kommt unser Wort „Politik" – die Angelegenheiten, die alle Bürger angehen.

4 ***Schiffe*** *waren das wichtigste Verkehrsmittel der Griechen – für den Handel und im Krieg. Auf der Schale, einem Trinkgefäß (6. Jh. v. Chr.), sind Steuerruder und Ladeleitern zu erkennen. Häufig mussten die Schiffe auf günstige Winde warten, da die Griechen nur vor dem Wind segeln konnten; das Kreuzen kannten sie noch nicht.*

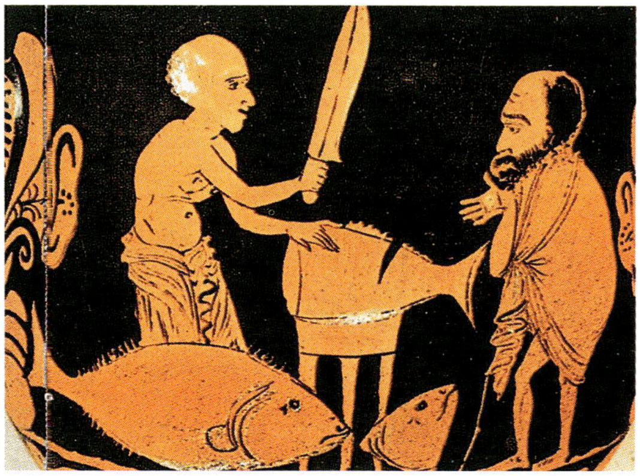

5 ***Auf dem Fischmarkt*** *(Mischgefäß, um 450 v. Chr.)*

6 *Rechts:* ***Fischfang*** *(Krater – Gefäß zum Mischen von Wein und Wasser –, um 470 v. Chr.)*

7 ***Eine Kolonie entsteht.*** *Bürger der Insel Thera (heute Santorin) gründen eine Tochterstadt (630 v. Chr.). Der Geschichtsschreiber Herodot berichtet:*

Nun aber blieb 7 Jahre lang der Regen in Thera aus; während dieser Zeit verdorrten alle Bäume der Insel. Da befragten die Theraier das Orakel von Delphi und die Pythia* erinnerte sie an das Gebot des Gottes Apollon, eine Kolonie in Libyen zu gründen. Die Theraier beschlossen, dass aus allen sieben Gemeinden der Insel immer einer von zwei Brüdern auswandern sollte. Zum Anführer der Auswanderer wurde Battos bestimmt. Daraufhin fuhren sie in Richtung Libyen ab. Da sie aber keine günstigen Winde hatten, kehrten sie nach Thera zurück. Die Theraier aber schossen auf sie und ließen sie nicht landen. Notgedrungen fuhren sie wieder zurück und ließen sich auf der Insel Platea vor der libyschen Küste nieder. Hier wohnten sie zwei Jahre, aber es ging ihnen auch hier schlecht und so fuhren sie nach Delphi; nur einen einzigen Mann ließen sie zurück.

(Pythia besteht auf der Ansiedlung in Nordafrika.) Als Battos und seine Gefährten das hörten, fuhren sie wieder zurück, denn der Gott bestand so lange auf der Auswanderung, bis sie nach Libyen selbst gingen. Sie segelten nach der Insel, nahmen den Zurückgelassenen an Bord und gingen gegenüber jener Insel in Libyen an Land. An dieser Stelle wohnten sie sechs Jahre. Dann führten die Libyer sie weiter an einen noch schöneren Ort. Dort gründeten sie Kyrene.

* Pythia war die Priesterin im Apollonheiligtum in Delphi. An dieses Orakel wandten sich die Griechen in wichtigen Fragen.

Herodot, Historien IV, 150ff., Bearb. d. Verf.

a) Überprüfe in deinem Erdkundeatlas Länge und Breite der Ebenen von Messenien, Lakonien, Argos und Attika und übertrage die Maße auf Gebiete in deiner Wohngegend (M1).

b) Warum bildeten die Griechen keinen gemeinsamen Staat, sondern lebten getrennt in ihren Poleis (VT, M1, M2, Grundbegriff)?

c) Der Philosoph Sokrates sagte über die Verbreitung der Griechen in seiner Zeit (um 400 v. Chr.): „Wir sitzen um unser Meer wie die Frösche um einen Teich." Erkläre diesen Satz (M3, M7).

d) Beschreibe den Ablauf der Gründung einer Kolonie (M7, dazu auch M3). Welche Schwierigkeiten konnten auftreten?

e) Was zeigen die Bilder (M2, M4–M6) vom Leben und Arbeiten der Menschen in Griechenland?

2. Homer erzählt vom Leben der frühen Griechen

um 1200 v. Chr. ________ *Griechen erobern Troja.*
gegen 700 v. Chr. ________ *Homer verfasst die Epen „Ilias" und „Odyssee".*
1870–1876 n. Chr. ________ *Heinrich Schliemann gräbt Troja und Mykene aus.*

Die Welt des Adels

Über die griechische Frühzeit, die Zeit vor der Kolonisation, wissen Archäologen und Historiker nur wenig. Durch Ausgrabungen erfahren wir von großen Burganlagen in Mittelgriechenland und in Mykene. Dort regierten etwa von 1600 bis 1200 v. Chr. Könige und freie Krieger. Sie gehörten den Stämmen an, die eingewandert waren. Die ursprüngliche Bevölkerung hatten sie unterworfen. Sie fühlten sich durch ihren eroberten Besitz, ihre Herkunft und ihre kriegerischen Leistungen den anderen überlegen. Deshalb nannten sie sich „Aristoi", die „Besten", die „Edelsten". Wir übersetzen „Aristoi" mit „Adlige". – Woher wissen wir von ihnen und wie haben sie gelebt?

Homer – der Schöpfer der Epen

Bei der Suche nach Quellen, die uns über das Leben in jener Zeit Auskunft geben können, stoßen wir auf zwei umfangreiche Gedichte, die beiden Epen (Einzahl: Epos) „Ilias" und „Odyssee". Als Verfasser gilt der Dichter Homer, der im 8. Jahrhundert v. Chr. gelebt haben soll. Die Epen entstanden lange vor der Zeit Homers. Sie wurden mündlich von Generation zu Generation weitergegeben wie früher unsere Sagen und Märchen. Sie wurden aufgeschrieben, als die Griechen im 8. Jahrhundert v. Chr. eine Schrift entwickelt hatten. Sie schätzten diese Gedichte, weil in ihnen ihre gemeinsamen Vorstellungen von ihrer Geschichte und Religion enthalten waren.

1 ***Die olympische Götterfamilie***

Was erzählen uns diese berühmten Bücher? Wir erhalten Auskunft über das Leben der adligen Herren in Krieg und Frieden. Auch die Welt der Götter lernen wir in den Epen kennen. Die Griechen glaubten, ihre Götter lebten auf dem Berg Olymp und hätten menschliche Eigenschaften. Sie konnten traurig, böse, freundlich und ausgelassen sein wie sie selber. Die Überlegenheit der Götter zeigte sich darin, dass sie den Lebensweg der Menschen vorherbestimmten.

Die Ilias – der Kampf um Troja

Die Ilias schildert den Krieg der Griechen gegen die Stadt Troja. Homer spricht am Anfang seiner Erzählung vom Unglück der Griechen. Achilles, ihr größter Held, weigert sich in den Kampf zu ziehen. Wie ist es zu dieser Situation gekommen? Am Anfang des Trojanischen Krieges stand ein Streit unter den Göttern: Alle Göttinnen und Götter sind zu einer Hochzeit eingeladen, nur nicht die Göttin des Streites. Sie kommt ungeladen und wirft einen goldenen Apfel in die festliche Runde. Diesen Apfel soll die Schönste unter den Gästen bekommen. Hera, die Gattin des Zeus, Athene, die Göttin der Weisheit, und Aphrodite, die Göttin der Liebe, beginnen einen heftigen Streit um den Apfel. Daraufhin entscheidet Zeus, dass der trojanische Königssohn Paris den Apfel der schönsten Göttin zusprechen soll. Dieser gibt ihn Aphrodite, die ihm dafür die schönste Frau der Welt verspricht. Diese Frau ist Helena, die mit König Menelaos von Sparta verheiratet ist. Paris verliebt sich in sie und entführt sie nach Troja. Als die Trojaner die Rückgabe Helenas verweigern, sammelt Agamemnon, der Bruder des Menelaos und König von Mykene, ein Heer aller Griechen. Viele Helden unterstützen ihn, besonders Odysseus, der König von Ithaka, und Achilles. Die Griechen belagern zehn Jahre lang Troja. Auch die Götter ergreifen Partei: Athene und Hera stärken den Kampfgeist der Griechen, Apollon und Aphrodite helfen den Trojanern. Im zehnten Jahr kommt es zwischen Agamemnon und Achilles zum Streit um eine Sklavin. Achilles zieht nicht mehr in den Kampf. An dieser Stelle beginnt die Ilias, in der Homer die Kämpfe zwischen Trojanern und Griechen bis zum Tode des trojanischen Prinzen Hektor schildert. Vom Ende des Krieges erfahren wir aus der Odyssee. Die Griechen greifen zu einer List, die sich Odysseus ausgedacht hat. Troja wird daraufhin erobert und zerstört.

Heinrich Schliemann und Troja

Einer der eifrigsten Leser Homers war Heinrich Schliemann. In seinen Lebenserinnerungen schrieb er über das Weihnachtsfest 1829:
„Als der Vater mir Jerrers ‚Weltgeschichte für Kinder' schenkte und ich eine Abbildung des brennenden Troja fand mit seinen ungeheuren Mauern, da rief ich: ‚Vater, Jerrer muss Troja gesehen haben, er hätte es ja sonst nicht abbilden können. Wenn solche Mauern einmal gewesen sind, können sie nicht ganz vernichtet sein, sondern sind wohl unter dem Staub und Schutt von Jahrhunderten verborgen.' Wir kamen überein, dass ich dereinst Troja ausgraben wollte."
Schliemanns Kindheitsträume führten ihn im Alter von 48 Jahren nach Troja. Er nahm die Ilias als „Kompass" und grub genau dort, wo nach den Angaben Homers das antike Troja gestanden haben musste. Auf einem Hügel entdeckte er Mauern einer durch Brand zerstörten Stadt. Er war überzeugt, das Troja Homers gefunden zu haben. Heute meinen Wissenschaftler, dass diese Ruinen noch älter als das echte Troja sein müssen.

Epos (Mehrzahl: Epen): Eine Erzählung (meist in Versform) von Helden der Vorzeit und von den Göttern. In den Epen werden Mythen, das sind Sagen aus frühen Zeiten, dargestellt. Epen sind auch historische Quellen. Sie informieren uns über die Sitten und Bräuche der Menschen.

2 Szene aus dem Trojanischen Krieg
Das Vasenbild (um 480 v. Chr.) zeigt den Griechen Diomedes und den Trojaner Aeneas. Links ist die Göttin Athene, rechts die Göttin Aphrodite zu sehen.

3 Hektor und Andromache
Homer schildert das letzte Zusammentreffen des trojanischen Königssohns und Heerführers mit seiner Frau:

Andromache flehte tränenüberströmt: „Ich begreife dich nicht! Vernichten wird dich dein Übermut! Du kennst weder Erbarmen mit deinem kleinen Kind noch mit mir! Ich Unglückliche, ich bin bald deine Witwe, denn bald werden dich die Griechen erschlagen … So erbarme dich doch und bleib hier auf dem Turm, dass du dein Kind nicht zur Waise machst und mich nicht zur Witwe!“ …

Da sagte zu ihr der große Hektor mit dem funkelnden Helm: „Ja, an all das denke auch ich, Frau. Aber zu furchtbar schäme ich mich vor den Trojanern, wenn ich mich wie ein schlechter Mann vom Kampfe fernhalte. Das verbietet mir mein Mut, weil ich lernte, immer ein Edler zu sein und unter den vordersten Trojanern zu kämpfen um des Vaters großen Ruhm und meinen eigenen zu bewahren. Doch eines weiß ich gewiss in meinem Innersten: Es wird der Tag kommen, an dem das heilige Troja, Priamos selbst und das Volk der Trojaner untergeht.“

… Er streichelte sie und sagte: „Dem Schicksal ist noch keiner der Männer entkommen, egal, ob er nun gering oder edel von Geburt war. Doch du geh ins Haus und kümmere dich um deine Arbeit: Webstuhl und Spindel, und befiehl den Dienerinnen an ihre Arbeit zu gehen. Der Krieg ist Sache der Männer, aller, und besonders die meine, die wir aus Troja stammen.“

Homer, Ilias VI, 408–493, Bearb. d. Verf.

a) Erkundige dich über die im Text genannten griechischen und trojanischen Helden (VT, M2, M3). Ihre Taten kannst du in einem Buch über den Trojanischen Krieg nachlesen (z. B. Gustav Schwab, Sagen des klassischen Altertums). Berichte in deiner Klasse darüber, wie der Trojanische Krieg zu Ende ging.

b) Beschreibe, was du auf dem Vasenbild erkennen kannst (M2). Wie ist das Verhältnis zwischen Göttinnen und Menschen dargestellt?

c) Warum lässt sich Hektor von seiner Frau Andromache nicht umstimmen? Was ist ihm besonders, was weniger wichtig (M3)?

d) Versuche herauszubekommen, welche Aufgaben die Göttinnen und Götter auf dem Schaubild haben. Kannst du erklären, was die Gegenstände bedeuten, die sie tragen oder in den Händen halten (M1)?

e) Vergleiche die Darstellung der Götter bei den Griechen mit der bei den Ägyptern. Was fällt dir auf?

3. Olympia: Spiele für die Götter – ein Fest für die Hellenen

776 v. Chr. ______ *Zum erstenmal werden die Namen der Sieger bei den Olympischen Spielen in einer Liste aufgezeichnet: erste schriftliche Quelle über dieses Ereignis.*

393 n. Chr. ______ *Der christliche römische Kaiser Theodosius verbietet die Olympischen Spiele als „heidnische Unsitte".*

1896 ______ *In Athen finden die ersten Olympischen Spiele der Neuzeit statt.*

Spiele für die Götter

Die Griechen lebten verstreut an den Küsten des Mittelmeeres und des Schwarzen Meeres. Sie veranstalteten allerdings gemeinsam Feste zu Ehren der Götter. Am berühmtesten waren die Spiele für den Göttervater Zeus in Olympia. Die Olympischen Spiele der Gegenwart sind vielen Menschen bekannt, aber was wissen wir darüber, wie diese Spiele entstanden sind?
Ursprünglich wurden in Olympia kultische Spiele veranstaltet: In feierlichen Handlungen und Prozessionen wurde Zeus verehrt. Auch die sportlichen Wettkämpfe fanden ihm zu Ehren statt. Weil die Veranstalter für die Dauer der Spiele einen Waffenstillstand ausriefen, konnten Griechen aus entlegenen Poleis nach Olympia reisen. Alle vier Jahre trafen sich dort Sportler, Besucher und viele Künstler, die ihre Werke ausstellten und so bekannt werden wollten. Es war eine Art Familientreffen der Griechen, ein nationales Fest, jedoch kein internationales. Fremde waren nicht zugelassen. Es fehlten aber auch die Frauen; nur unverheiratete durften zuschauen. Warum das so war, wissen wir heute nicht.

Sportler und Zuschauer

Von den Ereignissen in Olympia berichten uns antike Schriftsteller sehr genau. Die ersten, die in Olympia eintrafen, waren die Sportler. Sie mussten sich spätestens einen Monat vor Beginn der Spiele in Olympia melden um an einem Vorbereitungstraining teilzunehmen. Das Training stand unter der Aufsicht der späteren Schiedsrichter. Sie sollten dafür sorgen, dass wirklich nur die teilnahmen,

1 ***Vorbereitung zum Wettkampf*** *(Rotfiguriger Krater, um 510 v. Chr. Ein Krater ist ein Krug, in dem Wasser und Wein vermischt wurden.)*

die Aussicht auf den Sieg hatten. Bei den Sportlern und Zuschauern zählte nur der Sieg, der Zweite hatte genauso verloren wie der Zehnte oder Letzte. Eine Niederlage kam einer Blamage gleich. Der erfolglose Athlet tat gut daran, wenn er sich eine Zeit lang nicht auf dem Marktplatz seiner Heimatstadt blicken ließ.
Kurz vor der Eröffnung der Spiele kamen die Zuschauer und Künstler. Sie wohnten während der Spiele in großen Zelten, die sie mitgebracht hatten oder welche die Polis Elis hatte aufstellen lassen. Es muss ein buntes Treiben im heiligen Bezirk gewesen sein. In Verkaufsständen und Buden wurden Waren und Andenken angeboten, so wie wir es heute in ähnlicher Weise von großen Veranstaltungen kennen.

Die Spiele beginnen

Am ersten Tag zogen Sportler, Betreuer, Schiedsrichter und Zuschauer in einer feierlichen Prozession zum Heiligtum des Zeus. Dort wurde dem Gott ein Opfer gebracht. Die Sportler sprachen einen Eid, nicht gegen die Regeln zu verstoßen. Den Auftakt bildete ein Wettkampf der Trompeter. Der zweite Tag gehörte den Jugendlichen. Im Laufen, Ringen und Boxen ermittelten sie die Sieger. An den folgenden Tagen trugen die Erwachsenen ihre Wettkämpfe aus. Die bei den Zuschauern beliebteste Disziplin war das Wagenrennen mit Viergespann. Olympiasieger wurde dabei nicht der Lenker, der am schnellsten die Pferde geführt hatte, sondern der Besitzer des Viergespanns. So konnte es geschehen, dass in den Jahren 396 und 392 v. Chr. eine Frau aus Sparta Olympiasiegerin wurde.

Alles für einen Sieg

Wenn die Athleten täglich ins Stadion zogen, kamen sie an 16 Zeusstandbildern vorbei, die die Sportler an ihren Eid erinnern sollten. Die Statuen waren mit Strafgeldern bezahlt worden, zu denen Sportler von den Schiedsrichtern verurteilt worden waren. Anlässe dafür gab es genug. So erfahren wir von einem Athener mit Namen Kallippos, der im Jahre 332 v. Chr. seine Gegner gekauft und sich so den Sieg erschwindelt hatte. Obwohl der Betrug bewiesen werden konnte, legte Athen Protest gegen die Aberkennung des Sieges ein. Athen verweigerte die Teilnahme bei den nächsten Spielen, aber das Orakel von Delphi gab den Schiedsrichtern Recht. Athen musste als Strafe sechs Zeusstandbilder aufstellen lassen.

Die Ehrung des Siegers

Bei der Siegerehrung am sechsten und letzten Tag wurden in allen Wettkämpfen nicht nur die Sieger, sondern auch ihre Heimatstadt geehrt. Der Olympiasieg war nicht immer nur eine Privatsache der Sportler, sondern ein bedeutendes Ereignis für die Heimatpolis. So gab es in Athen unter dem Staatsmann Solon ein Förderungsprogramm und Prämienzahlungen für Sportler. Alle Olympiasieger erhielten hohe Belohnungen wie z. B. das Ehrenbürgerrecht, die Befreiung vom Militärdienst, die besten Plätze im Theater oder kostenlose Verpflegung bis zum Lebensende. Der Olympiasieger gehörte zu den bedeutenden Persönlichkeiten seiner Heimat und war in der ganzen griechischen Welt bekannt.
Der erste Sieger, von dem uns die Quellen berichten, war bei den Olympischen Spielen im Jahre 776 v. Chr. erfolgreich. Von da an rechneten die Griechen ihre Jahre nach den Spielen in Olympia. Eine Olympiade war für sie der Zeitraum zwischen zwei Olympischen Spielen. Die 70. Olympiade dauerte also von 500 bis 496 v. Chr.

Kult: Das Wort bezeichnet Handlungen, mit denen man Götter verehrt oder etwas von ihnen erhofft und erbittet, z. B. durch Tieropfer, Prozessionen, Feste, Theateraufführungen oder Wettkämpfe. Die Olympischen Spiele der Antike waren kultische Wettkämpfe.

2 Links: **Faustkämpfer** mit Preisrichter (Amphore – bauchiges Vorratsgefäß mit zwei Henkeln –, 6. Jh. v. Chr.)

3 Rechts: **Waffenläufer** beim Start (Amphore, um 410 v. Chr.)

4 **Viergespann im Rennen** (Preisamphore, um 420 v. Chr.)

5 **Weitsprung** mit Sprunggewichten („Halteren") (Schale, um 480 v. Chr.)

6 Links: **Pankration** (Schale, um 490 v. Chr.). Bei dieser Verbindung von Ring- und Faustkampf durften alle Mittel eingesetzt werden um den Gegner kampfunfähig zu machen.

7 Rechts: **Siegreicher Athlet** mit Auszeichnungen (Amphore, um 410 v. Chr.)

8 ***Körperpflege nach dem Wettkampf*** *(Amphore, um 520 v. Chr.)*

9 ***Über den Wert sportlicher Übungen*** *spricht ein Nichtgrieche im Gespräch mit einem Athener. Der griechische Dichter Lukian (120 – 180 n. Chr.) gibt seine Aussage wieder:*

„Weswegen tun dies bei euch die jungen Männer? Die einen umschlingen einander und stellen sich ein Bein, versuchen sich gegenseitig zu Boden zu werfen und wälzen sich wie Schweine im Kot. Zu Anfang aber salbten sie sich mit Öl und einer rieb den anderen friedlich abwechselnd ein; darauf jedoch...rennen sie mit geducktem Kopf aufeinander zu und schmettern die Stirn aufeinander wie die Widder. Ich möchte nun gerne wissen, wofür das alles gut sein soll.

Das Erbärmlichste ist, dass so viele Zuschauer Zeugen der Misshandlung der Athleten sind. Ich wundere mich sehr (darüber) ..., dass sie ihre wichtigen Geschäfte beiseite lassen und für derartige Darbietungen Zeit finden. Ich kann nicht begreifen, dass es ihnen Vergnügen bereiten soll, Menschen zu sehen, die sich stoßen und boxen und sich zu Boden schmettern."

Lukian, Anacharsis II, Bearb. d. Verf.

10 ***Zur Belohnung der Sportler*** *nach den Olympischen Spielen sagt der Philosoph Xenophanes aus Kolophon (570–460 v. Chr.):*

Angenommen, ein Mann wird Sieger durch Raschheit der Füße oder im Fünfkampf dort, wo sich der Bezirk des Zeus in Olympia erstreckt, oder als Ringer oder auch, weil er die Kunst des schmerzhaften Boxens besitzt. Dieser erscheint dann dem Volke würdiger, wenn es ihn sieht, und er erhält bei Festen den Ehrenplatz zur Belohnung und gespeist wird er aus dem Gemeindebesitz von der Polis, ohne mir an Wert gleichzukommen. Denn besser als Stärke ist doch die Kunst, die ich kann. Nein, diese Bestimmung ist reine Willkür; es ist ungerecht Weisheit geringer zu bewerten als die Kraft.

Xenophanes, Frg. 2, Bearb. d. Verf.

a) Vasenbilder geben uns ein Bild von den Ereignissen in Olympia. Beschreibe, was du auf den Bildern erkennen kannst (M1 bis M8).

b) Weisheit oder Kraft? Was hältst du von Xenophanes' Einstellung (M10)?

c) Die Olympischen Spiele der Antike gelten häufig als Vorbild für Fairness beim Wettkampf. Wie beurteilst du das Verhalten der Zuschauer (M9)?

d) Heute wie damals nennen wir Sportler „Athleten". Das Wort kommt vom griechischen „athlon" (Wettkampf, Belohnung, Kampfpreis). Welche Einstellung der Griechen zum Sportwettkampf kannst du erkennen?

e) Informiere dich über die modernen Olympischen Spiele. Stelle in einer Tabelle Gemeinsamkeiten und Unterschiede zwischen den Spielen der Antike und der Neuzeit zusammen.

f) In einem Rollenspiel könnt ihr folgende Szene darstellen: Bei den 93. Olympischen Spielen 408 v. Chr. treffen sich im Zeltlager: der Schriftsteller Kalligraphos aus Massilia, der die Olympischen Spiele kritisiert; der ehemalige Sieger Agonikos aus Tarent; der Dritte, Blepsos, ist Zuschauer und zum ersten Mal dabei. Blepsos fragt seine neuen Bekannten, wie sie nach Olympia gekommen sind, wie die Spiele ablaufen und was sie von ihnen halten.

4. Sparta – die Stadt der Krieger

Eroberung von Messenien

Noch heute sprechen wir manchmal von „spartanischer" Erziehung oder Lebensweise; damit meinen wir, dass die Erziehung hart und streng, die Lebensweise sehr einfach ist. Das Wort kommt von der griechischen Polis Sparta, die im Eurotastal in der südlichen Peloponnes lag. Die Menschen dort lebten anfangs sehr friedlich als Bauern und waren bekannt für ihre Freude an Tanz und Festen. Aber die Bevölkerung im Eurotastal nahm so stark zu, dass nicht mehr alle Menschen von den Erträgen der Felder leben konnten. Die Spartaner gründeten nun keine Kolonien, sondern überstiegen einen hohen Gebirgszug und eroberten zwischen 740 und 720 v. Chr. die benachbarte Landschaft Messenien.

Phalanx – die „Walze"

Die Eroberung gelang nur dank einer neuen Kampftechnik. Die spartanischen Krieger kämpften in der Phalanx, der geschlossenen Schlachtreihe der Fußsoldaten. In bis zu 17 Reihen marschierten die Männer hintereinander. Wenn ein Kämpfer in der Vorderreihe fiel, rückte sofort ein Hintermann nach. Die Krieger schützten sich mit Schilden, Helmen und Rüstungen. Mit ihren drei Meter langen Lanzen stießen sie nach vorne. Besonders Reiter, die ungeordnet gegen den Feind angaloppierten, konnten gegen die spartanische Phalanx nichts ausrichten.

Die unterdrückten Untertanen

Nun beherrschten 10 000 spartanische Krieger, die Spartiaten, ungefähr 250 000 Menschen. Wie war das überhaupt möglich? Die Spartiaten teilten das gute Ackerland untereinander in Landgüter auf und ließen diese von den unterworfenen Bauern bestellen. Diese wurden wie rechtlose Sklaven behandelt und mussten durch ihre Arbeit und Abgaben die spartanischen Krieger und deren Familien ernähren. Die bäuerlichen Sklaven, nach Schätzungen ungefähr 200 000 Menschen, nannte man Heloten. Die restlichen Untertanen, die Perioken, lebten als Händler und Handwerker. Ihnen ging es besser: Persönlich waren sie frei,

1 *Schlachtreihen* *(Fries von der sogenannten „Chigi-Kanne", um 650 v. Chr.). Die geschlossenen Schlachtreihen erforderten vom Einzelnen Unterordnung und Körperbeherrschung. Die Krieger schützten sich links mit dem Schild. Wie sind die Krieger ausgerüstet? Warum ist der Flötenspieler dabei?*

mussten also den Spartiaten nicht direkt dienen. Sie hatten allerdings Heeresdienst zu leisten, besaßen aber auf die Entscheidungen im Staat keinen Einfluss.

Leben für den Staat

Die erwachsenen Spartiaten hingegen lebten nur noch für ihren Staat. Der griechische Schriftsteller Plutarch (ca. 46–120 n. Chr.) beschreibt uns das so: „Niemand durfte mehr leben, wie er es wollte: In der Stadt hatten die Spartaner wie im Feldlager eine genau festgelegte Lebensweise und eine Beschäftigung, die auf das öffentliche Wohl ausgerichtet war, da sie dachten, sie gehörten ganz dem Vaterland und nicht sich selbst." Was hieß das für die Spartaner und Spartanerinnen im Alltag?

Das Leben der Jungen ...

Nur die ersten sechs Jahre ihres Lebens blieben die Jungen zu Hause, dann übernahm der Staat die Erziehung. Sie mussten nun in kleinen Gruppen leben, die von 20-jährigen Jugendlichen geleitet wurden. Diese behandelten die Kleineren hart und streng. Die Jungen mussten sich unterordnen, viel Sport treiben, Hunger und Durst, aber auch schmerzende Körperstrafen aushalten. Viele Wettkämpfe zeigten, wer die Besten waren, und förderten den Ehrgeiz. Einige der Jugendlichen, die man für die Tapfersten hielt, mussten eine gewisse Zeit in der Wildnis überleben, ausgerüstet nur mit einem Schwert. Dabei töteten sie angeblich sogar Heloten – für eine solche Tat konnte kein Spartiat angeklagt werden – und gingen nachts auf Raubzüge um sich zu ernähren. Ob und wie sehr Plutarch, der uns davon berichtet, hier übertreibt, ist schwer zu sagen.

... der Männer ...

Mit 20 Jahren wurden die jungen Männer in die Zeltgemeinschaften der Männer aufgenommen. In diesen Gruppen übten sie gemeinsam den Umgang mit den Waffen, gingen auf die Jagd und zogen zusammen in den Krieg. Auf dem Schlachtfeld kämpften die Spartaner nebeneinander in der Phalanx. In der Schlacht sollten sie lieber sterben als fliehen. Erst mit 30 Jahren durften die Männer heiraten und eine Familie gründen. Sie lebten jedoch selten bei Frau und Kindern, sondern verbrachten die Tage zusammen, aßen gemeinsam auf dem Markt und trainierten für den Krieg. Einmal im Monat kamen sie in der Volksversammlung zusammen und stimmten über die Gesetze ab. Die beiden Könige der Spartaner besaßen nur im Krieg den Oberbefehl, an der Spitze des Staates standen der Rat der Alten und fünf für ein Jahr gewählte Beamte, die Ephoren, die die wichtigsten Entscheidungen zu treffen hatten.

... und der Frauen

Die Männer lebten also als Berufskrieger. Welche Rolle aber spielten die Frauen in diesem Kriegerstaat? Sie besaßen mehr Freiheiten als die anderen Griechinnen. Die Mädchen trieben Sport und traten öffentlich in Chören und Reigentänzen auf. Die Frauen verwalteten selbstständig die Ländereien der Familie. Man schätzte sie als Mütter, weil sie durch die Geburt von vielen Jungen dem Kriegermangel Spartas abhelfen sollten. Deswegen erlaubte man in Sparta eine Ehe auf Probe: Bevor die Ehe endgültig beschlossen wurde, sollten die Partner überprüfen, ob sie Kinder bekommen konnten. Die Spartanerinnen unterstützten angeblich die kriegerische Einstellung der Männer. So wird berichtet, dass nach einer verlorenen Schlacht die Frauen der Gefallenen Freude und Zufriedenheit zeigten, während sich die Frauen der Überlebenden schämten und sich nicht aus den Häusern trauten.

Ein Vorbild für andere?

Diese dem Krieg und der Herrschaft gewidmete harte Lebensweise ermöglichte es den Spartanern, um 500 v. Chr. den mächtigsten griechischen Stadtstaat zu errichten. So ist es nicht verwunderlich, dass sie ihren Staat und ihre Gesellschaft für vorbildlich hielten. Diese Anschauung teilten allerdings nicht alle Griechen.

2 Was war die „spartanische" Erziehung?
Plutarch (ca. 46 – 120 n. Chr.) berichtet:

Der Vater durfte nicht entscheiden, ob er ein neugeborenes Kind aufziehen konnte. Er musste es zu der Sprechhalle bringen, dem Ort, wo die Ältesten saßen und das Kind untersuchten. Wenn es wohlgebaut und kräftig war, ordneten sie seine Erziehung an. War es aber schwächlich und missgestaltet, so ließen sie es zur sogenannten „Ablage" bringen, einem Felsabgrund am Taygetosgebirge. Sie meinten, für einen Menschen, der nicht von Anfang an gesund und kräftig heranwachsen könne, sei es besser nicht zu leben, sowohl um seiner selbst wie um des Staates willen.

Die Ammen erzogen die Säuglinge dazu, das vorgesetzte Essen zu sich zu nehmen, alleine oder im Dunkeln keine Angst zu haben, nicht zu weinen und nicht launisch zu sein … Niemand durfte seinen Sohn bei sich behalten und nach seinem Willen erziehen. Lykurgos (der angeblich die spartanische Staatsordnung begründet hatte) teilte die Jungen, sobald sie sieben Jahre alt waren, in „Horden" ein, in denen sie miteinander aufwuchsen. So wurden sie erzogen und daran gewöhnt, dass sie beim Spiel und bei ernster Beschäftigung immer beisammen waren. Zum Führer der Horde wählten sie denjenigen, der sich durch Klugheit und Mut im Kampf auszeichnete. Ihn bewunderten sie, hörten auf seine Befehle und unterwarfen sich seinen Strafen. So bestand die Erziehung vor allem darin, Gehorsam einzuüben. Lesen und Schreiben lernten sie nur soviel, wie sie brauchten. Die übrige Erziehung war darauf gerichtet, dass sie lernten pünktlich zu gehorchen, Anstrengungen zu ertragen und im Kampf zu siegen.
Sobald sie zwölf Jahre alt waren, gingen sie stets ohne Unterkleidung, bekamen nur einen Mantel im Jahr, waren am ganzen Körper schmutzbedeckt und durften weder baden noch sich salben. Sie schliefen zusammen in Gruppen auf aufgeschütteten Strohstückchen, die sie selbst zusammentrugen, indem sie die Spitzen des am Flusse Eurotas wachsenden Schilfs mit bloßen Händen, ohne Messer, abbrachen.

Die Körper der Mädchen sollten durch Laufen, Ringen, Diskus- und Speerwerfen trainiert werden, damit die Zeugung der Kinder in kräftigen Körpern erfolge. Die Frauen sollten die Geburten mit Kraft bestehen und leicht und gut gegen die Wehen ankämpfen können. Weichlichkeit, Verwöhnung und alles weibliche Wesen unterband Lykurgos.

Plutarch, Lykurgos 16 und 14, Bearb. d. Verf.

3 Die junge spartanische Frau *(Bronzestatuette, um 530 v. Chr.) trägt die Tracht der Spartanerinnen, ein kniefreies Kleid. Viele Griechen fanden diese Kleidung unsittlich.*
Warum trugen die Spartanerinnen diese Kleider? Vergleiche mit der Kleidung anderer Griechinnen.

a) Wie sicherte die Minderheit der Spartiaten ihre Herrschaft über die große Mehrheit ihrer Untertanen (VT)? Erzähle aus der Sicht eines Heloten.

b) Erkläre die Kampftechnik der Phalanx. Wie war das Leben der spartanischen Männer darauf abgestimmt (VT, M1)?

c) Den Spartiaten war die Reise in andere griechische Städte verboten. Als Zahlungsmittel verwendeten sie unhandliche Eisenbrocken. Überlege dir Gründe für diese Maßnahme.

d) Nach welchen Zielen und mit welchen Mitteln erzogen die Spartiaten ihre Kinder? Vergleiche das Leben spartanischer Kinder mit deiner Erziehung (M2, M3).

5. Athen – die Stadt der Demokratie

um 700 v. Chr. ________ Der Adel stürzt den König und herrscht über das Volk.
594 v. Chr. ________ Solon beteiligt das Volk an der Herrschaft.
508 v. Chr. ________ Kleisthenes führt die Volksherrschaft ein.

Um 600 v. Chr. trennte tiefe Feindschaft die meisten Bewohner von Attika und Athen von den Adligen, die die Macht im Staate hatten. Würde es zum Krieg zwischen den Bürgern einer Polis kommen? Ein Schiedsrichter, der Adlige Solon, sollte in dieser gefährlichen Situation einen friedlichen Ausgleich herstellen.

Das Elend der Bauern

Schon 100 Jahre zuvor hatten die Adligen den König gestürzt und die Königsmacht unter mehreren Beamten aufgeteilt, die sie für ein Jahr wählten. Wir nennen diese Staatsform Adelsherrschaft (Aristokratie, aus dem Griechischen). Die adligen Herren verachteten die einfachen Bauern, die nur wenig Land besaßen. Oft mussten die Bauern mit ihren Familien Hunger leiden. Kriegszeiten, Unwetter und lange Trockenheiten verschlimmerten ihre Lage noch: Die Ernte war zerstört, es kam zu Hungersnöten. Dann mussten die Bauern sich von den Adligen, die große Ländereien und Viehherden besaßen, Nahrungsmittel oder Geld leihen. Konnten sie dies nicht zurückgeben, drohte die Schuldknechtschaft: Der Bauer und seine Familie mussten dem Adligen als Knechte dienen. Manche Eltern gaben ihre Kinder in die Sklaverei um die eigene Freiheit zu retten. Deswegen forderten die Bauern die Abschaffung der Schuldknechtschaft und eine bessere Verteilung des Ackerlandes. Die Adligen aber lehnten diese Veränderungen ab.

1 ***Die Halbinsel Attika,*** *die du auf dieser Karte siehst, bildete das Gebiet der Polis von Athen. Es umfasst 2500 Quadratkilometer. Im 5. Jh. v. Chr. lebten hier 300 000 bis 400 000 Menschen, heute mehrere Millionen. Die Akropolis, der Burgberg von Athen, war ursprünglich Sitz der Könige, die Attika geeint und Athen zur Hauptstadt gemacht hatten.*

Kaufleute und Handwerker gegen den Adel

Die Handwerker und Kaufleute waren ebenfalls mit der Herrschaft des Adels unzufrieden. Die Adligen hielten sich für die Edelsten; deshalb meinten sie, allein regieren zu dürfen. Kaufleute und Handwerker lebten von der Herstellung und dem Tausch von Gütern, nicht vom Landbesitz wie der Adel. Als nach 700 v. Chr. das Münzgeld eingeführt wurde, war dies eine große Erleichterung für Handel und Handwerk: Man musste nicht mehr umständlich tauschen, sondern konnte alles mit Geld bezahlen. Die großen Silbervorkommen im Laurion-gebirge ermöglichten es den Athenern sogar, eine eigene Münze, die Drachme, zu prägen. Die Handwerker und Kaufleute in Athen konnten jetzt Geldschätze sammeln und wohlhabend werden. Aus diesem Grunde sollten sie als Reiter und Fußsoldaten Athen verteidigen und die Ausrüstung selbst bezahlen. Sie verlangten freilich auch, an den wichtigen Entscheidungen beteiligt zu werden.

Solon sucht den Ausgleich

Solon sollte zwischen diesen verfeindeten Gruppen einen friedlichen Ausgleich herbeiführen. Er machte allen Seiten Zugeständnisse: Die Adligen konnten ihre großen Ländereien behalten, Bauern durften keine Sklaven mehr werden und bekamen ihre alten Felder zurück, versklavte Athenerinnen und Athener wurden sogar freigekauft. Solon führte auch eine neue Staatsordnung ein: Alle erwachsenen Bürger Athens durften in der Volksversammlung jetzt regelmäßig über Gesetze sprechen und abstimmen. Sie wählten jährlich die Beamten, doch nur reiche und adlige Athener durften die höheren Stellen im Staat verwalten. Sie mussten mehr Steuern entrichten, ihre teure Kriegsausrüstung selbst bezahlen; deshalb sollten sie mehr Rechte und Einfluss behalten als die ärmeren Schichten. Aber auch diese durften nun in der Volksversammlung mitentscheiden. So wollte Solon alle Athener für die Polis gewinnen.

Die Tyrannis

Viele waren dennoch nicht zufrieden mit Solons Veränderungen: Die Bauern wollten mehr Macht und Land, die Adligen wieder allein herrschen. Diese Gegensätze nutzte der Adlige Peisistratos um mithilfe der kleinen Leute seine Alleinherrschaft durchzusetzen. Eine solche Alleinherrschaft, die gegen die bestehenden Gesetze entstanden war, nannten die Griechen „Tyrannis“. Peisistratos drängte den Einfluss der Adligen zurück, half den Kleinbauern und machte Athen zum Mittelpunkt des Handels. Deswegen gewann er die Zustimmung vieler Athener zu seiner Herrschaft. Seine Söhne regierten allerdings wie die Tyrannen in anderen Städten mit Gewalt und Grausamkeit; darum wurden sie gestürzt. Bald bezeichnete man nur noch die Gewaltherrscher als Tyrannen.

Volksherrschaft in Athen

Nach dem Sturz der Tyrannis im Jahre 510 v. Chr. wünschten sich die meisten Athener eine neue Ordnung, in der alle Bürger der Stadt gerecht und gleich behandelt würden. Der Adlige Kleisthenes wurde beauftragt, eine solche Ordnung auszuarbeiten: Alle Athener sollten mitbestimmen und gleiche Rechte besitzen. Die Volksversammlung, die bis zu vierzigmal im Jahr zusammentrat, stimmte über alle Gesetze ab. 500 durch das Los bestimmte Bürger bildeten einen Rat: Je 50 von ihnen regierten für fünf Wochen die Stadt und bereiteten die Volksversammlung vor, d. h. sie schlugen Gesetze vor und legten die Tagesordnung fest. Alle Beamten und Richter in Athen wurden für ein Jahr durch das Los bestimmt: Mehr als 6000 solcher Stellen gab es für die 30 000 Bürger. So wollte Kleisthenes garantieren, dass nur das Volk herrschte und keiner mehr die Macht allein erringen konnte. Wer jedoch zählte für die Athener zum Volk? Sie rechneten zu den Bürgern nur die erwachsenen Männer, deren Eltern bereits aus Attika stammten. Welche politischen Rechte aber besaßen Frauen oder Griechen aus anderen Städten, die lange in Athen lebten (sie wurden Metöken genannt)? Die Sklaven hatten ohnehin – für die Athener selbstverständlich – keinerlei Rechte.

2 **Bauern bei der Arbeit** *(Vasenmalerei, 7. Jh. v. Chr.). Der Dichter Hesiod lebte selbst als Bauer und sah folgenden Anreiz: „Jeden ergreift ja die Lust nach Wohlstand, wenn er des Anderen Reichtum sieht, schon eilt er zu pflügen und pflanzen und das Haus zu bestellen."*
Bestimme die bäuerlichen Tätigkeiten, die auf der Vase dargestellt sind.

3 **Das Leben der Adligen** *(Krater, um 600 v. Chr.). Das obere Bild zeigt ein Festmahl: Adlige Männer liegen auf Sofas und lassen sich von jungen, gemieteten Dienerinnen bewirten. Solche Ereignisse, an denen die Ehefrauen nicht teilnehmen durften, waren beliebt. Unten siehst du Sportarten, die fast nur von adligen Jugendlichen betrieben wurden. Warum wohl? Die Vase ist ein Siegespreis für einen Wettkampfsieger aus Solons Zeit.*

4 **Olivenernte** *(Vasenmalerei, 6. Jh. v. Chr.) Solon hatte den Olivenanbau empfohlen, denn der karge Boden Attikas ließ Getreide nicht gut gedeihen. Oliven jedoch lieferten das Öl für die Lampen, zur Körperpflege, aber auch für die Essenszubereitung. Athen führte Olivenöl Gewinn bringend aus. Die arbeitenden Menschen könnten Bauern oder Sklaven eines Adligen sein.*
Wie wurden die Oliven geerntet?

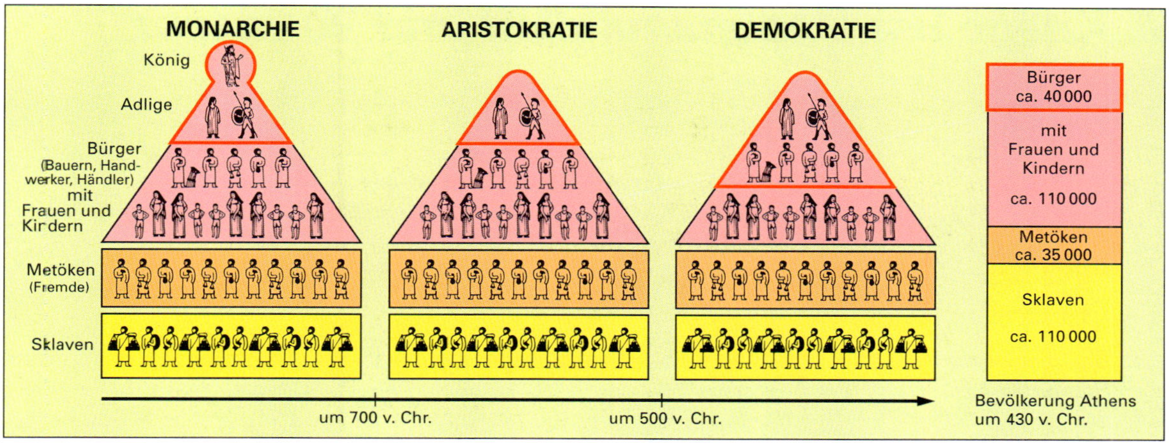

5 ***Verfassungswandel in Athen***

Dem Schaubild kannst du entnehmen, wer in Athen zu verschiedenen Zeiten die Herrschaft ausgeübt hat (rot umrandet), zu wessen Gunsten sich die Herrschaftsverhältnisse verändert haben und wer keinen Vorteil von dem Wandel hatte.

Staats- und Verfassungsformen: In einer Verfassung wird festgelegt, welche Aufgaben und Rechte die Bürger haben und wer den Staat regiert. Damit ist die Ordnung im Staat beschrieben. Die alten Griechen unterschieden drei Staats- und Verfassungsformen:
- Monarchie, Herrschaft des Königs
- Aristokratie, Herrschaft des Adels (oder Oligarchie, Herrschaft der Wenigen)
- Demokratie, Herrschaft des Volkes.

6 ***Wer soll herrschen?***

Das folgende Gespräch persischer Adliger über die beste Staatsform hat der griechische Geschichtsschreiber Herodot erfunden. Gewiss haben sich viele Athener ähnlich unterhalten:

Otanes: „Ich bin dafür, dass nicht wieder ein einzelner König über uns werden soll. Auch der Edelste wird, wenn er zur Herrschaft gelangt, überheblich, aber auch neidisch auf das Gut der anderen werden. Er verlangt, dass die Menschen ihm schmeicheln und setzt das Recht außer Kraft. Die Herrschaft des Volkes aber bringt gleiches Recht für alle. Außerdem ist sie frei von all den Fehlern, die ein Alleinherrscher begeht. Sie bestimmt die Regierung durch das Los und diese Regierung ist dem Volke verantwortlich …“

Megabyzos: „Woher sollte vom Volk Vernunft kommen? Ohne Sinn und Verstand, wie ein Strom im Frühling, stürzt es sich auf die Staatslenkung … Wir sollten vielmehr einem Ausschuss von Männern des höchsten Adels die Regierung übertragen. Es ist doch klar, dass von den Edelsten auch die edelsten Entschlüsse ausgehen.“

Herodot, Historien 3, 80f., Bearb. d. Verf.

a) Auf den Vasen haben Künstler gerne das Alltagsleben abgebildet. Beschreibe, was sie vom Leben der Adligen und Bauern zeigen (M2, M3, M4).

b) Ihr könnt leicht die Gespräche und Gegensätze der Athener nachspielen: Ein Bauer und ein reicher Händler treffen sich auf dem Markt. Was denken sie über Solons Reformen? Nun kommt ein Adliger hinzu; was sagt er zu den Veränderungen? Das Gespräch der drei Athener kann auch zur Zeit des Kleisthenes stattfinden. Verändert die Einstellungen und Begründungen eurer Figuren. Schaut euch für die Spiele genau VT und Materialien dieses Kapitels an. Übrigens: Ihr könnt auch noch weitere Personen einbeziehen.

6. Kriege um Unabhängigkeit und Vormacht

um 550 v. Chr. ________ *In Asien entsteht das persische Großreich.*
490–479 v. Chr. ________ *Die verbündeten griechischen Poleis wehren die persischen Angriffe ab.*
477–431 v. Chr. ________ *Die Seemacht Athen führt den Attischen Seebund an.*

Die griechische Staatenwelt

Außer Athen und Sparta gab es viele unabhängige griechische Kleinstaaten, die eine eigene Staatsordnung besaßen. Der Kriegerstaat Sparta beherrschte das größte Gebiet und schloss viele Städte in einem Bündnis, dem Peloponnesischen Bund, zusammen. Sparta war mit seinen Verbündeten der stärkste griechische Staat. Die anderen Staaten aber wollten sich Sparta nicht unterordnen. Oft allerdings herrschte zwischen ihnen Streit und Krieg.

Das Perserreich

Diese Uneinigkeit erleichterte es auch dem König der Perser 533 v. Chr., die Griechenstädte an der Westküste Kleinasiens zu unterwerfen. Sie gehörten nun zu einem Großreich, das die Perser, ein Volk aus dem heutigen Iran, von Indien bis nach Kleinasien und Ägypten erobert hatten. Um dieses riesige Gebiet beherrschen zu können beließ der persische Großkönig den vielen Völkern ihre eigenen Sitten und Religionen, verlangte jedoch regelmäßige Abgaben. König Darius setzte 20 Unterkönige, Satrapen, ein, die ihre Bezirke selbständig verwalteten. Geheime Gesandte reisten durch das Land um für den König die Treue der Satrapen zu überprüfen. Auf einer Fernstraße konnte ein Stafettendienst königliche Befehle in einer Woche über eine Entfernung von 2500 km überbringen. Gegen Aufstände schritt der König rücksichtslos ein. Als die Griechen Kleinasiens sich erhoben, wurde der Aufstand blutig niedergeschlagen, die Städte zerstört und

1 ***Der Perserkönig Darius*** *(Relief aus dem Palast des Großkönigs in Persepolis, den dieser sich als neuen Mittelpunkt des Reiches erbauen ließ). Darius hält in seinen Händen die Herrschaftszeichen und sitzt auf dem Thron; davor stehen Räuchergefäße. Hinter dem Thron: sein Sohn Xerxes und die königlichen Waffen- und Lanzenträger. Rechts: der erste Minister, ein Schreiber und der Oberste der Leibgarde.*

die überlebende Bevölkerung versklavt. Besonders erschütterte die Griechen der Fall und die Zerstörung der reichen Handelsstadt Milet 494 v. Chr.

Die Perser greifen Griechenland an

Dieses Schicksal drohte nun auch Athen, das den Aufständischen geholfen hatte. Darius schickte 490 v. Chr. ein großes Heer, das aber kurz nach der Landung am Strand von Marathon geschlagen wurde. Zehn Jahre später zog der neue König Xerxes mit 50 000 Soldaten und 1000 Schiffen nach Griechenland um es seinem Reich einzugliedern. Viele griechische Staaten unterwarfen sich, nur wenige wehrten sich, geführt von Sparta und Athen. Vergebens versuchten 300 Spartaner, den Vormarsch der Perser an einer engen Landstelle zwischen Meer und Gebirge (Thermopylen) aufzuhalten: Alle Spartaner fielen im Kampf gegen die Übermacht. Jetzt war der Weg nach Athen frei, jede Verteidigung schien sinnlos. Bereits vor Kriegsbeginn hatten die Athener das Orakel von Delphi befragt, wie sie sich verteidigen sollten. Die Gesandten brachten eine seltsame Antwort: „Die hölzernen Mauern werden euch schützen." Der Feldherr Themistokles erklärte dies so: Die Athener sollten aus der Stadt auf die nahe Insel Salamis flüchten und sich durch eine starke Flotte schützen. Der Plan wurde angenommen, die Flotte wurde gebaut und die Stadt verlassen. Deswegen konnten die Perser ohne Kampf in das verlassene Athen einmarschieren. Sie plünderten die Stadt, steckten sie in Brand und zerstörten auch die Tempel der Akropolis.
Von einem Thron aus, den er an der Küste aufstellen ließ, wollte Xerxes am nächsten Morgen den Sieg seiner gewaltigen Flotte beobachten. Seine vielen großen Schiffe behinderten sich jedoch in der Meerenge von Salamis, fingen Feuer und wurden von den beweglicheren griechischen Schiffen versenkt. Der König floh. Im nächsten Jahr schlug das spartanische Heer mit den griechischen Verbündeten die große persische Armee. Ein weiterer Sieg der athenischen Flotte verhalf den griechischen Städten in Kleinasien ebenfalls zur Freiheit.

Athens Vorrangstellung

Die griechischen Städte an der Ägäis schlossen sich 477 v. Chr. zum „Attischen Seebund" zusammen um ihre Freiheit gegen die Perser zu sichern. Athen stellte die meisten der 400 Schiffe der gemeinsamen Flotte; viele andere Städte zahlten lieber Abgaben an die gemeinsame Kasse als teure Schiffe auszurüsten. Nach dem endgültigen Sieg über die Perser um 450 v. Chr. wurde allerdings klar, dass Athen durch den Seebund eine Vorherrschaft (Hegemonie) aufbaute.
Zu dieser Zeit besaß der Staatsmann und Feldherr Perikles dort großen Einfluss. Er wollte seine Heimatstadt auf Kosten der anderen Städte stärken und ließ die Kasse des Seebundes von der Insel Delos nach Athen bringen. Nun bestimmte Athens Volksversammlung allein über die Gelder. Ein einheitliches Recht und die attische Münze, die Drachme, sollten außerdem für alle Städte des Seebundes gelten. Gegen Städte, die aus dem Bund austreten wollten, führten die Athener Krieg. Sparta sah den Aufstieg Athens zur stärksten griechischen Polis mit wachsendem Misstrauen. Perikles war deshalb viel daran gelegen, den Frieden mit Sparta zu bewahren.

Hegemonie (griechisch „hegemoneia", d. h. Führung): Wir verstehen darunter die politische, wirtschaftliche und militärische Vormachtstellung über andere Staaten. Schwächere Staaten sind oft durch Verträge an den stärkeren Staat, die Vormacht, gebunden. Die Vormacht kann auch die schwächeren Staaten vollständig unterwerfen. Die unterworfenen Staaten verlieren ihre Autonomie, d.h. ihre Selbstbestimmung und Unabhängigkeit. Autonomie war auch der höchste Wert der griechischen Polis. Diese Unabhängigkeit bleibt aber nur gewahrt, wenn zwischen allen Staaten, ungeachtet ihrer Größe, Gleichberechtigung herrscht.

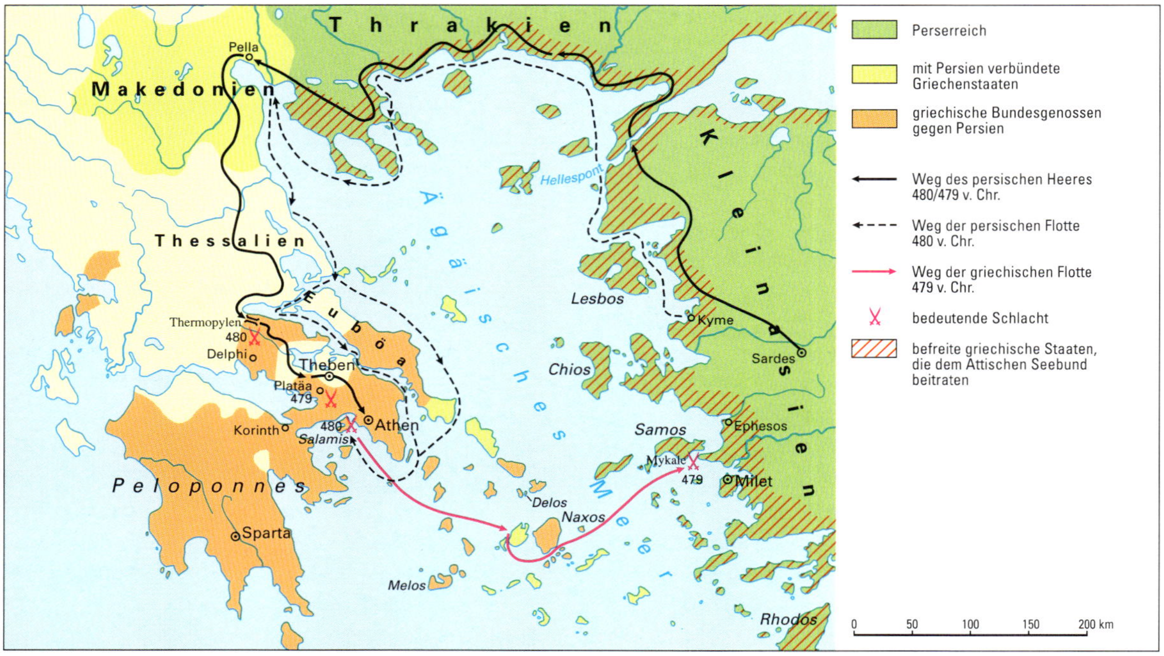

2 Perserkriege – *die Feldzüge 480/479 v. Chr.*

Der Krieg 480/79 v. Chr. – auf einer Karte

Mit einer Karte kannst du den Verlauf des Krieges 480/79 v. Chr. nachvollziehen. Verschiedene Farben kennzeichnen die beteiligten Seiten. Das Perserreich war so groß, dass hier nur sein westlicher Ausschnitt gezeigt wird. Seine gesamte Größe kannst du der Karte im Kapitel „Alexander – der Große?" entnehmen. Die griechischen Kleinstaaten sind nicht eingezeichnet. Diese Karte vereinfacht also. Einzelheiten der geographischen Karte wurden z. B. weggelassen.
Wichtige Sachverhalte kannst du erkennen: Farbige Linien und Pfeile zeigen die Wege von Heeren und Flotten. Du findest auch die Orte, an denen Land- und Seeschlachten stattgefunden haben. Die Hinweise in der Legende helfen dir die Karte richtig zu deuten. Nun kannst du folgende Aufgaben beantworten:
Wodurch unterschieden sich die Kriegsgegner 480 v. Chr.? Welchen Weg nahmen Heer und Flotte der Perser? Wo fanden die entscheidenden Schlachten statt? Welches Ergebnis brachte der griechische Gegenangriff 479 v. Chr.?

Geschichtskarten informieren über Ereignisse und Entwicklungen

Eine Geschichtskarte informiert dich über geschichtliche Ereignisse, Entwicklungen und Zusammenhänge anschaulicher und schneller als ein Text. Folgende Fragen können dir beim Lesen von Karten helfen:

1. *Worüber informiert die Karte?*
2. *Wo lagen wichtige Orte der Geschichte: Städte, Heiligtümer, Schauplätze entscheidender Schlachten und Friedensschlüsse?*
3. *Welche Straßen und Wege benutzten die Menschen, um zu reisen, um Handel zu treiben oder um Kriege zu führen?*
4. *Welche Staaten und Gebiete gab es? In welchem Verhältnis standen sie zueinander (Bündnis, Gegnerschaft)?*
5. *Wie veränderten sich die Länder, die Gebiete und auch die Bündnisse zwischen den verschiedenen Staaten?*

3 ***Attischer Dreiruderer*** *(Triere). Mit diesen Schiffen besiegten die Athener die persische Flotte. Arme Athener dienten als Ruderer in drei Reihen übereinander. Mit dem Rammsporn durchbohrte man das gegnerische Schiff. 200 dieser beweglichen Schiffe bauten die Athener für die Schlacht bei Salamis.*

4 ***Wer rettete die Freiheit der Griechen?***

a) *Ein persischer Feldherr zu Spartanern, die sich freiwillig ausgeliefert hatten, um für den Tod persischer Gesandter zu büßen:*

Da der persische König euch als tapfere Krieger schätzt, könnte jeder von euch, wenn ihr euch dem König ergäbet, griechisches Land beherrschen durch die Gunst des Königs. *Spartaner:* Dein Rat kommt aus einer anderen Welt und geht uns nichts an. Denn du rätst uns so, weil du das eine kennst, vom anderen aber keine Ahnung hast: Knecht sein verstehst du; Freiheit aber hast du nie erfahren, nie, ob sie süß ist oder nicht. Wenn du sie nämlich erlebt hättest, dann lautete dein Rat an uns wohl, nicht bloß mit Speeren für sie zu kämpfen, sondern sogar mit Beilen.

Herodot, Geschichten 7, 135, Bearb. d. Verf.

b) *Der griechische Geschichtsschreiber Herodot (ca. 485–425 v. Chr.) meint:*

Wären die Athener aus Furcht vor der Gefahr geflüchtet oder hätten sie sich Xerxes ergeben, so würde niemand gewagt haben, dem König zur See mit einer Flotte entgegenzutreten. Hätte es aber zur See niemand mit Xerxes aufgenommen, was wäre zu Lande geschehen? Griechenland wäre unter persische Herrschaft geraten. Also, wer behauptet, die Athener hätten Griechenland gerettet, gibt damit nur der Wahrheit die Ehre. Indem sie sich für die Freiheit der Griechen entschieden, waren sie es, die den übrigen Griechen neuen Mut machten.

Herodot, Geschichten 7, 139, Bearb. d. Verf.

5 ***Wer bestimmt über die Seebundgelder?***

Plutarch (1. Jh. n. Chr.) überliefert uns einen Streit mit dem athenischen Staatsmann Perikles:

Seine (Perikles') Gegner schrien: „Das Volk hat seinen guten Namen verloren, da es den Bundesschatz, der allen Griechen gehört, von der Insel Delos zu sich nach Athen geholt hat. Nun glaubt Griechenland, die schlimmste Schande zu erleiden und mit offener Unterdrückung (Tyrannei) behandelt zu werden. Es muss nämlich sehen, wie wir mit den Beiträgen, die es nur gezwungen für den Krieg gegen die Perser aufgebracht hat, unsere Stadt vergolden und ausschmücken – unsere Stadt, die sich mit köstlichen Steinen, Bildern und Tempeln behängt wie eine eitle Frau." Dagegen erklärte Perikles der Volksversammlung, die Athener seien den Bundesgenossen für jene Gelder keine Rechenschaft schuldig, denn für sie führe Athen die Kriege und beschütze sie gegen die Perser.

Plutarch, Perikles 12, Übers. d. Verf.

a) Vergleiche die beiden Krieg führenden Seiten. Welche Staatsformen vertraten sie? Warum führten sie Krieg (VT, M1, M2, M4a)?

b) Überprüfe die Behauptung, Griechenland verdanke seine Freiheit den Athenern (VT, M4a, M4b).

c) Welche Vorteile brachte der Attische Seebund den Athenern, welche den anderen Mitgliedsstaaten? Warum waren diese nicht alle für das Bündnis (VT, M5)?

7. Perikles – Alleinherrschaft oder Volksherrschaft?

Seit 450 v. Chr. beherrschte Perikles (Bild links) das öffentliche Leben Athens. Viele Male wählte ihn die Volksversammlung zum Feldherrn (Strategen). Er war beliebt und tat viel für seine Stadt. Trotzdem nannte einer seiner Anhänger, Thukydides, Athen eine „Demokratie nur dem Namen nach“. Wie kam er zu solch einer Einschätzung?

Die folgende erfundene Erzählung spielt um 454 v. Chr. Sie berichtet von dem jungen Athener Kleiton, der zum ersten Male zu einer Volksversammlung geht.

Vollbürger

Kleiton ist 20 Jahre alt geworden und darf zum ersten Male zusammen mit seinem Vater Harpalos an einer Volksversammlung teilnehmen. „Vergiss nicht, deine beiden Eltern sind geborene Athener, sonst würdest du nicht in die Liste der Bürger aufgenommen werden“, hatte der Vater ihn schon früher belehrt. „Darf mein Freund Teiresias später auch zur Volksversammlung?“, wollte Kleiton wissen. „Nein, sein Vater ist Fernhändler aus Milet. Er darf auch kein Haus in Athen kaufen. Deswegen hat er das Haus meines verstorbenen Bruders gemietet.“

Die Agora, ein Zentrum der Politik

Kleiton verabschiedet sich noch schnell von seiner Mutter und seiner Schwester. Beide dürfen nicht an der Volksversammlung teilnehmen. Auch den Haussklaven ist die Teilnahme untersagt. Kleiton denkt: „Ich hab’s gut, ich darf wenigstens mitreden.“ Vater und Sohn gehen nun durch die engen, ungepflasterten Gassen Athens, bis sie an den großen Marktplatz, die Agora, gelangen.
Schon oft hat der Vater Kleiton die wichtigsten Gebäude gezeigt: das Rathaus, das Bouleuterion, in dem der Rat der 500 zusammentritt, daneben der Rundbau, in dem die eigentliche Regierung, der Ausschuss der jeweils 50 Ratsmitglieder, der Prytanen, ununterbrochen 36 Tage zusammenbleibt. „Welche Tagesordnung haben sie wohl für diese Volksversammlung vorgesehen?“, fragt Kleiton. „Um die Verlegung der Bundeskasse von der Insel Delos nach Athen geht es. Das macht uns überall unbeliebt“, knurrt Harpalos. „Man sollte Perikles verbannen.“

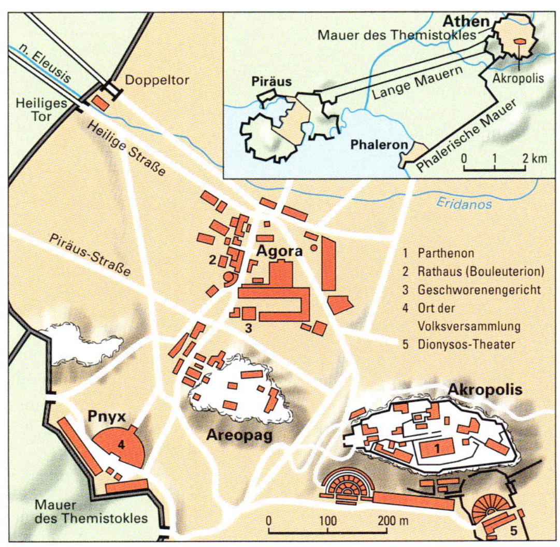

1 ***Der Stadtplan des antiken Athen:*** *Er zeigt uns den Stadtkern. Drei Hügel waren wichtige politische Stätten: Pnyx (Volksversammlungen), Areopag (Gericht) und Akropolis (Burgberg, Tempelberg). Mittelpunkt wurde die Agora (Marktplatz). Den größeren Teil der Stadt sieht man nicht: die Stadtmauer umgab Agora und Akropolis ringförmig in einem Abstand von mehr als 1,5 km, unterbrochen von 12 Toren. Zum Dipylon-Tor führten die Straßen nach Nordgriechenland, durch das Heilige Tor zogen die Pilger zum Wallfahrtsort Eleusis. Die „Heilige Straße“ war 12 m breit. 10 000 Bürgerhäuser drängten sich in engen Gassen. Athen und Piräus bildeten, verbunden durch 7 km lange Mauern, eine Festung.*

Das Scherbengericht

Oft hat der Vater von seiner ersten Volksversammlung erzählt: „Damals haben wir Themistokles durch das Scherbengericht verurteilt!" – „Den Sieger von Salamis?" – „Jawohl, einmal im Jahr nimmt die Volksversammlung ihr demokratisches Recht wahr, denn das Volk bestimmt. Mindestens 6000 Athener müssen in der Volksversammlung den Namen der Person auf eine Tonscherbe schreiben, die sie verbannen möchten. Wer von der Mehrzahl aufgeschrieben wird, muss die Polis verlassen. Themistokles hatte zu viel Einfluss und Verbindung zum persischen Großkönig." Kleiton ist empört: „Einen verdienstvollen Mann für zehn Jahre aus der Heimatstadt zu verbannen, ist ein schreiendes Unrecht. Das Volk wurde von den Gegnern des Themistokles an der Nase herumgeführt." – „Was weißt du schon", grollt Harpalos.

Die Verdienste des Perikles

Harpalos ärgert sich: „Perikles ist einfach zu geschickt. Selten redet er selber vor der Volksversammlung, meistens tragen seine Freunde seine Ideen vor. Er ist einfach zu mächtig." Weil Harpalos jetzt außer Atem ist, setzen sich Vater und Sohn in den Schatten einer Markthalle. In einer dieser Säulenhallen wird am nächsten Tage das Gericht stattfinden. Harpalos ist durch das Los zu einem der 6000 Richter gewählt worden. Mehrere hundert Männer stimmen unter freiem Himmel über das Urteil ab. „Das verdanken wir auch Perikles, dass wir für den Besuch der Volksversammlung und du morgen für die Gerichtssitzung ein Tagegeld, die Diät, bezahlt bekommen", ereifert sich Kleiton. „Früher kamen die Armen und die Leute vom Lande nicht nach Athen. Sie konnten es sich nicht leisten, so lange von ihrer Arbeit wegzubleiben. Selbst die Tagelöhner kommen zur Volksversammlung und entscheiden mit. Alle fühlen sich so für unsere Polis verantwortlich. Wenn Perikles seine Pläne verwirklicht, geht es uns noch besser."

Die Pläne des Perikles

Harpalos kennt die Pläne des Perikles: er will die Hafenstadt Piräus durch die „Langen Mauern" mit der Stadt Athen verbinden, den Hafen von Piräus ausbauen und neue Städte gründen lassen, in denen junge, mutige Athener sich eine Zukunft aufbauen können. Harpalos' Blick fällt auf den Hügel des Areopag: Perikles hat auch das alte Adelsgericht, das hier tagte, entmachtet. „Gut", lenkt Harpalos ein, „aber sein neuester Plan ist schlecht. Die Bundeskasse muss in Delos bleiben, sonst glauben alle, dass wir das Geld für uns verwenden." Kleiton wendet ein: „Wer soll denn sonst die gesamten Tagegelder zahlen? Weißt du nicht, was Perikles mit dem Geld machen will? Die Tempel der Akropolis liegen noch immer in Trümmern."
Inzwischen sind sie auf dem Pnyx-Hügel angekommen. Der kleine Platz ist überfüllt mit Männern. Kleiton erkennt viele, die er immer wieder in der Stadt sieht. Lautes Rufen zeigt an, dass Perikles auf den erhöhten Felsenrand getreten ist. Kleiton drängt sich nach vorne um Perikles besser zu verstehen. Kleitons erste Volksversammlung hat begonnen.

Formen der Demokratie: Die waffenfähigen Bürger Athens übten die Volksherrschaft direkt in der Volksversammlung aus. Allerdings bildeten sie eine Minderheit, da die Frauen, Metöken und Sklaven politisch rechtlos blieben.
Heute verstehen wir etwas anderes unter dem Begriff Demokratie. Die Millionen Menschen in den großen Staaten können nicht mehr alle in einer Volksversammlung über die schwierigen Fragen des Staates entscheiden. Sie wählen Volksvertreter, Abgeordnete, in besondere Versammlungen, Parlamente, in denen die wichtigsten Beschlüsse gefasst werden. Das deutsche Parlament heißt Bundestag.

2 Die Rednertribüne der Pnyx

Der Platz für die Volksversammlung umfasste ca. 80 mal 40 Meter. Abstimmungsberechtigt waren 30 000 Athener. Welche Schlüsse kannst du aus dem Verhältnis zwischen der Größe des Platzes und der Zahl der Stimmberechtigten ziehen?

3 Tonscherben als Stimmzettel

Die obere nennt „Themistokles (aus dem Wohnbezirk) Phrearhioi", die untere „Arissteides (Sohn des) Lysimacho(s)".

4 Alleinherrschaft oder Volksherrschaft?

***a)** Perikles über die Demokratie:*

Wir leben in einer Staatsform, die die Einrichtungen anderer Staaten nicht nachahmt … Wir nennen sie, weil wir uns nicht auf eine Minderheit, sondern auf die Mehrheit im Volke stützen, Volksherrschaft. Alle genießen vor den Gesetzen gleiches Recht; bei der Vergabe von Ämtern im Staate wird nicht der bevorzugt, der einer besonderen Klasse angehört, sondern derjenige, welcher sich in irgendeiner Weise Ansehen erworben hat und tüchtig ist … Auch ein armer Mitbürger wird, wenn er dem Staat nur nutzen kann, von keinem politischen Amt ausgeschlossen.

Thukydides, Der Peloponnesische Krieg 2, 37, Bearb. d. Verf.

***b)** Der Geschichtsschreiber Thukydides (ca. 455–396 v. Chr.) über die Macht des Perikles:*

Perikles war mächtig durch sein Ansehen und durch seinen Verstand. Da er einwandfrei bewies, dass er unbestechlich war, konnte er die Menge in den Zügeln halten. Und er ließ sich weniger von ihr lenken, als dass er sie selbst lenkte … So bestand in Athen dem Namen nach eine Demokratie, in Wirklichkeit jedoch die Herrschaft des ersten Mannes.

Thukydides, Der Peloponnesische Krieg 2, 65, Bearb. d. Verf.

5 Das Scherbengericht

Am jährlichen Gerichtstag nahm jeder Bürger eine Tonscherbe, darauf schrieb er den Namen des Mannes, den er verbannen wollte. Dann brachte er die Scherbe an einen Ort auf dem Markt, der rings mit Schranken umschlossen war. Die Beamten zählten zunächst die gesamten abgelieferten Scherben; wenn weniger als 6000 abgegeben worden waren, war die Abstimmung ungültig. Wer (bei gültiger Abstimmung) von der Mehrzahl aufgeschrieben worden war, den verbannten sie auf zehn Jahre. Sein Vermögen blieb ihm erhalten.

Plutarch, Aristides 7, Übers. d. Verf.

a) Hat Thukydides mit seiner Meinung über Perikles recht (VT, M4b)?

b) Bereitet ein Geschichtsspiel vor: Soll Perikles im Scherbengericht verbannt werden? Bestimmt einen Versammlungsleiter, bildet Gruppen für und gegen Perikles. Ein Redner soll schließlich eure Gründe möglichst eindrucksvoll vortragen. Stimmt über die Verbannung ab (VT, M4a, M4b).

c) Untersuche die Demokratie von Athen. Was halten wir heute noch für demokratisch, was nicht (VT, M5)?

8. Wer erwirtschaftete Athens Reichtum?

Begleiten wir Nausimachos, einen Schiffskapitän, vom Hafen Piräus nach Athen. Die Erzählung spielt um 435 v. Chr.

Der Hafen von Piräus

Nach einer Fahrt von sechs Wochen ist Nausimachos mit seinem schweren Handelsschiff von der Schwarzmeerküste zurückgekehrt. Er hat Getreide geladen, denn die attischen Bauern können die 300 000 Bewohner der Polis nicht mehr ernähren. Auch von Ägypten treffen Schiffe mit Getreide in dem großen Handelshafen von Piräus ein. 700 000 Tonnen Getreide im Jahr muss Athen einführen und das Korn und das Mehl in den großen Speichern in Piräus lagern. Kaum ankert das Schiff, kommen Hafenpolizisten an Bord und stellen die Ladung fest: Felle, Gewürze, vier Sklaven aus Thrakien, Salz, Räucherfisch und das Getreide. Von allen Gütern muss ein Zoll von zwei Prozent gezahlt werden. Große Geldsummen nimmt Athen so im Jahr ein.

Athen – Mittelpunkt des Handels

Nausimachos lässt die Matrosen die Ladung ausladen und will nun seinen Passagier, den jungen Steinmetz und Bildhauer Timodemos, nach Athen in das Haus des reichen Schiffseigners Nikias bringen. Timodemos ist einer der Fremden, die am Aufbau der Akropolis mitwirken wollen. Perikles hat viele auswärtige Künstler nach Athen geholt. Viele Arbeitsplätze gibt es für Steinmetzen, Maurer, Zimmerleute und Fachleute aller Art. Athener, Fremde, auch Sklaven arbeiten am großen Athenetempel, dem Parthenon, und dem Eingangstor, den Propyläen. 10 000 Griechen, Metöken genannt, sind schon nach Athen gezogen. Sie tragen mit ihrer Arbeit zum Reichtum der Stadt bei, besitzen aber kein Bürgerrecht.
So informiert Nausimachos den jungen Gast, während sie durch Piräus gehen, vorbei an Zollhäusern, Lagern und Warenhäusern in den rechtwinkligen Straßen. Einen Umweg machen sie zu einem der beiden runden Kriegshäfen: 200 Trieren liegen hier in eigenen Schiffshallen, wenn sie nicht auf See sind. Menschen aus aller Herren Länder, Fernhändler und Matrosen füllen die Straßen.

1 Athenische Schiffe
Handelsschiffe mit großem Stauraum (links) brachten den Reichtum nach Piräus. Kriegsschiffe mit Rammsporn (rechts) sicherten die Handelswege. Nur bei Wind konnte man die Segel verwenden. Ansonsten musste man rudern. Dennoch war das bequemer als der Landweg (Malerei auf einer Trinkschale, 5. Jh. v. Chr.).

2 Einfuhren nach Athen im 5. Jahrhundert v. Chr.
Welche Güter wurden eingeführt? Wozu benötigten die Athener sie?
Aus Athen wurden ausgeführt: Vasen, Rüstungen, Waffen, Olivenöl.

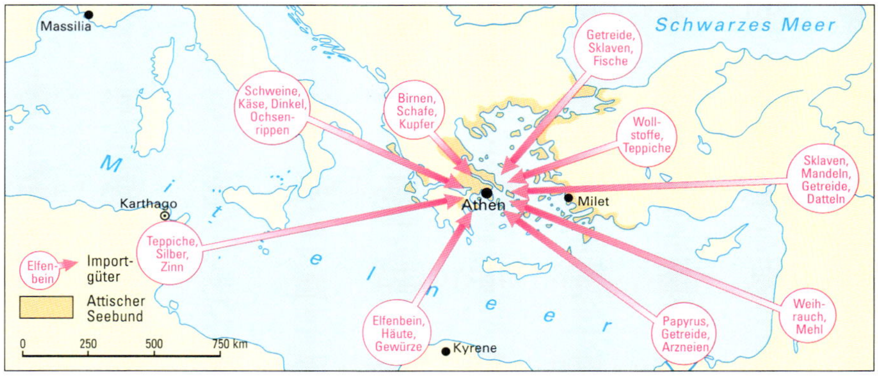

Der Weg in die Stadt

Auf der belebten Hauptstraße gehen sie nach Athen. Rechts und links ziehen sich hohe Mauern bis zur Stadt: Diese „Langen Mauern“ verbinden Piräus mit Athen und bieten im Krieg der ganzen Bevölkerung Schutz. Endlich gelangen die Beiden in die Stadt. In den engen, krummen und unbefestigten Gassen häuft sich Abfall. Handwerker arbeiten in den schattigen Eingängen und Höfen der kleinen Häuser und stellen ihre Waren aus. „Geh unbedingt in den Keramikos“, sagt Nausimachos, „das ist das Viertel der Töpfer. Es liegt vor der Stadtmauer, wegen der Brennöfen. Früher machten die Töpfer vor allem Geschirr für die Haushalte, aber jetzt wetteifern sie darin, feine, schön geformte, bemalte Vasen herzustellen. Nur reiche Leute können sich diese Vasen leisten. Wir führen auch viele Vasen aus, außerdem Rüstungen …“ Timodemos hört aber nur noch mit halbem Ohr zu; das bunte Treiben des Marktplatzes interessiert ihn mehr.

Der Marktplatz

Hier drängen sich die Menschen zwischen den Buden der Lebensmittelhändler. „Es gibt Gemüsehändler, Gewürzhändler, Knoblauchhändler, Feigenhändler …!“ Lachend unterbricht Timodemos diese Aufzählung. Kurz vor Mittag ist die „Zeit des vollen Marktes“, wie die Athener sagen. Bald allerdings wird die Arbeit mehrere Stunden ruhen. „Olivenöl und Wein sind das Wichtigste, was unsere Bauern herstellen“, erklärt Nausimachos. „Beides führen wir in großen Tongefäßen in alle Welt aus. Die reichen Herren lassen immer mehr Sklaven auf ihren Landgütern arbeiten. Da können die kleinen Bauern nicht mithalten, zu so billigen Preisen können sie nicht verkaufen. Das ist schlimm.“

Die Reichen und die Sklaven

Auf der Agora warten noch einige Tagelöhner auf eine Anstellung, doch gegen Mittag sind die Chancen nicht mehr groß. Aber der Verkauf von Sklaven ist noch in vollem Gange. Ungefähr 100 000 Sklaven leben in Attika. „Einige von ihnen kommen sicher in die Silberbergwerke des Laurion“, meint Nausimachos. Er erzählt, dass der reiche Herr Nikias Bergwerke vom Staat gepachtet hat. In den engen Schächten müssen sogar Kinder schuften. Besser geht es den Sklaven, die die Ländereien und Olivenhaine des Nikias bestellen oder im Hause die Gemahlin des Nikias bedienen. Manche Sklaven haben als Fachleute eine günstige Stellung: Sie sind Erzieher oder auch Geschäftsbeauftragte des Nikias.
Endlich gelangen Nausimachos und Timodemos zum geräumigen Haus des Nikias. „Eigentlich müsste Nikias zufrieden sein“, meint Nausimachos, „aber auch dir wird er sein Leid klagen. Muss er doch als reicher Mann ein Kriegsschiff ausrüsten, die Aufführung eines Theaterstückes bezahlen oder auch ein festliches Mahl ausrichten. Wir Athener zahlen nämlich keine Steuern.“ Timodemos will noch bemerken, dass er das richtig findet, da betritt der reiche Herr Nikias den Raum um die Ankömmlinge zu begrüßen.

3 **Händler** (Amphore, um 550 v. Chr.)

5 **Schuhmacherwerkstatt** (Amphore, um 640 v. Chr.)

6 Links: **Schmiedewerkstatt** (Amphore, um 520 v. Chr.). Oft arbeiteten in solchen Werkstätten auch Sklaven als Fachleute.

7 **Arbeit im Bergwerk.** Zu sehen sind Sklaven oder Tagelöhner, die möglicherweise in Tongruben arbeiten (Terrakotta, um 650 v. Chr.).

4 Rechts: **Töpferwerkstatt** (Amphore, 5. Jh. v. Chr.)

8 Athen – Mittelpunkt von Handel und Wirtschaft

a) Der Seehandel im 5. Jahrhundert v. Chr.

Die Athener sind allein im Stande, den Überfluss der Griechen und Nichtgriechen an sich zu ziehen. Denn, wenn irgendeine Stadt Überschuss an Schiffsbauholz hat, wo wird sie es absetzen, wenn sie nicht den Beherrscher des Meeres (Athen) dafür gewinnt? Wenn weiter eine Stadt an Eisen, Kupfer oder Flachs Überschuss hat, wo wird sie das absetzen, wenn nicht beim Herrn des Meeres? Überdies werden die Athener gar nicht erlauben, es anderswo zu verfrachten, oder unsere Widersacher werden die Seewege nicht mehr benutzen dürfen.

Pseudo-Xenophon, Vom Staat der Athener 2, 11f., Bearb. d. Verf.

b) Bau der Akropolis

Vielerlei Materialien wurden benötigt, Steine, Erz, Elfenbein, Gold, Eben- und Zypressenholz, und zu ihrer Bearbeitung brauchte man viele Handwerker: Zimmerleute, Bildhauer, Kupferschmiede, Steinmetzen, Färber, Goldarbeiter... Die Transporte zur See brachten den Reedern, den Matrosen und Steuerleuten Beschäftigung, diejenigen zu Lande den Wagenbauern, Pferdehaltern und Fuhrleuten, den Seilern, Leinewebern, Sattlern, Straßenbauern und Bergknappen. Jedes Handwerk hatte ... eine Masse von ungelernten Hilfsarbeitern zur Verfügung ... So stiegen die Bauten empor in stolzer Größe, in unnachahmlich schönen Formen.

Plutarch, Perikles 12f., Bearb.. d. Verf.

9 Das städtische Handwerk

a) Körperliche Arbeit?

Die sogenannten handwerklichen Beschäftigungen sind verschrien und werden aus Staatsinteresse und mit Recht sehr verachtet. Sie schwächen nämlich den Körper des Arbeiters, da sie ihn zu einer sitzenden Lebensweise und zum Stubenhocken zwingen. Wenn aber der Körper leidet, leidet auch die Seele.

Xenophon, Hauswirtschaftslehre 4, 2., Bearb. d. Verf.

b) Spezialisierung

In den kleinen Städten macht derselbe Mann Bett, Tür, Pflug, Tisch, und oft baut er auch noch die Häuser und ist froh, wenn er dadurch Kunden genug hat um seinen Lebensunterhalt verdienen zu können. Es ist aber unmöglich, dass jemand, der viele Gewerbe betreibt, alles gut machen kann. Weil man in den großen Städten mehr verkaufen kann, genügt dort für jeden Handwerker ein einziges Gewerbe zum Lebensunterhalt. Oft braucht man nicht einmal ein ganzes, sondern der eine macht Männer-, der andere Damenschuhe. Ja, mitunter lebt der eine lediglich vom Zuschneiden des Leders, der andere näht es zusammen, einer schneidet nur die Röcke zu, der andere näht ausschließlich die zugeschnittenen Stücke zusammen. Wer sich so ganz auf einen Teil eines Handwerks konzentriert, macht das natürlich auch am Besten.

Xenophon, Kyroupaideia 8.2.5., Bearb. d Verf., nach: I. Weiler, Griechische Geschichte, Einführung, Darmstadt 1976, S. 89.

10 Ging es den Sklaven zu gut?

Ein unbekannter athenischer Autor schrieb um 430 v. Chr.:

Bei den Sklaven hingegen und den Schutzbürgern (den ausländischen Metöken) herrscht in Athen größte Zuchtlosigkeit und man darf dort den Sklaven weder schlagen, noch wird er dir bescheiden ausweichen. Wenn aber einen das wundert, dass sie hier die Sklaven üppig werden lassen, ja dass sie einige sogar auf großem Fuße leben lassen, auch das tun sie (die Athener) mit Absicht. Denn wo es eine Seemacht gibt, ist es notwendig, dass die Sklaven für Geld arbeiten, damit man als Herr von ihrer Tätigkeit wenigstens Abgaben bekommt (Sklaven arbeiteten als Handwerker und Fachleute für Lohn oder auch als Geschäftsleute für eigenen Gewinn. Sie mussten ihrem Herrn einen Teil ihres Einkommens abgeben). So haben wir selbst für die Sklaven freie Meinungsäußerung eingeführt gegenüber den Freien (Athenern).

Pseudo-Xenophon, Vom Staat der Athener 1, 10/11, Bearb. d. Verf.

a) Beschreibe die Tätigkeiten auf den Bildern M3 bis M7.
b) Suche Erklärungen für die große Zahl von Handwerkern in Athen (M1–M9).
c) Nausimachos brachte „vier Sklaven aus Thrakien" mit. Erzähle, wie ihr weiteres Leben verlaufen sein könnte (VT, M1, M4 bis M7, M10).
d) Viele Menschen, die in Athen arbeiteten, waren keine Athener Bürger. Berichte über sie. Vergleiche, wie es heute Ausländern in Deutschland geht.

9. Die Frauen in Athen – ein Leben im Schatten?

1 Das griechische Haus *(Priene, 4. Jh. v. Chr.). Im Hof spielte sich das Familienleben ab: Hier kochten die Frauen, spielten die Kinder, arbeiteten die Männer. Die Familie bewohnte zwei große Räume. In Athen lag das Zimmer der Frauen im ersten Geschoss des Hinterhauses. Kleine Räume dienten als Vorratsräume, Werkstätten und Schlafkammern. In den kühlsten Räumen bewahrte man die Essvorräte auf. Nach außen hatten die Zimmer keine Fenster.*

Ehe- und Hausfrauen

2 Frau mit Kleinkind *(Innenbild einer Schale, ø 4, 38 cm, um 450 v. Chr.; Brüssel, Königliches Museum)*

Vom Leben der Frauen hast du bisher nur wenig gehört. Das hängt vor allem damit zusammen, dass sie im politischen Leben Athens nur eine untergeordnete Rolle spielten. Sie unterstanden dem Vater oder Ehemann und sollten möglichst nur im Haus leben. Der Vater verheiratete seine Töchter meist schon, wenn diese 15 Jahre alt waren; der Ehemann konnte doppelt so alt sein wie seine Ehefrau. Der Stand und das Vermögen des Bräutigams und die Mitgift der Braut, d.h. der Besitz, den sie mit in die Ehe brachte, waren entscheidend für die Verbindung, nicht aber die Gefühle des Paares.

Bis dahin erzogen die Mütter ihre Töchter so, dass sie auf ihr Leben als Hausfrauen vorbereitet waren: Sie sollten den Hausrat pflegen und verwalten, spannen Wolle, webten Kleider und wiesen die Haussklaven an. Diese mahlten Getreide, kneteten Brotteig, holten Wasser von der Quelle und den Brunnen. Überhaupt erforderte die Lenkung eines Haushalts vor 2500 Jahren ohne die heutigen Haushaltsmaschinen viel Zeit und Umsicht. Manche Eltern ließen ihre Töchter allerdings auch Lesen, Schreiben und Tanzen lernen.

Das Essen kochten die Frauen auf einem einfachen Tonherd im Hof. Die Hauptmahlzeit gab es abends: Die Familie aß Getreidebrei oder Brot, Oliven, Knob-

3 Athenische Möbel. *Die Zimmer waren spärlich möbliert mit Betten, Klappstühlen und Stühlen, Tischen und Truhen. In den wohlhabenderen Häusern gab es Liegen (Klinen) für abendliche Feste. Die meisten Haushaltsgegenstände lagerte man auf dem Boden oder hängte man an den Wänden auf.*

lauch, Feigen oder anderes Gemüse und Obst. Auch Fisch gab es bei den Athenern zum Essen, seltener Fleisch; dazu trank man mit Wasser verdünnten Wein.

Ein zurückgezogenes Leben?

Die athenischen Frauen und Mädchen sollten sich eigentlich nicht außer Haus zeigen. Deshalb mussten oft die Ehemänner, Sklavinnen und Sklaven auf dem Markt einkaufen, die Mägde mussten an den öffentlichen Brunnen waschen und von dort Wasser holen. Für die abendlichen Gastmähler, die Symposien, mieteten sich die Männer eigens ausgebildete junge Frauen, die Hetären, die dort sangen und tanzten. Ehefrauen und Töchter waren nicht zugelassen. Sogar bei den Familienfesten feierten Männer und Frauen getrennt. Nicht in allen griechischen Städten wurden die Frauen so stark eingeschränkt. Allerdings konnten die meisten Athener auf die Arbeit ihrer Frauen – auch in der Öffentlichkeit – gar nicht verzichten: Bäuerinnen teilten mit ihren Männern die schwere Arbeit auf dem Feld und im Hof, Marktfrauen verkauften Lebensmittel und Hebammen halfen den Frauen bei der Geburt ihrer Kinder. Oft stillten arme Frauen die Säuglinge vornehmer Athenerinnen als Ammen und halfen bei der Erziehung der Kinder.

Eine Frau schützt Athen

Obwohl die Athener ihren Frauen so wenig Rechte einräumten, verehrten sie eine Göttin, die ihre Stadt schützen und fördern sollte: Athene. Diese Göttin verlieh nach Überzeugung der Athener der Stadt Reichtum und allen Menschen Weisheit. Die Männer und Frauen Athens feierten sie besonders beim großen Fest der Panathenäen. Mädchen und Frauen nahmen am großen Umzug durch die Stadt auf die Akropolis teil und zeigten ihren Schmuck und ihre schönsten Gewänder. Im Tempel der Göttin, dem prächtigen Parthenon, wurde der kostbaren Statue der Göttin ein prunkvolles Gewand umgelegt, das Mädchen aus vornehmen Familien in vielen Monaten gewebt hatten. Es wurden sportliche Wettkämpfe veranstaltet, aber an diesen durften Mädchen nicht teilnehmen. Das öffentliche Leben blieb eben doch den Männern von Athen vorbehalten.

4 **Kochunterricht** *(Tonfigur, 5. Jh. v. Chr.)*
Auf einfachen Herden bereiteten die Frauen das Essen. Dieses Mädchen wird von einer Frau, vielleicht seiner Mutter, unterrichtet.

6 **Herrin und Dienerin beim Wollewirken**
(Malerei auf einer Hydria – Wassergefäß –, um 450 v. Chr.)

5 **Frauen am Brunnen** *(Wasserkrug, um 500 v. Chr.). Den gesamten Wasservorrat für den Haushalt mussten Mädchen oder Mägde von den öffentlichen Brunnen nach Hause schleppen – eine mühsame Arbeit.*
Dennoch gingen die Frauen recht gerne zum Brunnen – warum wohl?

7 **Athene** *(Weihrelief, um 460 v. Chr.) wird in nachdenklicher Haltung und in einem Peplos, einem Kleidungsstück der Frauen, gezeigt. Dieses Gewand bestand aus einem großen rechteckigen Tuch, das über den Schultern mit Spangen zusammengehalten und durch einen Gürtel an der Hüfte gebunden wurde.*

8 *Rechts:* ***Junges Mädchen mit Zecher*** *(Bild in einer Trinkschale, um 480 v. Chr.).*
Dieses hübsch gekleidete Mädchen musste Männer bei einem Fest durch Tanzen oder Musizieren unterhalten. Jetzt aber hilft sie einem betrunkenen Zecher.

9 *Die Stellung der Frau in Athen*

Ein Ehemann äußert sich im Gespräch so:

Sie war noch keine fünfzehn Jahre alt, als ich sie heiratete. Die Zeit vorher hatte man fürsorglich auf sie aufgepasst, damit sie möglichst wenig sah, hörte und fragte. Ich war schon damit zufrieden, dass sie bei ihrem Kommen bereits verstand, mit Wolle umzugehen und ein Gewand anzufertigen, und dass sie auch schon bei der Spinnarbeit der Dienerinnen zugesehen hatte. Außerdem wusste sie – das erscheint mir sehr wichtig – im Kochen gut Bescheid … Mir scheinen die Götter dieses Paar, Mann und Frau, besonders gut zusammengepasst zu haben, damit es sich gemeinsam so viel Nutzen bringe wie möglich. Denn erstens ist dieser Bund geschlossen um miteinander Kinder zu zeugen. Zweitens schaffen sie sich mit den Kindern, die aus diesem Bunde hervorgehen, Stützen für das Alter …

Da beide Arten von Arbeit nötig sind, die draußen und die drinnen, schufen die Götter die Natur der Frau für die Arbeiten im Haus und die des Mannes für die Arbeiten außerhalb des Hauses … Die Frauen haben größere Liebe zu den Säuglingen, ihre Fürsorge ist gut geeignet für die Überwachung der Vorräte; der Mann dagegen ist mutiger, wenn es um den Schutz des Hauses und des Eigentums geht. Er ist eher dazu geschaffen, Kälte und Wärme, Märsche und Feldzüge zu ertragen.

Xenophon, Hauswirtschaftslehre 7, 3 ff., zit. n.: H. Kammerer-Grothaus, Frauenleben – Frauenalltag im ant. Griechenland. 1984, S. 2, 35, Bearb. d. Verf.

10 *Die Liebe einer Amme zum Ziehkind*

Eine Amme meint in einem Theaterstück:

Ich zog ihn auf, nahm ihn, den Neu-Geborenen, aus seiner Mutter Arme. Ach, wie oft schrie er nach mir in der Nacht, veranlasste mich aufzustehen, wollte dieses oder jenes … Ein Baby weiß es nicht besser; du musst dich sogleich um es kümmern wie um ein stummes Tier … Ein Kind in der Wiege kann dir nicht erklären, was es quält; ob es essen, trinken oder aufs Töpfchen will. Der Bauch eines Kindes nimmt keine Befehle an; es ist zu jung. Nun, oft wusste ich, was los war; und oft, ich weiß, riet ich auch falsch. Dann musste ich seine Windeln waschen, denn ich war Amme und Wäscherin in einem. So hatte ich denn eine doppelte Pflicht; ja, ich zog Orest für seinen Vater auf.

Aischylos, Orestaia II. Aus: I. Jenkins, Greek and Roman Life. 1986, S. 30. Zit. n.: Praxis Geschichte 4/92, S. 44.

a) Beschreibe das griechische Haus und seine Einrichtung. Vergleiche es mit heutigen Häusern und Wohnungen (M1, M3).

b) Welche Unterschiede sieht Xenophon in M9 zwischen Männern und Frauen, welche Aufgaben und welche Stellung in der Gesellschaft weist er ihnen zu?

c) Das Leben der Mädchen in Athen lief anders ab als heute. Entwirf ein Gespräch zweier Mädchen am Brunnen über ihr Leben und ihre Zukunft. Nimm den VT und M2, M4 bis M6, M8 bis M10 zu Hilfe.

10. Bildung und Kunst in Athen

Das Vorbild

Noch heute bewundern wir die Kunst und die Bildung der Athener und anderer Griechen. Immer wieder haben sich Künstler und Gelehrte die Griechen und ihre Werke zum Vorbild genommen. Auch du kennst viele Einrichtungen, die bereits in Athen zur Zeit des Perikles bestanden.

Schule und Gymnasium – schöner Körper und Geist

Eine davon ist das Gymnasium. Das war in Athen allerdings keine Schule, sondern eine Sportstätte, wo junge Männer ihren Körper trainierten, unbekleidet übrigens. Um den Sportplatz, die Palästra, herum baute man Umkleidekabinen, Unterrichtsräume und Säulenhallen. Vielleicht glaubst du jetzt, dass die Jungen in Athen nur Sport trieben. Sicherlich legten die Athener Wert auf einen sportlichen, schönen Körper, andererseits wollten sie auch gebildet sein. Ab dem siebten Lebensjahr besuchten die kleinen Athener sechs Jahre lang den Unterricht bei privaten Lehrern, die ihnen Lesen, Schreiben und Rechnen, darüber hinaus die Dichtung Homers und anderer Griechen, außerdem das Musizieren beibrachten. Die Schüler mussten viel auswendig lernen, denn es gab wenig Bücher. Wenn sie nicht folgten, wurden sie mit der Rute bestraft.
Man schätzte in Athen also die Ausbildung des Körpers und des Geistes. Das wurde in vielen Lebensbereichen deutlich. Die Bildhauer zum Beispiel wollten in ihren Statuen Götter oder Menschen zeigen, die einen gut gebauten, jugendlichen Körper, Bildung und Geist besaßen. Überall in der Stadt sahen die jungen Athener solche Statuen und versuchten dem Vorbild gleichzukommen.

Sokrates, ein Philosoph

Ein Steinmetz beeinflusste die jungen Athener allerdings durch seine Kunst, sie durch hartnäckiges Fragen zum kritischen Denken anzuregen. Er hieß Sokrates, verweilte am liebsten auf dem Markt oder in den Gymnasien und verwickelte die

1 ***Unterricht*** *(Schale aus Athen, ø 28,5 cm, um 480 v. Chr.). Rechts auf dem Schemel sitzt ein „Paidagogos“, ein Erzieher. Meist war er ein Haussklave, der die Söhne aus vornehmen Familien erziehen und in die Schule begleiten musste.*
Beschreibe genau, wie der Unterricht verläuft (Einrichtung des Raumes, Gegenstände an der Wand).

2 Wagenlenker von Delphi *(470 v. Chr.). Dieses Weihegeschenk für den Gott Apollon gehörte zu einem Viergespann. Die Statue wurde aus Bronze gegossen und ist 1,80 m hoch.*

3 Diskuswerfer *(um 450 v. Chr.)*
Die Steinstatue zeigt die genaue Beobachtung des menschlichen Körpers. Die Römer bildeten dieses Meisterwerk des Miron nach.
Beschreibe den Augenblick der Bewegung.

4 Laokoongruppe *(Marmorstatue, 1,84 m hoch, 1. Jh. v. oder n. Chr.). Drei Bildhauer aus Rhodos zeigten eindringlich, wie der Priester Laokoon mit seinen Söhnen der Sage nach von der Schlange erdrückt wird. Vor 500 Jahren wurden diese Figuren in Rom gefunden.*

Menschen in ein Gespräch. Von sich behauptete er: „Ich weiß, dass ich nichts weiß". Er wollte seine Zuhörer anregen Vorurteile zu vermeiden und ihr Denken und Handeln selbstkritisch zu betrachten. Für sehr wichtig hielt es Sokrates, dass die Menschen nicht nur Verstand und Körper, sondern auch ihr Gewissen, ihre Seele bildeten. Man nannte ihn einen Philosophen (Freund der Weisheit). Wie andere versuchte Sokrates den Ursprung der Dinge zu erklären, die Wahrheit zu ergründen und richtiges Denken zu lehren. Er gab selbst ein Vorbild: Als man ihn im hohen Alter noch anklagte die Jugend durch falsche Lehren verführt zu haben, wollte er lieber schuldig gesprochen werden als das, was er für wahr hielt, zu widerrufen. Er wurde 399 v. Chr. zum Tode verurteilt und soll ganz gelassen den Giftbecher, mit dem in Athen die Todesurteile vollstreckt wurden, ausgetrunken haben.

Theaterfeste

Wenn du heute ein Theater siehst, denkst du sicherlich nicht daran, dass es bereits in Athen vor 2300 Jahren ein großes Theater gab. Die Athener zahlten keinen Eintritt, sondern bekamen ein Tagegeld, so dass alle die Aufführungen besuchen konnten. Mehr als 10 000 Menschen fasste das Theater, und es war gut gefüllt, wenn zu dem großen Fest des Gottes Dionysos die Dichter Athens ihren Wettstreit austrugen.

Die Theaterwettkämpfe waren wie die sportlichen Wettkämpfe ein Fest für alle Athener. Einen Tag trugen die Dichter ihre Gedichte vor, am folgenden Tag wurden die Lustspiele, die Komödien, aufgeführt, drei weitere Tage sah man die Trauerspiele, die Tragödien, von drei Dichtern. Reiche Athener bezahlten die Schauspieler und Chöre um sich Ansehen zu erwerben. Die Preisrichter wählten am letzten Tag den besten Dichter und krönten ihn mit einem Efeukranz.

Antigone

Einige der Stücke sind uns überliefert und werden noch heute gespielt. Zu diesen Stücken gehört die Tragödie „Antigone" des Dichters Sophokles: Kreon, der König von Theben, befiehlt, dass der Leichnam seines Neffen, der sich gegen ihn aufgelehnt hatte, nicht begraben werden darf. Deswegen kann dessen Seele nicht in die Unterwelt eingehen. Antigone wehrt sich gegen diesen Befehl und will den Leichnam ihres Bruders begraben, obwohl ihr die Todesstrafe droht. Sie stellt den Willen der Götter und die Liebe zu ihrem Bruder über das unge-

5 ***Das Dionysostheater*** *wurde im 4. Jh. v. Chr. in den Hang der Akropolis gebaut; später gestalteten die Römer es um: (1) Marmorsitze für die Vornehmen; (2) Platz für den Chor; (3) Platz für die Schauspieler (Bühne); (4) Bühnenwand. Die Schauspieler waren Männer, die mit Masken auftraten. Das erzeugte eine beeindruckende Wirkung, die durch die Gesänge des Chors noch verstärkt wurde.*

6 Szene aus einer Tragödie *(Krater aus Tarent, um 350 v. Chr.)*

rechte Gebot des Onkels und Königs. Wie Sokrates opfert sie ihr Leben für ihre Überzeugung. Auch Frauen konnten also Heldinnen in der Tragödie sein und somit als Vorbild gelten.
Mit solchen Tragödien sollten die Zuschauer unterhalten, vor allem aber belehrt werden. Chöre vertieften durch ihren feierlichen Gesang noch die Wirkung der Stücke. Die Schauspieler waren immer Männer; sie traten mit festen Masken auf. So wirkte ein Theaterstück, gespielt in einem Freilichttheater, doch ganz anders als die Aufführungen in modernen Theatern.

Philosophie (griechisch „philos“, d. h. Freund, und „sophia“, d. h. Weisheit)***:*** Gelehrte Griechen bemühten sich seit dem 6. Jh. v. Chr. darum, Naturerscheinungen wissenschaftlich und nicht mehr aus dem Wirken der Götter zu erklären. Auch für die Rolle des Menschen in der Welt wollten sie grundlegende und vernünftige Antworten finden. Sokrates, Platon und Aristoteles sind die berühmtesten griechischen Philosophen.
Tragödie (griechisch: „Bocksgesang“)***/Komödie:*** Aus Aufführungen mit drei Schauspielern entwickelte sich die Tragödie, die in Athen im 5. Jahrhundert ihren Höhepunkt hatte. Sie behandelte Stoffe der griechischen Sagen (Mythen): Menschen verstoßen gegen die göttliche oder allgemeine Ordnung und werden bestraft. Allerdings zeigen die Helden der Tragödien in ihrem Untergang menschliche Größe. Solche „Trauerspiele“ sollten die Zuschauer erschüttern und zum Nachdenken anregen.
Nur unter den Menschen spielten in der Regel die Komödien. In ihnen machten sich die Dichter über die Schwächen ihrer Mitmenschen – auch der Politiker – lustig und kritisierten sie; die Zuschauer aber erheiterten und unterhielten sie damit.
Statue: Die griechischen Bildhauer schufen Statuen, Bildwerke, die sie aus Stein schlugen, in Bronze gossen oder aus Holz schnitzten. Noch im 7. Jh. v. Chr. waren die Statuen von Menschen sehr vereinfacht und steif. Die Künstler beobachteten den menschlichen Körper dann immer genauer und bildeten ihn immer besser nach. Im 5. Jh. v. Chr. stellten sie vor allem jugendliche, schöne Körper dar. Sie sollten in ihrer äußeren Schönheit auch eine schöne Seele und einen schönen Geist spiegeln, die innere Ruhe der Person vorbildhaft ausdrücken. Seit dem 4. Jh. v. Chr. wurden die Bildwerke ausdrucksstark, verdeutlichten auch heftige Gefühle.

7 ***Ein Schauspieler*** *nimmt seine tragische Maske ab. Diese Stoffmasken – man kannte damals etwa 40 komische und 25 tragische Masken – waren mit Perücken verziert. Der geöffnete Mund der Maske wirkte als Schalltrichter (Vasenscherbe aus Tarent in Süditalien).*

8 ***Ein moderner Arzt*** *– Hippokrates (5. Jh. v. Chr.) schreibt über Krankheiten:*

Ich meine, dass die Menschen, die diese Krankheiten (Geisteskrankheiten) für heilig erklärt haben, den Zauberern und Schwindlern ähnlich sind. Sie tun so, als ob sie gottesfürchtig wären und als ob sie mehr wüssten als andere Menschen. In Wirklichkeit nennen sie einen Gott als Ursache, damit sie nicht als Menschen entlarvt werden, die überhaupt nichts wissen … Die Krankheiten haben also natürliche Ursachen. Und die meisten Krankheiten sind heilbar, wenn der Arzt die Ursachen der Krankheit kennt: Er kann also den richtigen Zeitpunkt für jede Maßnahme finden, er kann mit seinen Maßnahmen das Gesunde im Körper unterstützen und das Kranke im Körper vermeiden.

Hippokrates, Von der heiligen Krankheit 1 ff., Bearb. d. Verf.

9 ***Demokratie braucht Wissen***

Der junge, unerfahrene Glaukon will in der Volksversammlung eine Rede halten. Sokrates spricht mit ihm:

Sokrates: Mein lieber Glaukon, du willst in unserem Staate eine leitende Stellung einnehmen?

Glaukon: Jawohl, mein lieber Sokrates.

S.: Beim Zeus, das ist sehr schön … Es ist dir doch klar, mein lieber Glaukon, dass du der Stadt nützlich sein musst, wenn du Einfluss gewinnen und von den Menschen geehrt werden willst? Sage mir nun, aus welchen Quellen hat die Stadt Einkünfte, und wie groß sind sie? Sicher hast du darüber nachgedacht, damit du sie vermehren kannst, wenn einige Einkünfte gering sind?

G.: Aber, beim Zeus, das habe ich nicht bedacht.

S.: Wenn du das versäumt hast, so nenne uns wenigstens die Ausgaben der Stadt. Offensichtlich überlegst du dir schon, die überflüssigen zu streichen?

G.: Nein, auch dafür habe ich mir noch keine Zeit genommen!

S.: Also werden wir wohl den Plan verschieben müssen die Stadt reicher zu machen. Denn wie könnte jemand dafür sorgen ohne die Ausgaben und Einkünfte zu kennen.

G.: Aber mein lieber Sokrates, es ist doch möglich die Stadt auf Kosten der Feinde zu bereichern.

S.: Nenne mir also zuerst die Land- und Seemacht der Stadt (Athen), dann die der Feinde.

G.: Aber, beim Zeus, ich kann sie dir doch nicht aus dem Kopf nennen.

Xenophon, Erinnerungen an Sokrates III, 6, Bearb. d. Verf.

a) Beschreibe den Unterricht eines athenischen Jungen (VT, M1). Was ist heute in der Schule anders?

b) Beschreibe die Akropolis auf der ADS „Die Welt der Griechen". Beschafft Bilder von griechischen Kunstwerken und Gebäuden. Stellt eine kleine Ausstellung oder eine Wandtafel zusammen. Sucht dazu auch Gebäude aus unserer Zeit, die dem griechischen Vorbild folgen.

c) Suche Unterschiede zwischen den Theateraufführungen der Griechen und denen in unserer Zeit (Theatergebäude, Art der Aufführung, Schauspieler).

d) Was sagt Hippokrates zu Ursachen und Heilbarkeit der Krankheiten (M8)?

e) Was wollte der Philosoph Sokrates bei Glaukon erreichen? Beschreibe sein Vorgehen im Gespräch (M9).

11. Zerstören die Griechen ihre Freiheit im Krieg?

431 v. Chr. ______ *Der Gegensatz zwischen Athen und Sparta führt zum Peloponnesischen Krieg.*
404 v. Chr. ______ *Der Krieg endet mit der Niederlage Athens. Sparta kann die Vormachtstellung nicht lange bewahren.*

Athen wird übermächtig

20 Jahre lang stand Athens Politik unter dem Einfluss des Perikles. Die Stadt war der Mittelpunkt der griechischen Welt. Viele bewunderten sie, andere fürchteten allerdings ihre wachsende Macht. Besonders in Sparta beobachtete man misstrauisch den Aufstieg Athens, weil man glaubte, die eigene Vormachtstellung zu verlieren. Ähnlich ging es vielen Städten, die im Attischen Seebund mit Athen zusammengeschlossen waren: Sie fühlten sich von dessen Flotte eher bedroht als geschützt. Mit ihren Schiffen konnten die Athener anderen Städten ihren Willen aufzwingen. So entstand der Vorwurf an sie, dass sie die Freiheit der übrigen Griechen gefährdeten.

Demagogen beeinflussen die Athener

Sparta forderte Athen auf, den Attischen Bund aufzulösen. Als Athen ablehnte, erklärte Sparta den Krieg – man nennt ihn den Peloponnesischen Krieg. Kurz nach dem Kriegsbeginn traf Athen ein Unglück: Matrosen schleppten die Pest ein, an der 100 000 Athener starben, unter ihnen Perikles. Lange Zeit wurde der Peloponnesische Krieg mit wechselnden Erfolgen geführt, unterbrochen von Friedensschlüssen, die leider nicht von Dauer waren.
Immer wieder gewannen Männer Einfluss auf die Volksversammlung, die die Athener zu gefährlichen Kriegsunternehmen antrieben. Sie machten ihnen Hoffnung auf Ruhm und leichte Beute. Oft verdankten diese Männer es nur ihrer Redekunst, aber nicht sachlichen Gründen, dass man ihnen glaubte. Solche Politiker nannte man Demagogen; wir würden das Wort heute mit „Volksverführer" gleichsetzen.

Alkibiades

Alkibiades, ein Neffe des Perikles, war ebenfalls ein glänzender Redner. Er beeindruckte die Athener durch ehrgeizige Pläne. Sein unbekümmerter Lebenswandel brachte ihm andererseits viele Gegner. Es gelang ihm die Athener zu überreden, mit einer Flotte von über 200 Schiffen nach Sizilien zu ziehen. 10 000 Mann segelten unter dem Befehl des Alkibiades los um die Stadt Syrakus, einen wichtigen Verbündeten Spartas, zu belagern. Kaum war Alkibiades jedoch aus der Stadt, klagten ihn seine Gegner vor der Volksversammlung wegen Lästerung der Götter an. Alkibiades sollte sofort nach Athen zurückkehren um sich zu verteidigen. Statt dessen floh er nach Sparta und verriet die athenischen Kriegspläne. Die Athener erlitten eine schreckliche Niederlage; die Flotte vor Syrakus wurde völlig vernichtet.

Der Niedergang der Poleis

Sparta konnte Athen dennoch erst Jahre später – 404 v. Chr. – mit der Unterstützung des persischen Königs besiegen. Die Spartaner ließen die Stadt nicht zerstören, wie manche griechischen Poleis es gefordert hatten. Trotz des Sieges konnte auch Sparta seine Vorherrschaft in Griechenland nicht dauerhaft errichten. Athen war zwar durch den Krieg geschwächt, blieb aber die größte und wichtigste Stadt Griechenlands. Dennoch gewann der persische König immer mehr Einfluss über die zerstrittenen griechischen Stadtstaaten.

1 ***Thukydides*** *(etwa 460–400 v. Chr.) war ein Anhänger des Perikles, wurde im Krieg sogar zum Feldherrn gewählt, dann aber wegen Misserfolgs für 20 Jahre aus Athen verbannt. Er berichtete über den Krieg zwischen Sparta und Athen bis zum Jahre 411. Er untersuchte die Quellen genau und versuchte die Ursachen des Krieges zu erklären. Einer Überlieferung nach wurde er in Athen ermordet.*

2 *Der „Vater der Geschichtsschreibung“ – Thukydides berichtet über seine Arbeitsweise:*

Was aber die Kriegsereignisse angeht, so habe ich sie nicht so niedergeschrieben, wie ich sie auf gut Glück erfuhr, auch nicht so, wie ich sie mir allenfalls zurechtlegen konnte. Ich habe selbst die Geschehnisse, bei denen ich selbst dabei war, und natürlich auch die, die ich von anderen erfuhr, mit der größten Gewissenhaftigkeit bis ins Letzte überprüft. Das war ein mühsames Forschen, denn die Augenzeugen berichteten über dasselbe Ereignis nicht alle das Gleiche; jede Partei war in ihrem Gefühl oder Gedächtnis befangen und stellte ihre eigene Sicht der Dinge dar.
Auf den Leser wird mein Buch bei seinem Mangel an Wunderbarem wenig unterhaltsam wirken. Mir soll es genügen, wenn jemand das Buch nützlich findet, der wissen will, wie es gewesen ist und wie es, bei der Natur der Menschen, auch in Zukunft wieder ähnlich geschehen wird.

Thukydides, Der Peloponnesische Krieg 1, 22, Bearb. d. Verf.

3 *Die Bedeutung des Krieges*

Dieser Krieg dauerte so lange und brachte so viel Leid über Hellas wie kein anderer Krieg bisher. Nie wurden so viele Städte erobert und entvölkert. Nie gab es so viele Flüchtlinge, so viele Tote, Erdbeben, Sonnenfinsternisse, an manchen Orten unerhörte Hitze mit nachfolgender Hungersnot.

Thukydides, Der Peloponnesische Krieg 1, 23, Bearb. d. Verf.

4 *Warum verlor Athen den Krieg?*

Perikles hatte für den Krieg die Kräfteverhältnisse richtig vorausberechnet. Er hatte den Athenern gesagt, sie sollten sich nicht zersplittern, die Flotte vergrößern, ihr Reich während des Krieges nicht vergrößern und die Stadt nicht aufs Spiel setzen. Sie aber taten von alledem das Gegenteil. Für ihren persönlichen Vorteil rissen einige Politiker den ganzen Staat zu riskanten Unternehmungen mit. Wenn es gut ging, brachten diese einzelnen Bürgern Ehre und Vorteil, schlugen sie aber fehl, schwächten sie die Stadt für den Krieg.
Perikles führte die Masse und wurde nicht von ihr geführt, denn er hatte genug Ansehen ihr auch zu widersprechen … Aber die Politiker, die nach ihm folgten, waren alle bestrebt, der Erste im Staat zu werden. Sie gingen sogar so weit, ihre Politik nach den Launen des Volkes auszurichten. Daraus folgte, was … unvermeidlich war: ein Fehler nach dem anderen, vor allem aber der Zug nach Sizilien … So brachten zum ersten Mal in unserer Geschichte einzelne Politiker durch ihre persönlichen Streitereien um die Gunst des Volkes die Macht unseres Staates durcheinander.

Thukydides, Der Peloponnesische Krieg 2, 65, Bearb. d. Verf.

a) Was hat Thukydides bewegt sein Buch zu schreiben (M1, M2)?
b) Warum haben die Athener nach Meinung des Thukydides den Krieg verloren (M4)? Vergleiche seine Meinung mit dem VT.
c) Versuche die Unterschiede zwischen den Perserkriegen und dem Peloponnesischen Krieg zu erklären (M3).

12. Alexander – „der Große"?

356 – 336 v. Chr.	*König Philipp von Makedonien unterwirft Griechenland.*
336 – 323 v. Chr.	*Alexander der Große erobert das Perserreich.*
nach 323 v. Chr.	*Die makedonischen Generäle begründen neue Königreiche.*

Alexander, König von Makedonien, wurde nur 33 Jahre alt. Nach seinem Tode gab man ihm den Beinamen „der Große". Die folgende Übersicht und die Karte zeigen dir Alexanders Feldzug ins Perserreich, durch den er in 13 Jahren ein Weltreich eroberte.

1 Alexander erobert das Perserreich

1 Alexanders Heer landet bei Troja (Ilion). Der König opfert der Athene und besucht das Grab des Achilles.
2 Mit 400 Schiffen ist die persische Flotte Alexander stark überlegen.
3 Am Fluss Granikos erleiden die Perser 334 v. Chr. die erste Niederlage.
4 Die Griechenstädte schließen sich Alexander an.
5 In der Burg von Gordion zerteilt Alexander mit dem Schwert den komplizierten Knoten einer Wagendeichsel. Einer alten Sage nach sollte derjenige, der diesen Knoten lösen konnte, Herr über Asien werden.
6 Bei Issos schlägt das Heer Alexanders 333 v. Chr. das Heer des Perserkönigs.
7 Als Alexander Ägypten erobert, gründet er die Stadt Alexandria am Mittelmeer.
8 Die Priester der Oase Siwa begrüßen Alexander als den Sohn ihres Gottes, des Zeus-Amun.
9 Bei Gaugamela besiegt Alexander 331 v. Chr. das persische Heer entscheidend.
10 Alexander nennt sich König von Asien.
11 Auf der Flucht wird der persische König Darius III. ermordet. Alexander lässt ihn mit königlichen Ehren bestatten.
12 Der Königspalast von Persepolis brennt nieder, vielleicht aus Rache für die Zerstörung der Akropolis. Alexander will den Ostteil des Perserreichs erobern.
13 Bis ins Hindukuschgebirge marschiert Alexanders Heer. Als man Fichten am Fluss Oxos sieht, glaubt man wieder in Europa zu sein. Nun nimmt Alexander auch Perser in sein Heer auf.
14 Um zum Ende der damals bekannten Welt zu gelangen stößt Alexander mit seinem Heer nach Indien vor. König Poros führt in seinem Heer gegen die Makedonen und Griechen Kriegselefanten. Wegen der Krokodile am Indus glaubt Alexander sich am Oberlauf des Nils. Die Soldaten zwingen ihn 326 v. Chr. zur Umkehr, weil Asien viel größer als erwartet und nicht zu erobern ist.
15 Auf Flößen fährt das Heer zum Indischen Ozean, wo es erstmals Ebbe und Flut erlebt.
16 Die Rückkehr zu Wasser und zu Lande ist mit großen Schwierigkeiten und Mühen verbunden. In der Wüste sterben viele Soldaten. 323 v. Chr. stirbt Alexander in Babylon an einem Fieber.

2 Münze des Königs Lysimachos *(Silber, ca. 300 v. Chr.). Der Kopf des thrakischen Königs zeigt die Herrschaftszeichen Alexanders: das Diadem (Stirnband der persischen Könige) und die Widderhörner des Gottes Zeus-Amun. Die Rückseite zeigt Athene als Kriegsgöttin mit Nike, der Göttin des Sieges. – Was wollte Alexander durch diese Herrschaftszeichen zum Ausdruck bringen?*

Makedonien erstarkt

Wie aber waren Alexanders Erfolge möglich? Von seinem Vater Philipp erbte er das mächtige Königreich Makedonien in Nordgriechenland. Philipp hatte verschiedene Poleis besiegt und ein Bündnis mit allen griechischen Staaten geschlossen. Sein erklärtes Ziel war ein gemeinsamer Feldzug gegen die Perser. Kurz bevor er dazu aufbrechen konnte, wurde er ermordet.

Rache für Athen?

Die meisten Stadtstaaten erkannten nun die Herrschaft Alexanders an, nur nicht die Stadt Theben: Alexander ließ sie nach der Eroberung 335 v. Chr. zerstören und die Bevölkerung versklaven. So hart ging Alexander immer gegen Widerstand vor. Wie sein Vater wollte er jetzt einen Feldzug gegen das Reich der Perser führen: Die Griechen sollten Rache für die Zerstörung der Akropolis im Jahr 480/79 v. Chr. nehmen. So gab er Makedonen und Griechen ein gemeinsames Ziel vor.
Mit 35 000 Makedonen und Griechen war Alexanders Heer eigentlich zahlenmäßig zu schwach um seinen Plan erfolgreich zu verwirklichen. Die große Ausdehnung seines Reiches machte es dem Perserkönig schwer, schnell ein Heer gegen die angreifenden Makedonen und Griechen zu sammeln. Alexander – so berichten es die griechischen und römischen Geschichtsschreiber – konnte seine Soldaten begeistern, man fand ihn oft mitten im Kampfgetümmel, wo er sein Leben gefährdete. Deshalb habe er die Achtung seiner Soldaten gewonnen, die er mehr als einmal zu einem Angriff und einem neuen Sieg mitgerissen habe.

Ein Gott?

Sein Ruf stieg ins Unermessliche. Immer mehr Menschen konnten sich seine Erfolge nur damit erklären, dass Alexander mehr als ein gewöhnlicher Mensch war, und sie glaubten an seine Unbesiegbarkeit. In Ägypten begrüßten ihn die Priester des Sonnengottes als den Sohn ihres Gottes Amun. Nach dem Tod des Perserkönigs verstand sich Alexander als dessen Nachfolger und wollte seine Herrschaft im gesamten Perserreich durchsetzen. Mehr noch: Jetzt plante er, bis an die Grenzen Asiens zu marschieren um ein Weltreich zu gründen.

Alexanders Grenzen

Bis zum Indus konnte Alexander die erschöpften Soldaten führen, dann verweigerten sie den Gehorsam. Er musste also nach Babylon zurückkehren, wo er das Reich neu ordnen wollte. Mit einem Volk aus Makedonen und Persern wollte er das Riesenreich regieren; deshalb zwang er 10 000 Makedonen in Susa sich mit Perserinnen zu verheiraten. Ein Netz neuer Städte, verbunden durch Straßen, sollte den Zusammenhalt des Reiches stärken. Von allen Untertanen wollte er sich als Gottkönig verehren lassen. Das allerdings lehnten viele Makedonen und Griechen ab.
Aus seinen ehrgeizigen Plänen wurde nichts: Bevor Alexander seine Herrschaft festigen konnte, starb er an einer Krankheit. Sein Reich zerfiel allmählich, als seine Generäle sich in langen Kriegen um die Aufteilung des Alexanderreiches stritten.

3 ***Alexandermosaik aus Pompeji.*** *Das mehr als 6 m breite (beschädigte) Mosaik wurde nach einem Gemälde um 300 v. Chr. gefertigt. Alexander (links) greift Darius (Mitte) an. Im Hintergrund siehst du die langen Lanzen der persischen Krieger. –*
Überlege, welchen Augenblick der Schlacht der Künstler darstellen wollte.

4 ***Alexanders Soldaten streiken.*** *Der Geschichtsschreiber Arrian (2. Jh. n. Chr.) erzählt, wie die makedonischen Soldaten am Indus Alexander zur Umkehr zwangen. Alexander versuchte sie in einer Rede umzustimmen:*

„Wenn aber einer zu hören wünscht, was denn das Endziel unserer Kriege ist, so mag er wissen, dass wir nicht mehr viel Land bis zum Gangesstrom und zum Weltmeer im Osten zu unterwerfen brauchen … Das große Weltmeer umfasst ja die ganze Erde. Und ich werde euch Makedonen und auch unseren Bundesgenossen zeigen, dass der Indische Meerbusen mit dem Persischen zusammenfließt … Vom Persischen Golf aus wird unsere Flotte Libyen (in Afrika) umsegeln bis zu den Säulen des Herakles (Gibraltar in Spanien). Und von dort an wird ganz Libyen und so auch ganz Asien unser Eigentum. Dann erst werden die Grenzen dieses Reiches die sein, die die Gottheit als Ende der Erde überhaupt gesetzt hat …“

Diese Worte Alexanders wurden mit tiefem Schweigen aufgenommen … Schließlich fasste sich Koinos ein Herz und sagte: „Du siehst ja selber, wie viele Makedonen und Griechen zusammen mit dir ausgezogen und wie wenige von uns noch übrig sind … Von den übrigen Griechen sind die einen in den von dir gegründeten Städten angesiedelt und nicht einmal diese bleiben alle gern dort. Die andern aber, die noch mit dir Strapazen und Gefahren bestehen, sie und das makedonische Heer haben viele in den Schlachten verloren, viele von ihnen sind durch ihre Verwundungen zu Invaliden geworden. Aber die Mehrzahl ist durch Krankheit umgekommen. Nur wenige von den vielen sind noch da. Und alle diese haben Heimweh nach ihren Eltern, wenn sie noch welche haben, und Heimweh nach Frau und Kindern, ja Heimweh nach der Heimaterde selber.“

Arrian, Anabasis 5, 26, 27, Bearb. d. Verf.

a) Stelle die Eroberung des Perserreichs in einer Zeittafel dar (VT, M1).
b) Schätze anhand der Karte M1 die Entfernungen, die Alexander und sein Heer überwanden. Stelle durch einen Kartenvergleich fest, welche Länder heute in den von Alexanders Soldaten eroberten Gebieten liegen.
c) Welche Ziele hatte Alexander, welche seine Soldaten (M4)?
d) Trägt Alexander den Beinamen „der Große“ zu Recht? Schreibe einen Bericht über Alexander aus der Sicht eines Persers.

13. Hellenismus – eine moderne Zeit?

Hellenismus

Nach dem Tode Alexanders errichteten seine Generäle neue Reiche. Nun lebten an vielen Stellen im ehemaligen Alexanderreich Griechen in neu gegründeten Städten. Sie brachten ihre Sprache, Kultur und Lebensweise mit. Die Menschen in Syrien, Ägypten und dem Zweistromland behielten ihre alte Kultur und Religion bei. Sie übernahmen aber auch Neues von den Griechen und die Griechen lernten von ihnen. Überall im alten Perserreich und in vielen Gebieten am Mittelmeer hörte man das Griechische als neue Weltsprache. Das erleichterte den Handel zwischen den weit entfernt liegenden Städten und Gebieten; die damals bekannte Welt wuchs zusammen. Die griechischen Könige regierten ihre großen Reiche und Völker unumschränkt und ließen sich wie die Herrscher des Orients als Gottkönige verehren. Die Zeit der griechischen Kleinstaaten war vorbei. Wir nennen diese Kultur und die Epoche von 300 v. Chr. bis zur Zeitenwende Hellenismus, weil sie stark von den Griechen (Hellenen) beeinflusst war.

Alexandria

Die größte Stadt in der hellenistischen Welt war Alexandria, die Hauptstadt des Königreichs Ägypten, in dem nun fast 300 Jahre lang eine griechische Königsfamilie regierte. Alexandria war eine Weltstadt, so wie für uns heute New York oder Paris. Eine halbe Million Menschen, Ägypter, Griechen und Juden, lebten in Alexandria. Alle konnten ihre eigene Religion ausüben, doch die griechische

1 ***Pergamonaltar*** *(2. Jh. v. Chr.). Ein König von Pergamon in Kleinasien besiegte eindringende Keltenstämme. Einer seiner Nachfolger errichtete diesen Altar, der im Berliner Pergamon-Museum wieder aufgebaut wurde. Auf einem 120 m langen und 2,30 m hohen Fries haben Bildhauer den Sieg der griechischen Götter gegen ihre Gegner, die Giganten, dargestellt. Der beeindruckende Altar sollte auch die Macht des unumschränkt regierenden Königs verherrlichen.*

Lebensweise war sehr beliebt. Viele Menschen wohnten in mehrgeschossigen Wohnhäusern und kauften in den großen Warenhäusern oder auf den zahlreichen Märkten ein. Sie fanden Schatten in den Säulengängen, die sich an den Hauptstraßen entlangzogen. Besonders beeindruckend waren die für die damalige Zeit hochmoderne Wasserversorgung und die ausgeklügelte Kanalisation: Über einen Kanal wurde Trinkwasser vom Nil in die Stadt geleitet; dort floss es dann über Rohrleitungen in unterirdische Auffangbecken (Zisternen). Es gab allerdings auch Elendsviertel in Alexandria. Diese lagen außerhalb des glanzvollen Zentrums am Stadtrand.

Wissenschaft und Technik

Zwei Bauwerke in Alexandria waren weltberühmt. Auf der Insel Pharos baute man einen Leuchtturm, der über 90 Meter in die Höhe ragte, einen Wolkenkratzer der Antike, den die Zeitgenossen zu den „Sieben Weltwundern" zählten. Über 50 Kilometer weit sah man das Leuchtfeuer nachts auf dem Meer. Welche technischen Kenntnisse mussten die griechischen Ingenieure und Baumeister besessen haben! Solches Wissen konnte man in Alexandria im Museion erwerben. Richtig, das Museum, in dem wir z. B. alte Kunstgegenstände bewundern können, hat seinen Namen von dieser Hochschule, an der Gelehrte aus vielen Ländern forschten. Ihnen stand die größte Bücherei der damaligen Welt mit mehr als 700 000 Papyrusrollen zur Verfügung, in denen das gesamte Wissen der Zeit zusammengetragen war.

Erfinder und Wissenschaftler

Am Museion studierte auch der griechische Erfinder Archimedes (282–212 v. Chr.), der in der Stadt Syrakus auf Sizilien lebte. Er fand viele neue Berechnungsmethoden: Noch heute bestimmen wir nach seiner Methode Umfang und Inhalt des Kreises. Griechische Wissenschaftler bewiesen, dass die Erde rund ist und um die Sonne kreist. Den Erdumfang berechnete man auf 40 000 km. Technik und Wissenschaften waren erstaunlich entwickelt, die Großstädte und der Handel in der hellenistischen Welt erscheinen uns sehr modern. Dennoch blieb die Entwicklung begrenzt: Arbeitserleichternde Maschinen erfand man selten, denn diese Arbeiten wurden von billigen Sklaven verrichtet.

2 ***Der automatische Opferpriester*** *(3. Jh. v. Chr.) wurde von Philon von Byzanz gebaut und vor einem Tempel aufgestellt. Der Opferaltar war innen hohl. Ein kurzes Rohr verband ihn mit einem unterirdischen Behälter, der mit Wein gefüllt war. Entzündete man das Opferfeuer, dehnte sich die erwärmte Luft in den Behälter und drückte den Wein durch die Röhre nach oben. So löschte der Opferpriester, in dessen Armen die Röhre endete, das Opferfeuer. Die Gläubigen deuteten dies als ein günstiges Zeichen der Götter. Solche Altäre standen auch in Alexandria. –*
2000 Jahre später baute James Watt in England eine Dampfmaschine, die große Maschinen antreiben konnte. James Watt besaß ähnliche naturwissenschaftliche Kenntnisse wie Philon. Was ist den Erfindungen gemeinsam, was unterscheidet sie?

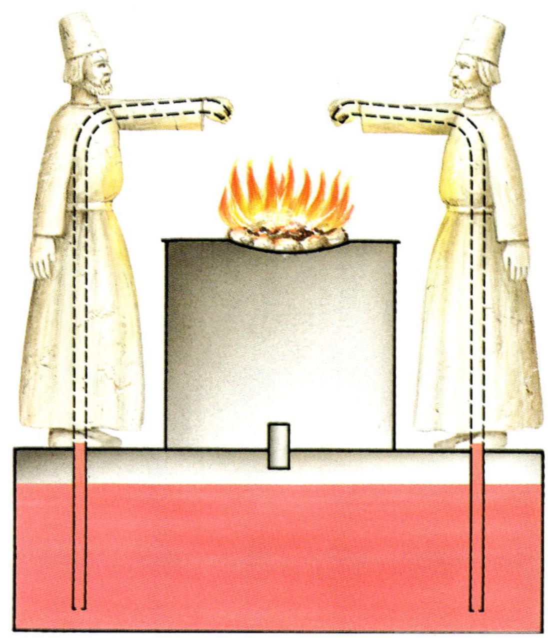

3 Stadtplan von Alexandria
Alexander gründete 331 v. Chr. diese nach ihm benannte Handelsstadt. Die Stadt war auf den großen Hafen als Mittelpunkt ausgerichtet. Die Hauptstadt Ägyptens konnte durch die reichen Ernten des Landes gut versorgt werden. Die Lage am Meer und die geraden Straßen sorgten für kühle Winde in den heißen Sommern. – Woran kann man erkennen, dass Alexandria keine „gewachsene", sondern eine „geplante" Stadt ist?

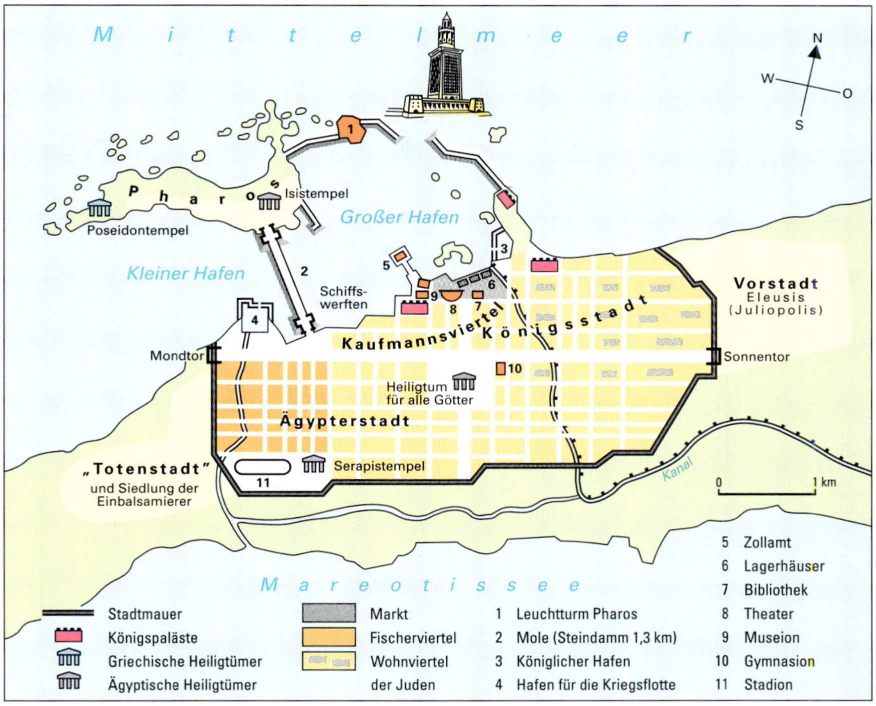

4 Reisebericht über Alexandria, *geschrieben vom Griechen Strabon um Christi Geburt:*

Zwar ist die ganze Stadt von Straßen durchschnitten, die für Reiter und Wagen benutzbar sind, zwei aber, die sich auf mehr als hundert Fuß (30 m) öffnen und einander im rechten Winkel schneiden, sind die breitesten. Die Stadt enthält die schönsten öffentlichen Plätze und Paläste, die ein Viertel oder sogar ein Drittel des gesamten Umfangs einnehmen. Denn wie jeder der Könige zu den öffentlichen Baudenkmälern aus Prachtliebe noch irgendein neues hinzufügte, so erbaute auch jeder für sich zu den schon vorhandenen Palästen noch einen neuen.

Zu den königlichen Gebäuden gehört das Museion mit einer Wandelhalle, einer Halle zum Sitzen und einem großen Bau, worin sich der Speisesaal der hier angestellten Gelehrten befindet … Einen anderen Teil der königlichen Gebäude bilden die Gräber der Könige und Alexanders. Am großen Hafen liegen rechts neben der Einfahrt die Insel und der Turm Pharos. Der Wohlstand der Stadt ist vor allem darin begründet, dass von ganz Ägypten allein dieser Platz zu beidem geschaffen ist: zum Seehandel wegen der guten Hafenverhältnisse und zum Binnenhandel, da der Strom (Nil) wie ein bequemer Fährmann alles transportiert und an einem Platze zusammenführt, der der größte Handelsplatz der Welt ist. Heute werden gewaltige Flotten bis zum Indischen Meere und zum Äthiopischen Vorgebirge ausgesandt, von wo die wertvollsten Frachten nach Ägypten geschafft und von da aus weiter zu den anderen Handelsplätzen versandt werden; so kommen doppelt Zölle ein, von der Einfuhr wie von der Ausfuhr.

Strabon: Geographia, 17, 1, 7 ff., nach: Geschichte in Quellen, Bd. I. München 1978, S. 367f., Bearb. d. Verf.

a) Entwirf einen Reiseprospekt für die Stadt Alexandria und male die Bilder dazu (VT, M3, M4). Was ist anders als in Athen?
b) Informiere dich in einem Lexikon über technische und wissenschaftliche Leistungen in der Zeit des Hellenismus. Berichte in der Klasse darüber.
c) Man vergleicht den Hellenismus gerne mit unserer heutigen Zeit. Überlege, inwiefern dieser Vergleich zutrifft (VT).

Die Römer – vom Stadtstaat zum Weltreich

Das Kolosseum in Rom war das größte Amphitheater der Welt im Altertum. Es maß 188 x 156 m, war gut 48 m hoch und bot etwa 50 000 Zuschauern Platz. Hier veranstalteten die römischen Kaiser seit 80 n. Chr. zur Unterhaltung der Bevölkerung „Spiele", Gladiatorenkämpfe und Tierhetzen. Für die Beteiligten endeten sie oft tödlich. Den Innenraum konnte man für Seegefechte sogar unter Wasser setzen.

Römische Einflüsse: oben: Triumphbogen in Orange (Frankreich); rechts von oben nach unten: Hadrianswall (Nordengland), Thermen in Rottweil, Aquädukt in Segovia (Spanien), Amphitheater von El Djem (Tunesien).

1. Roms Anfänge – Sage und Wirklichkeit

um 1000 v. Chr. ________ *Latiner, Sabiner und Etrusker wandern in Italien ein.*
753 v. Chr. ____________ *Nach der Sage gründen Romulus und Remus Rom.*
um 500 v. Chr. _________ *Römische Adlige vertreiben den etruskischen König.*

Anfangs war Rom nur ein kleiner, unbedeutender Ort an einer Furt über den Fluss Tiber. Im Laufe mehrerer Jahrhunderte wuchs Rom in unzähligen Kriegen zu einem Riesenreich, das fast die ganze damals bekannte Welt, von der Nordsee bis Afrika und vom Atlantik bis zu den Wüsten Arabiens, einschloss. Das erfüllte viele Römer mit Stolz. Sie fragten sich aber auch, wie es zu diesem Reich gekommen war und von wem und wie ihre Hauptstadt gegründet worden war. Über die Gründung erzählten Römer gern eine alte Sage, die mit dem Trojanischen Krieg (vgl. Kap. „Homer erzählt vom Leben der frühen Griechen") anfängt.

Die Sage

Als die Griechen endlich die Stadt Troja durch eine List eroberten, konnten sich nur wenige Trojaner retten. Einer von ihnen war Aeneas, der Sohn der Göttin Venus. Er trug seinen Vater aus der brennenden Stadt und führte seinen Sohn Julus mit. Er sammelte weitere Trojaner und floh mit ihnen auf Schiffen um sich in der Ferne eine neue Heimat zu suchen. Erst nach langen Irrfahrten erreichte er das Land, das ihm durch ein Orakel versprochen worden war: Italien. Die Trojaner landeten in Latium, am Unterlauf des Tibers. Dort mussten sie mit den ansässigen Stämmen Krieg führen, bis sie als Nachbarn geduldet wurden. Aeneas heiratete nach dem Friedensschluss sogar die Tochter des Königs von Latium. Ihr gemeinsamer Sohn gründete in der Nähe die Stadt Alba Longa, in der seine Nachkommen lange Zeit herrschten. Nach vielen Generationen kam es unter den Königssöhnen Amulius und Numitor zum Streit um den Thron; der rechtmäßige König Numitor wurde von Amulius vertrieben und seine Tochter wurde dazu verurteilt, nicht zu heiraten und kinderlos zu bleiben. Der Kriegsgott Mars aber verband sich mit Numitors Tochter, und sie brachte die Zwillinge Romulus und Remus zur Welt. Amulius fürchtete deswegen um seinen Thron; also ließ er die beiden in einem Korb auf dem Tiber aussetzen. Die Säuglinge wurden jedoch am Fuße des Hügels Palatin angeschwemmt und lockten durch ihr Geschrei eine Wölfin an, die sie säugte. Schließlich fand ein Hirte die Jungen und zog sie auf. Als Romulus und Remus junge Männer waren, brachten sie ihren Großvater Numitor wieder auf den Thron und beschlossen auf dem Palatin eine Stadt zu gründen. Die Frage, wer ihr Herrscher sein sollte, entschieden sie durch Beobachtung des Vogelflugs: Jeder beobachtete, wie viele Adler in einer bestimmten Zeit in einem bestimmten Bereich des Himmels flogen. Romulus zählte in seinem Bezirk zwölf Adler, Remus nur sechs. So wurde Romulus der König und die Stadt wurde nach ihm „Roma" genannt. Als Bewohner nahm er junge Hirten aus der Umgebung auf. Als die Stadtmauern noch niedrig waren, übersprang Remus sie um Romulus zu verspotten. Aus Zorn darüber tötete dieser seinen Bruder mit den Worten: „So soll es jedem ergehen, der diese Mauern übersteigt."
Den „Römern" fehlten anfangs die Frauen. Deshalb luden sie die benachbarten Sabiner zur Einweihung ihrer Stadt ein und raubten während der Feier deren heiratsfähige Mädchen. Natürlich versuchten die Sabiner die Mädchen wieder zurückzugewinnen. Aber da die Geraubten bei ihren Räubern bleiben wollten, versöhnten sich Sabiner und Römer wieder und verschmolzen zu einem Volk.

1 ***Aeneas, Vorfahre des Romulus**, flieht mit Vater und Götterbild aus Troja (Silbermünze, im Auftrag Caesars um 47 v. Chr. geprägt). Auf der Vorderseite der Münze ist der Kopf der Göttin Venus abgebildet.*

2 Die Wölfin, *das Wahrzeichen der Stadt Rom, zugleich das heilige Tier des Kriegsgottes Mars. Diese Bronze-Plastik wurde um 500 v. Chr. von einem etruskischen Künstler geschaffen und war jahrhundertelang auf dem Kapitol aufgestellt. Sie erinnerte die Römer an die Sage von der Gründung ihrer Stadt. Die Kinder wurden erst im 16. Jahrhundert n. Chr. hinzugefügt (Rom, Kapitolinisches Museum).*

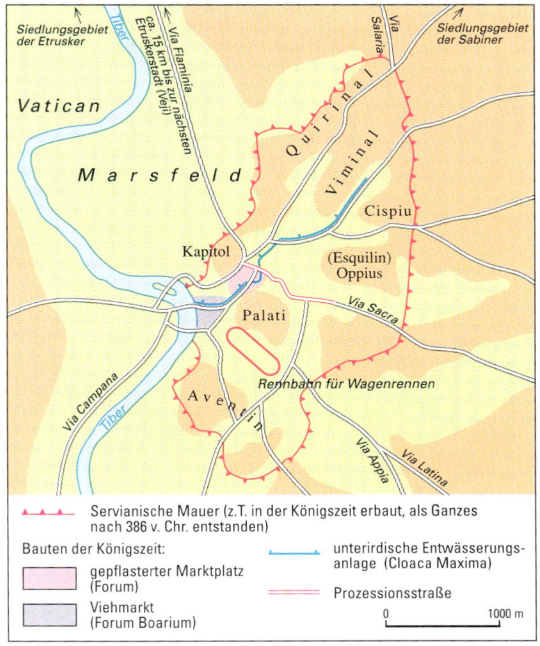

3 Plan der Stadt Rom, *um 350 v. Chr.*

Die Wirklichkeit

Aus dieser Sage, aus anderen Berichten aus der Antike und aus Funden in Rom und Umgebung haben Historiker und Archäologen erschlossen, wie die Anfänge Roms wahrscheinlich wirklich waren:

Um das Jahr 1000 v. Chr. wanderten von Norden mehrere Volksstämme nach Italien ein, unter ihnen die Latiner, die Sabiner und später auch die Etrusker. Die Latiner siedelten am Unterlauf des Tibers, auf dem Hügel Palatin und in der Umgebung. Ganz in der Nähe, auf dem Hügel Quirinal, haben die Archäologen Spuren von Siedlungen der Sabiner gefunden. Nördlich davon schufen die Etrusker Stadtstaaten, wie sie aus Griechenland bekannt waren. Wahrscheinlich waren es die Etrusker, die durch ihren großen Einfluss in Mittelitalien Latiner und Sabiner – vermutlich um 600 v. Chr. – dazu brachten, zusammen einen Stadtstaat zu gründen. Diese Stadt erhielt einen Namen, der wohl auf die Etrusker zurückgeht: Ruma. Ihre Mitte lag in einer sumpfigen Senke zwischen den Wohngebieten der beiden Stämme; diese Senke wurde trocken gelegt, indem man einen unterirdischen Abwasserkanal, die „Cloaca maxima“, baute. Bald bildete dieser Platz als „Forum (Marktplatz) Romanum“ das Zentrum des Staates.

Oberhaupt des neuen Stadtstaates, zugleich Oberbefehlshaber des Heeres und oberster Priester, war ein etruskischer König. Er wurde vom Senat (wörtlich: dem „Rat der Alten“) beraten, in dem sich die Oberhäupter der wenigen adeligen Familien versammelten. Diese Adeligen, auch Patrizier (von lateinisch „pater“, Vater) genannt, hatten großen Einfluss auf wichtige Entscheidungen in Rom.

Unter der etruskischen Herrschaft übernahmen die Römer manche Kenntnis in Kunst und Technik (Malerei, Bildhauerei, Waffen, Kriegstechnik); in der Religion „erbten“ sie die Beobachtung des Vogelflugs, die Befragung von Orakeln und die Fähigkeit aus den Eingeweiden von geopferten Tieren gute oder schlechte Vorzeichen herauszulesen. Trotzdem empfanden die römischen Adeligen die Etrusker als fremde Unterdrücker. Schließlich, um 500 v. Chr., lehnte sich der Adel auf und vertrieb die etruskische Königsfamilie. Damit war die etruskische Oberhoheit und mit ihr die Monarchie in Rom beendet.

4 ***Spuren einer Hütte*** *(9. Jh. v. Chr.) im Felsboden des Palatin mit Löchern für Holzpfosten*

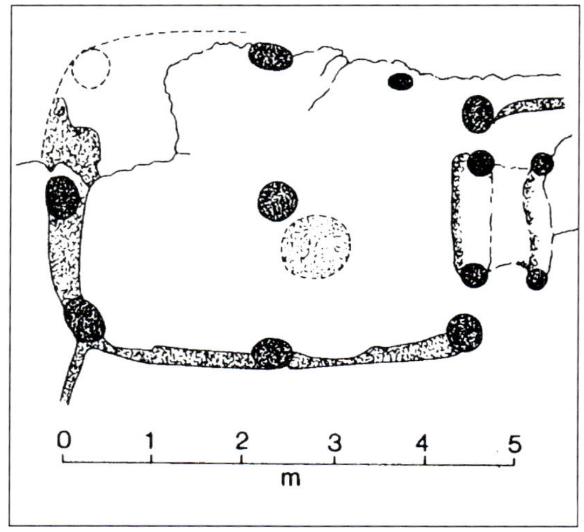

6 ***Archäologische Zeichnung*** *der Hüttenspuren auf dem Palatin*

5 ***Aschenurne aus Ton*** *(ca. 9. Jh. v. Chr.). Nach Meinung von Archäologen ist die Urne in der Form einer vor-römischen Hirtenhütte, wie sie auf dem Palatin stand, gestaltet.*

7 ***Ein römischer Geschichtsschreiber über Sagen***

Der Geschichtsschreiber Livius (59 v. Chr. bis 17 n. Chr.) nannte sein Werk „Ab urbe condita" (Seit der Gründung der Stadt). Er stellt darin die ganze römische Geschichte dar und berichtet dabei auch Sagenhaftes. Das begründet er so:

Was über die Zeit vor und bei der Gründung der Stadt, dichterisch ausgeschmückt, in Sagen überliefert wird, will ich weder bestätigen noch widerlegen. Das Altertum hat schon immer Göttliches und Menschliches verbunden und damit die Anfänge der Städte geehrt. Und wenn es überhaupt einem Volke erlaubt ist die Anfänge auf göttliche Gründer zurückzuführen, dann gewiss den Römern; denn die Völker ertragen ihre Herrschaft gelassen und dulden genau so, dass die Römer den Kriegsgott Mars als ihren Vater und als Vater ihres Gründers ansehen.

Livius, Römische Geschichte, Vorwort § 6 f., Bearb. d. Verf.

a) Vergleiche unsere heutigen Kenntnisse über die Frühzeit Roms mit der Sage. In welchen Einzelheiten der Sage ist Wirkliches enthalten (VT)?
b) Versuche das Modell einer Hütte vom Palatin zu bauen. Die Zeichnung M6 und die Urne M5 geben dir Hilfen dafür.
c) Beschreibe die Münze M1 und das Standbild M2. Berichte über Einzelheiten der Sage, die du erkennst.
d) Warum haben die Römer diese Sagen gern ihren Kindern erzählt (M7)?
e) Was wollten die Römer damit aussagen, dass sie den Kriegsgott Mars als ihren Stammvater betrachteten?

2. Rom wird Republik und gewinnt die Vorherrschaft in Italien

um 500 v. Chr. ——— *Adlige gründen die römische Republik.*
500–272 v. Chr. ——— *Ständekämpfe in Rom und römische Eroberungen in Italien*
287 v. Chr. ——— *Beschlüsse der Plebejer gelten als Gesetze.*
272 v. Chr. ——— *Mittel- und Süditalien stehen unter römischer Herrschaft.*

„Kriegsdienstverweigerung"

„Der Marschbefehl des Senats an das römische Heer ließ den Aufstand ausbrechen. Erst überlegten die Plebejer (die breite Masse der nichtadligen Römer), ob sie die (adligen) Magistrate (Oberbeamten) ermorden sollten. Dann sollen sie aus der Stadt auf den Heiligen Berg ausgezogen sein. In der Stadt war man sehr bestürzt: Die in Rom gebliebenen Plebejer fürchteten Gewaltmaßnahmen der Senatoren; die Senatoren fürchteten sich vor den zurückgebliebenen Plebejern. Wenn ein Krieg gegen Feinde ausbrechen sollte, was dann? Die einzige Hoffnung sahen sie in der Einigkeit aller Bürger. Man beschloss daher, den Redner Menenius Agrippa zu den Plebejern zu schicken; er war dort sehr beliebt, denn er stammte selbst aus der Plebs. Als er in ihr Lager eingelassen worden war, soll er Folgendes erzählt haben:
‚Es gab einmal eine Zeit, da stimmte im menschlichen Körper noch nicht alles zusammen, sondern die Körperteile lebten alle nach ihrem eigenen Willen. Da beschwerten sich einige Körperteile darüber, dass durch ihre Arbeit und ihren Dienst alles an den Magen geliefert werde, der Magen aber, faul in der Mitte liegend, nur das Gelieferte genieße. Sie verschworen sich deshalb: Die Hände sollten die Speisen nicht zum Munde führen, der Mund sollte die Speisen nicht annehmen, die Zähne sollten sie nicht zerkauen. Als sie nun den Magen durch den Hunger zähmen wollten, erkrankten die Glieder und der ganze Körper lebensbedrohlich. Dadurch wurde deutlich, dass der Magen keine unbedeutende Aufgabe hatte und dass er in gleichem Maße ernährt wurde, wie er selbst ernährte!' Mit diesem Vergleich stimmte Menenius die Menschen um. Danach wurde verhandelt und der Plebs wurden eigene Beamte zugestanden."
Dieses ereignete sich kurz nach der Vertreibung der Könige. Noch 500 Jahre später berichtete der Geschichtsschreiber Livius in seiner „Römischen Geschichte" sehr ausführlich darüber. Das war ihm also besonders wichtig, denn solche Streitigkeiten zwischen Patriziern und Plebejern kamen in Rom öfter vor.

Die Republik wird ausgebaut

Was hatte zu dieser Reaktion der Plebejer geführt?
Durch die Vertreibung der Könige war die Monarchie abgeschafft, aber die Plebejer (zumeist kleine Bauern und Handwerker) hatten wenig gewonnen. Denn die Macht und die Ämter besetzten die Patrizier. Der Besitz war nach wie vor ungleich verteilt; viele Plebejer hatten nicht einmal das Nötigste zum Leben und litten oft unter den hohen Schulden, die sie bei den Adligen hatten.
Aber nicht nur im Inneren gab es Streitigkeiten: Rom stand fast ständig im Krieg mit Nachbarvölkern. Je mehr Rom wuchs und je mächtiger es wurde, umso mehr fürchteten die Nachbarn, dass die Römer sie bedrohen und schließlich beherrschen könnten. Als Soldaten mussten die Plebejer in diesen Kriegen Besitz, Leben und Gesundheit riskieren. Sie waren sogar gezwungen ihre teure Ausrüstung für den Krieg selbst zu bezahlen. Adlige hatten die weniger gefährlichen Offiziersstellen inne und erhielten den größten Beuteanteil.

1 Volksversammlung *(Silbermünze, Ø 2 cm, um 112 v. Chr.). Links erhält ein Römer sein Stimmtäfelchen von einem Wahlassistenten, rechts gibt ein anderer seine Stimme ab. Zwischen beiden liegt der schmale Wahlsteg.*

Viele, vor allem reichere Plebejer werden sich gefragt haben: „Warum sollen wir die Hauptlast im Krieg tragen, wenn wir doch nur Nachteile davon haben?" So wuchs ihr Wunsch nach mehr Rechten und nach Mitsprache bei der Herrschaft in Rom; auch Plebejer sollten Magistrate, z.B. Konsuln, werden können. Gute Chancen, diese Vorstellungen gegen den Willen des Adels durchzusetzen, boten sich immer dann, wenn die Kriegsgefahr besonders groß war, denn dann benötigte der Adel die plebejischen Soldaten.

Der erste Erfolg war eine eigene plebejische Versammlung, die vom Senat anerkannt wurde. Ihre Vorsitzenden nannte man Volkstribunen. Sie hatten unter anderem die Aufgabe, Plebejer vor ungerechtfertigten Maßnahmen der Magistrate wie Prügel oder Verhaftung zu schützen („Veto-Recht", von lat. „veto", ich verbiete). Gegen die Volkstribunen durfte man nicht vorgehen, sie galten als unverletzlich und durch die Götter geschützt.

So nutzten die Plebejer ihre Unersetzlichkeit als Soldaten um ihre politischen Ziele durchzusetzen. Zug um Zug eroberten sie gegen den immer wieder neuen Widerstand des Adels größeren Anteil an Macht und Einfluss. Zugleich sicherten sie sich Rechte als Bürger: Plebejer stimmten bei der Wahl der Magistrate mit ab; Plebejer durften auch Adlige heiraten; römische Bürger durften nicht durch Prügel gestraft werden; Todesurteile mussten auf Antrag des Verurteilten von der Volksversammlung überprüft werden.

Ende der Ständekämpfe – Grundsätze der Verfassung

Am Ende dieser Ständekämpfe zwischen Plebejern und Patriziern (287 v. Chr.) gab es in Rom Regeln für das Zusammenleben der Bürger. Rechte und Pflichten hatte man so festgelegt, dass alle zufrieden gestellt waren. Plebejer hatten jetzt Zugang zu den hohen Ämtern; sie mussten allerdings reich genug sein, den Wahlkampf zu bezahlen, und es sich leisten können, ein solches Ehrenamt zu übernehmen, für das man nicht bezahlt wurde; dies konnten aber nur ganz wenige. Zuletzt durfte sogar die Plebejer-Versammlung allein Gesetze beschließen.

Man hatte aus den schlechten Erfahrungen mit der Monarchie gelernt: Die Macht war auf mehrere Ämter verteilt. Jedes Amt war mit mindestens zwei Amtsinhabern besetzt, die sich gegenseitig kontrollierten („Kollegialität"); es gab z.B. immer zwei Konsuln. Die Amtszeit dauerte jeweils ein Jahr („Annuität"). Außerdem mussten die Magistrate die Beschlüsse des Senats ausführen, der aus der Königszeit erhalten geblieben war. In den Senat kamen alle Magistrate, er war also auch für Plebejer erreichbar. Allerdings haben das nur wenige geschafft, da die Adligen in der Regel verhinderten, dass Plebejer über die Magistraturen – die höchsten Ämter – in den Amtsadel, die „Nobilität", aufstiegen.

Ihren Staat nannten die Römer „res publica", die gemeinsame Sache, denn alle, mit Ausnahme von Frauen und Sklaven, hatten – je nach Vermögen – Rechte und Möglichkeiten an den Entscheidungen in ihrem Staat mitzuwirken.

Rom herrscht über Italien

Die Einigung zwischen Adligen und Plebejern im Innern war durch die Kriege gegen die Nachbarvölker erzwungen worden. In diesen Kriegen hatten die Römer bis zum Jahr 272 v. Chr. alle Gegner in Italien besiegt und die Herrschaft über den „Stiefel" erobert.

Republik: „res publica", die gemeinsame Sache, nannten die Römer ihren Staat nach der Vertreibung der Könige. Charakteristisch für ihn war, dass die Macht auf Senat, Magistrate und Volksversammlung verteilt war. Heute versteht man unter „Republik" einen Staat, dessen Oberhaupt kein König ist und in dem das Volk oder Teile des Volkes Einfluss auf die Wahl des Oberhaupts und der Regierung besitzen. Es hat so die Möglichkeit, auf die Verwaltung des Staates einzuwirken.

2 ***Die wesentlichen Elemente der römischen Verfassung*** *(nach 287 v. Chr.). Politiker begannen ihre Karriere als Quästor und schlossen sie in der Regel als Konsul ab. Sonderämter: Alle fünf Jahre wurden zwei Zensoren gewählt, sie teilten das Volk in Vermögensklassen ein und bestimmten, welcher Adlige im Senat sitzen durfte. In Notzeiten ernannte der Senat einen Diktator mit unbeschränkter Macht für höchstens sechs Monate.*

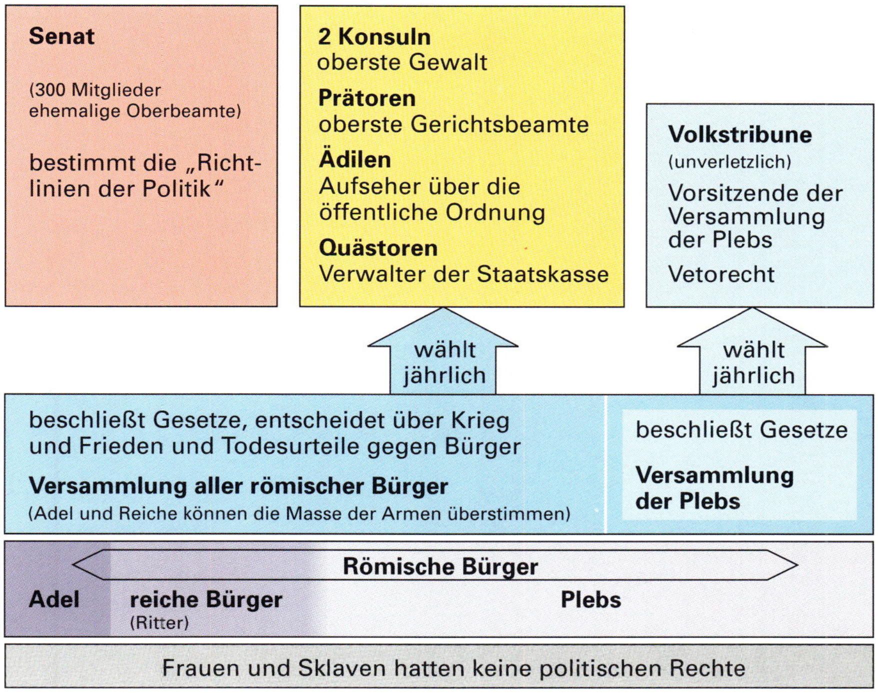

3 ***Proteste der Plebs.*** *Livius berichtet über den Anfang der Auseinandersetzungen in Rom:*

Es drohte ein Krieg mit den Volskern, und zugleich war die Bürgerschaft in sich uneins: Zwischen Adel und Plebs herrschte Hass, vor allem weil Plebejer wegen ihrer Schulden (bei den Adligen) in Haft und Knechtschaft genommen worden waren. Sie protestierten, weil sie draußen für die Freiheit und Herrschaft Roms kämpften, während sie zu Hause von Bürgern verhaftet und unterdrückt würden; und ihre Freiheit sei sicherer im Kriege und unter Feinden als im Frieden und unter den eigenen Bürgern. Diese Empörung ... loderte durch das Unglück eines Mannes in hellen Flammen auf:

Ein alter Mann, mit abgezehrtem Körper und verwilderter Kleidung, kam auf das Forum. Man erkannte aber trotz dieser Entstellung in ihm einen ehemaligen (Unter-)Offizier. Er zeigte Narben auf der Brust als Zeichen ehrenvoller Kämpfe. Als er gefragt wurde, woher dieser Zustand komme, bildete sich ein Auflauf; er antwortete, er habe Kriegsdienst gegen die Sabiner geleistet. Seine Felder seien verwüstet worden, die Früchte vernichtet, das Vieh vertrieben, das Haus abgebrannt, alles geplündert; zu ungünstiger Zeit sei die Steuer erhoben worden. Da habe er Schulden machen müssen. Die Zinsen erhöhten die Schulden. Er habe den ererbten Besitz, schließlich alles verkaufen müssen. Am Ende sei er auch noch krank geworden. Vom Gläubiger sei er ... ins Arbeitshaus gesteckt worden. Er zeigte die frischen Spuren der Prügel.

Nach diesen Worten entstand Geschrei und Aufruhr und nicht nur auf dem Forum, sondern in der ganzen Stadt. Es strömten immer mehr Menschen zum Forum, viele davon waren noch in Schuldknechtschaft ... Beinahe wären sie handgreiflich gegen anwesende Adlige geworden. Schließlich wird eine Senatssitzung erzwungen.

Livius, Römische Geschichte 2, 23, Bearb. d. Verf.

4 ***Ständekämpfe*** *zwischen Patriziern und Plebejern prägten die ersten Jahrhunderte der Republik:*

494 Auszug der Plebs – Zugeständnisse des Adels: eigene Versammlung der Plebs unter Vorsitz von Volkstribunen
450 Veröffentlichung des römischen Rechts auf zwölf Tafeln (Zwölf-Tafel-Gesetze)
445 Ehen zwischen Adligen und Plebejern werden erlaubt.
367 Zulassung der Plebejer zum Konsulat
356 Zulassung zur Diktatur
351 Zulassung zur Zensur
300 Zulassung zu den Priesterämtern
287 Auszug der Plebs – Zugeständnis: Beschlüsse der Plebejerversammlung werden Gesetz.

5 Das römische Gebiet um 272 v. Chr.
Die Römer schlossen mit unterworfenen Völkern Verträge mit verschiedenen Rechten und Pflichten für die Unterworfenen: „Bundesgenossen" mussten die Römer im Kriege unterstützen, hatten aber keine Rechte als Bürger in Rom. Sie durften also nicht wählen, sich nicht um ein Amt bewerben und auch keine Römerin heiraten.
Andere Stämme erhielten volles, andere begrenztes Bürgerrecht (z.B. ohne Wahlrecht). „Kolonien" wurden als Militärsiedlungen römischer Bürger zur Überwachung des Landes und zur Verbreitung römischer Lebensart und Sprache gegründet.

6 Einige Kriege der Römer von 498 bis 272 v. Chr.

498–493	*Krieg gegen die Latiner*
406–396	*Krieg gegen die etruskische Stadt Veji*
387	*„Gallier-Katastrophe": Eroberung Roms, Abzug der Gallier gegen hohes Lösegeld*
343–341	*1. Krieg gegen die Samniten*
340–338	*Krieg gegen die Latiner*
329	*endgültiger Sieg über die Volsker*
326–304	*2. Krieg gegen die Samniten*
298–290	*3. Krieg gegen die Samniten und ihre Verbündeten, u. a. Etrusker, Sabiner*
285–282	*Krieg gegen die Kelten (Gallier)*
282–272	*Krieg gegen die Stadt Tarent und deren Verbündeten, den griechischen König Pyrrhos*

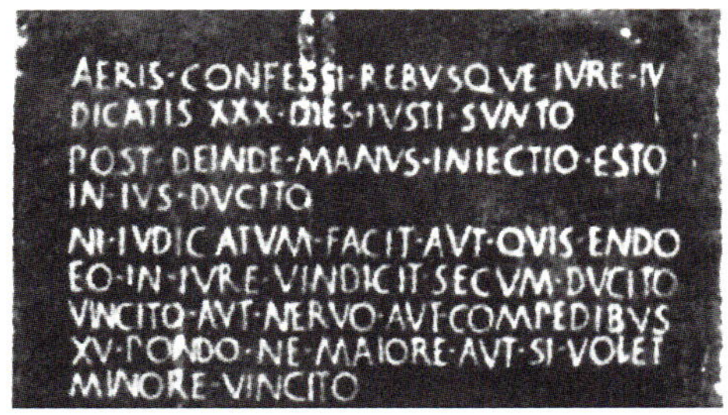
AERIS·CONFESSI·REBVSQVE IVRE·IV
DICATIS XXX·DIES·IVSTI SVNTO
POST·DEINDE·MANVS·INIECTIO·ESTO
IN·IVS·DVCITO
NI·IVDICATVM·FACIT·AVT·QVIS·ENDO
EO·IN·IVRE·VINDICIT SECVM·DVCITO
VINCITO·AVT·NERVO·AVT·COMPEDIBVS
XV·PONDO·NE·MAIORE·AVT·SI·VOLET
MINORE·VINCITO

7 Rekonstruierte Tafel der „Zwölf-Tafel-Gesetze"
(Ausschnitt, Tab. III, 1–3). Die geltenden Gesetze wurden in Rom zuerst nicht schriftlich festgehalten und waren nur adligen Fachleuten bekannt. Um 450 v. Chr. wurden zehn Männer beauftragt, die Gesetze zu veröffentlichen. Sie wurden auf zwölf Bronzetafeln geschrieben und auf dem Forum aufgestellt. Man lobte sie, weil sie gleiches Recht für Adel und Plebs geschaffen hätten. Diese Gesetze waren die Grundlage für alle späteren Gesetze. Jeder gebildete Römer hatte sie als Kind gelernt. In dem abgebildeten Abschnitt geht es darum, wie ein Gläubiger den Schuldner zur Zahlung zwingen kann.

a) *Wer ist in der Geschichte des Menenius mit dem Magen, wer mit den übrigen Körperteilen gemeint (VT)? Was hältst du von seinem Vergleich?*
b) *Beschreibe das Schaubild M2. Beantworte dabei auch folgende Fragen: Warum sind Senat, Magistrate und Volkstribunen nebeneinander gestellt? Was bedeutet die unterschiedliche Größe ihrer Felder? Warum sind die Magistrate übereinander angeordnet?*
c) *Welche Vorteile brachte den Plebejern die Veröffentlichung des Rechts (M7)?*
d) *Verfasse die Rede, die der alte Mann auf dem Forum (M3) gehalten haben könnte. Warum reagierte die Plebs so heftig (siehe M6)?*
e) *Beschreibe die Auswirkungen der Kriege für Adel und Plebejer (VT, M3).*

3. Was machte die Römer zu Römern?

Was trieb Rom zur Expansion?

Die Römer dehnten ihren Herrschaftsbereich von der Kleinstadt am Tiber recht schnell auf nahezu die ganze damals bekannte Welt aus. Besonders die Adligen setzten sich für diese rasche „Expansion" (Ausdehnung des Herrschaftsgebietes) ein. Was aber trieb jahrhundertelang römische Adlige immer wieder dazu, ihre Kräfte für ihren Staat aufzubieten? Vielleicht findet sich eine Erklärung, wenn wir uns anschauen, nach welchen Grundsätzen in vielen adligen Familien die Kinder erzogen wurden – nehmen wir als Beispiel den Adligen Marcus Aemilius Lepidus, der Ende des 3. Jahrhunderts v. Chr. lebte:

Der Adlige Marcus Aemilius Lepidus

Der kleine Marcus wuchs mit seinen Brüdern und der Schwester Aemilia in der Familie heran; ihr Leben im Haus wurde vorwiegend von der Mutter bestimmt. Sie gewöhnte die Kinder an das einfache Leben, wie es die bäuerlichen Vorfahren geführt haben sollen. Sie erzählte ihnen von Ereignissen aus der römischen Geschichte, besonders gern über die Gründung der Stadt oder die Taten der Vorfahren. Nach denen fragte Marcus häufig, denn die Totenmasken der Väter seiner Familie wurden in einem Schrank im Haus aufbewahrt. Marcus erlebte, dass der Vater vor jeder Mahlzeit und an allen Familienfesten den Hausgöttern am Hausaltar opferte. Oft besuchten Senatoren seinen Vater um mit ihm Gespräche über Wahlen oder einen Feldzug zu führen. Jeden Morgen kamen einfache römische Bürger, die als „Klienten" des Vaters Arbeitsaufträge empfingen oder Anweisungen erhielten, wen sie bei den nächsten Wahlen wählen sollten; andere baten um Hilfe vor Gericht oder holten Geld für ihren Lebensunterhalt ab. Bei den Gesprächen hörte Marcus oft zu. Er erfuhr dabei, dass die Politik von den Männern gemacht wurde.
Vom siebten Lebensjahr an lernte Marcus wie seine Geschwister beim Vater Lesen und Schreiben. Während die Schwester mehr mit Spinnen, Weben und Musik beschäftigt wurde, musste er ab vierzehn schwierigere Texte lesen; viele lernte er auswendig, z. B. Gebete oder die Zwölf Tafeln. Er übte sich im Reiten, Schwimmen und Fechten, weil das nach Meinung des Vaters gut auf den Militärdienst vorbereitete. Der Vater unterrichtete ihn nun auch genauer in römischer Geschichte und schilderte ihm große Leistungen ihrer Vorfahren: Einige hatten

1 ***Römischer Hausaltar*** *(Pompeji, Haus der Vettier, Höhe 2,20 m, davon 1,50 m Sockel). Im Zentrum eines jeden Hauses gab es solche Altäre, an denen den Hausgöttern Opfer in Form von Speisen oder Getränken dargebracht wurden. Dafür erwartete der Opfernde die Erfüllung seiner Bitten: Schutz für das Haus, gesunde Kinder, eine gute Ernte, Wohlstand. Die beiden Götter in der Abbildung haben in den Händen Trinkhörner. Zwischen ihnen ist der Schutzgeist des Hausherrn dargestellt. Er ist mit der Toga mit Purpurstreifen, dem offiziellen Gewand der römischen Oberbeamten, bekleidet. Er bringt gerade ein Trankopfer aus einer Schale dar; in der Linken hält er ein Kästchen mit Weihrauch. Auch die Schlange stellt eine Schutzgottheit dar.*

2 Römischer Adliger, *bekleidet mit der Toga, dem offiziellen Kleidungsstück. Er hält die Büsten seiner verstorbenen Vorfahren in den Händen (Marmorstatue, Höhe 1,65 m; 1. Jh. n. Chr., Rom, Konservatorenpalast).*

3 Römisches Ehepaar. *Beide tragen als Untergewand die Tunika. Der Mann ist zum Ausgehen mit der Toga als Obergewand bekleidet, die Frau trägt die Palla, einen leichten Mantel. Im Hause trug man meist nur die Tunika.*

hohe Ämter bekleidet, einen Sitz im Senat gehabt, waren im Krieg als Feldherrn erfolgreich gewesen, hatten Ansehen und Einfluss im Staat errungen. Diese Tatkraft und Tapferkeit der Vorfahren, wie sie der Vater beschrieb, sollte Vorbild für Marcus sein; die Leistungen der Vorfahren sollte er möglichst noch übertreffen. Als er noch älter war, führte ihn ein erfahrener Staatsmann in das Rechtswesen und die Redekunst ein; denn vor Gericht und in der Politik war es wichtig, überzeugend reden zu können. Dafür wurde Marcus in die Verhandlungen mitgenommen; er sollte an Vorbildern lernen und wichtige Männer kennen lernen.
Nach dieser Ausbildung war Marcus für den Militärdienst als Offizier und für die Ämterlaufbahn vorbereitet. Und tatsächlich erreichte er die hohen Ämter: Zum Konsul wurde er sogar zweimal gewählt. Im Jahr 179 v. Chr. war er Zensor. Schon vorher hatte er ab 199 das Ehrenamt eines Priesters bekleidet und seit 180 hatte er sogar als römischer Oberpriester die Verehrung der Staatsgötter zu überwachen. Während er im Staat schon verantwortungsvolle Ämter innehatte, wurde er erst selbstverantwortliches Familienoberhaupt, als sein Vater starb.

Wettstreit mit Standesgenossen und Vorfahren

So etwa verlief das Leben vieler adliger Römer in den Zeiten der Republik. Aus den großen adligen Familien scheinen vor allem die Politiker zu stammen, die sich besonders tatkräftig für die Ziele ihrer Adelsrepublik einsetzten. Und diese Männer konkurrierten untereinander um die höchsten Ämter, um Erfolge als Feldherrn und um die größte Anerkennung im Staat.
Über die Erziehung bei den Plebejern wissen wir wenig; vor allem ist unbekannt, ob sie nach ähnlichen Vorstellungen wie bei den Adligen erzogen wurden.

4 ***Begräbnis eines römischen Adligen.*** *Der Grieche Polybios kam im 2. Jahrhundert v. Chr. als Geisel nach Rom. Dort hatte er freundschaftliche Beziehungen zu römischen Adligen. Über ein Begräbnis gibt er folgenden Bericht:*

Wenn in Rom ein Adliger stirbt, wird er im Leichenzug in seinem ganzen Schmuck nach dem Forum zur Rednertribüne geführt, meist stehend, dass ihn alle sehen können, nur selten liegend. Während das ganze Volk ringsum steht, betritt ein Sohn oder ein anderer aus der Familie die Rednerbühne und hält eine Rede über die Tugenden des Verstorbenen und über die Taten seines Lebens … Diese Rede weckt in der Menge ein solches Mitgefühl, dass der Todesfall nicht nur als ein Verlust für die Leidtragenden, sondern für das ganze Volk erscheint … Im Trauerzug führen sie die Masken aller Verstorbenen mit und setzen sie Personen auf, die den Verstorbenen möglichst ähnlich sind … Wenn der Redner nun über den, den sie zu Grabe tragen, gesprochen hat, wendet er sich den anderen Verstorbenen zu und berichtet von den Erfolgen und Taten eines jeden, dabei beginnt er mit den Ältesten. Da auf diese Weise die Erinnerung an die Verdienste der hervorragenden Männer immer wieder erneuert wird, ist der Ruhm derer, die etwas Großes vollbracht haben, unsterblich.

Polybios, Weltgeschichte 6, 53 f., Bearb. d. Verf.

5 ***Rechte des Mannes – Rechte der Frau***
Der Autor Gellius (2. Jh. n. Chr.) interessierte sich sehr für die frühe römische Geschichte. Bei seiner Darstellung der Rollenverteilung von Mann und Frau, die sich bis zu seiner Zeit geändert hatte, zitiert er deshalb den Römer Cato, der im 2. Jahrhundert v. Chr. lebte:

Solange ein Mann … noch nicht geschieden ist, vertritt er als Richter bei seiner Frau die Stelle des Zensors (der das Verhalten beurteilt). Er hat zweifellos unbeschränkte Gewalt über sie. Wenn seine Frau z.B. eine sittenwidrige oder unehrenhafte Tat begangen hat, darf er sie strafen … Wenn du deine Ehefrau beim Ehebruch erwischst, darfst du sie ungestraft töten. Wenn du aber selbst die Ehe brichst oder gebrochen hast, steht ihr keineswegs das Recht zu, dich auch nur mit dem Finger zu berühren.

Gellius, Attische Nächte 10, 23, Bearb. d. Verf.

6 ***Eine vornehme Römerin*** *lässt sich von Sklavinnen frisieren (Relief, Sandstein, aus Neumagen, Mosel, 1. Jh. n. Chr.).*

7 ***Der Schmuck der Römerin***
Eine römische Anekdote berichtet über die adlige Cornelia, die Mutter zweier Söhne, die später berühmte Politiker wurden:

Eine Frau aus Kampanien, die bei Cornelia, der Mutter der Gracchen, zu Besuch war, zeigte ihr ihre Schmuckstücke; es waren die schönsten jener Zeit. Da unterhielt sich Cornelia mit ihr, bis ihre Söhne aus der Schule kamen, und sagte zu ihr: „Das sind meine Schmuckstücke."

Valerius Maximus, Denkwürdige Taten und Worte, 4,4 Pr, Übers. d. Verf.

- *a) Welche Rolle spielte die Mutter, welche der Vater bei der Erziehung von Marcus (VT)? Vergleiche Marcus' Erziehung mit der heutiger Kinder.*
- *b) Worauf legte der Vater bei der Erziehung Wert? Auf welche Weise versuchte er, aus Marcus einen „richtigen Römer" zu machen (VT)?*
- *c) Warum opferten die Römer (VT und M1)?*
- *d) Warum ließ sich der Adlige mit seinen Ahnenbüsten darstellen (M2, M4)?*
- *e) Was ist für die Adlige Cornelia wichtig, was ist für sie von geringem Wert (M7)? Wie würde Cornelia wohl die Frisierszene beurteilen (M6)?*
- *f) Die römische Gesellschaft wird als patriarchalisch (vaterrechtlich) bezeichnet. Versuche, dies zu erläutern (VT und M5).*

4. Wer eroberte den Römern das Reich?

Warum Kriege?

„Es gibt ein Volk, das auf eigene Kosten und eigene Gefahr für die Freiheit anderer Kriege führt." Damit meinte der Geschichtsschreiber Livius die Römer und vermutlich hörten das viele Römer gern. Aber war Hilfe für andere ein hinreichender Grund dafür, die Härten und Gefahren des Soldatenlebens in so vielen Kriegen auszuhalten und dabei viele andere Länder „nebenbei" zu erobern? Wir können das bei vielen Kriegen heute nicht mehr genau beurteilen. Tatsächlich wurde Rom wiederholt von bedrohten Städten zu Hilfe gegen den Angreifer gerufen. Sicher gab es noch andere Gründe: Römer fühlten sich bedroht, weil ein Nachbarstamm allzu nah wohnte oder weil er zu seinem eigenen Schutz sein Heer an ihren Grenzen vergrößerte. Vielleicht dehnte sich ein anderer Stamm aus und besetzte fruchtbare Gebiete oder versperrte den Zugang zu lebenswichtigen Salinen (Salzquellen). Möglicherweise war es manchmal das Gefühl in seiner Ehre gekränkt zu sein. Oder trieb vielleicht der Ehrgeiz von Adligen die Römer in den Krieg? Oft waren es wohl mehrere Motive. Jedenfalls gab es immer wieder Gründe, die die Römer, auch die Plebejer, davon überzeugten, dass die Lasten der Kriege getragen werden mussten.

Bürgersoldaten

Adlige riskierten als Feldherren und Offiziere oft Gesundheit und Leben. Aber die Hauptlast in den Kriegen trug die Masse der einfachen römischen Soldaten. Sie vor allem mussten immer wieder ihr Leben und oft auch ihren Besitz einsetzen. Und soweit wir wissen, haben sie es getan, ohne sich nach den Ständekämpfen noch einmal grundsätzlich gegen diese Kriege zu wehren. Den Kern des römischen Heeres bildeten die „Legionen" (3 000–5 000 Mann). Weitere Truppen, die „Hilfstruppen", mussten von den Bundesgenossen gestellt werden. In den Legionen dienten freie römische Bürger, die zumeist Bauern waren. Vom

1 Bau eines Lagers. *Der Zeichner hat rekonstruiert, wie es sich abgespielt haben könnte: Die Soldaten schützten das Lager mit Wall und Graben. Auf dem Wall rammten sie Palisadenpfähle ein. Rechts im Bild sind Lanzen zu sehen. Im Kampf schleuderten die Soldaten zuerst die Lanzen; diese blieben meistens in den Schilden der Gegner stecken, bogen sich um und behinderten den Gegner. Dann griff der Soldat mit dem Schwert an.*

2 **Feldzeichen** *aus der Kaiserzeit mit Orden, z.B. der „Mauerkrone" für eine Einheit, die als erste die Mauer einer feindlichen Stadt erstürmt hatte. Oben: der Adler, dem höchsten römischen Gott, Jupiter, heilig (Rom, Museo della Civitá Romana).*

3 ***„Schildkröte".*** *Damit konnten die römischen Soldaten dicht an gegnerische Stellungen heranrücken. Diese Darstellung aus „Asterix und Cleopatra" gibt die Formation recht gut wieder. Die Römer setzten sie vermutlich seit ca. 200 v. Chr. ein.*

17. bis zum 45. Lebensjahr konnten sie von der Arbeit zum Kriegsdienst geholt werden. Sie mussten ihre Bewaffnung selbst bezahlen und wurden bei den Reitern – als „Ritter" – oder bei den Fußsoldaten eingereiht, je nachdem welche Ausrüstung sie bezahlen konnten oder ob sie sich ein Pferd leisten konnten.
Die Ausbildung war hart und streng: Die Legionäre mussten Kraft und Ausdauer trainieren, den Nahkampf üben und mussten lernen, die in der Schlacht erforderlichen taktischen Bewegungen – zum Beispiel die „Schildkröte" – mit ihrer Truppeneinheit schnell und genau auszuführen. Genau so wichtig wie dieses Exerzieren waren das Marschieren und der Lagerbau. Auf dem Marsch musste jeder Soldat seine gesamten Waffen tragen (Helm, Schild, Brustpanzer, zwei Wurflanzen, Schwert, Dolch); außerdem wurden noch Palisadenpfähle für den Lagerbau und Werkzeuge sowie ein Getreidevorrat für zwei bis drei Wochen mitgeführt. Alles in allem konnten das 30 Kilogramm sein. Nach jedem Marsch wurde abends ein Lager zum Schutz der Soldaten planmäßig angelegt. Durch strenge, oft grausame Strafen, aber auch durch ehrenvolle Auszeichnungen mit Orden und Geldgeschenken wurden die Legionäre zu äußerster Pflichterfüllung und Disziplin erzogen.
In den eroberten Gebieten mussten die Soldaten außerdem Straßen bauen, denn die Kriege machten schnelle Verkehrsverbindungen nötig. Auf ihnen konnten die römischen Soldaten oft in überraschend kurzer Zeit dorthin marschieren, wo sie gebraucht wurden. Solche Straßen erleichterten später auch den römischen Händlern den Zugang zu immer wieder neuen Gebieten.

Folgen der Kriege für die Soldaten

Viele Soldaten fanden nach der Rückkehr aus dem Kriege Haus und Hof in einem schlimmen Zustand vor: Während der Abwesenheit war vielleicht der einzige Sklave entlaufen. Die Äcker lagen brach, da die Frau sie nicht allein bestellen konnte. Das Haus war beschädigt oder durch den Krieg zerstört. Der Anteil an der Kriegsbeute – wenn es überhaupt eine gab – war nicht so groß, dass der Heimkehrer mit dem Geld alles wiederherstellen oder einen Sklaven kaufen konnte. So blieb vielen Soldaten nach ihrer Entlassung oft nur übrig das Land an einen adligen Großgrundbesitzer zu verkaufen und nach Rom zu ziehen, wo sie von Spenden der Reichen oder des Staates leben mussten. Sie wurden dort Proletarier genannt (von lateinisch „proles", Nachkommenschaft), weil die Kinder ihr einziges Vermögen waren.

4 ***Ein römischer Feldherr*** *(Marc Aurel)* ***und seine Legionäre*** *(Relief, über 3 m hoch, 2. Jh. n. Chr., im 4. Jh. in den Konstantinsbogen in Rom eingepasst). Die Soldaten aus der Zeit der Republik haben ähnlich ausgesehen.*

5 ***Eine außergewöhnliche Karriere*** *eines Römers, der sich vom einfachen Soldaten bis zum Offizier hochgearbeitet hatte, stellt der Historiker Livius vor. Er lässt den Soldaten selbst berichten:*

Ich, Spurius Ligustinus, … stamme aus dem Sabinerland. Mein Vater hinterließ mir einen Morgen Ackerland und eine kleine Hütte, in der ich geboren und aufgezogen worden bin; dort wohne ich noch heute. Sobald ich das angemessene Alter hatte, gab mir mein Vater die Tochter seines Bruders zur Frau, die in die Ehe nur ihre freie Geburt einbrachte (d.h. sie war freie römische Bürgerin, hatte aber kein Vermögen). Soldat wurde ich (200 v. Chr.) … Ich diente zwei Jahre als einfacher Soldat im Krieg gegen König Philipp (V. von Makedonien), … als Freiwilliger bin ich mit dem Konsul M. Porcius (Cato) nach Spanien gezogen … Zum dritten Male diente ich wieder als Freiwilliger in dem Heere, das gegen König Antiochos (von Syrien) geschickt wurde … Danach habe ich zweimal in den Legionen gedient, die nur ein Jahr Kriegsdienst leisteten. Danach habe ich zweimal in den Legionen in Spanien gedient … 34-mal erhielt ich vom Feldherrn Geschenke zum Lohn für meine Tapferkeit …

22 Jahre habe ich im Heer gedient und bin über 50 Jahre alt … Ich selbst werde, wenn mich mein Feldherr für tauglich hält, niemals eine Entschuldigung suchen; keiner im Heer wird mich in der Tapferkeit übertreffen. Und dass ich das immer getan habe, können meine höchsten Führer und alle, die mit mir gedient haben, bezeugen.

Livius, Römische Geschichte 42, 34, Bearb. d. Verf.

6 ***Römische Disziplin***

Livius berichtet über ein Ereignis, das sich im 4. Jahrhundert v. Chr. zugetragen haben soll:

(In einem Krieg gegen die Latiner) erließen die Konsuln ausdrücklich den Befehl, nicht außerhalb der militärischen Ordnung gegen den Feind zu kämpfen. Unter den Führern der Reiter-Einheiten, die in alle Richtungen zur Erkundung ausgeschickt worden waren, war auch T. Manlius, der Sohn des Konsuls. Dieser geriet zufällig so dicht an das Lager der Feinde heran, dass er vom ersten Wachposten nicht weiter als einen Lanzenwurf entfernt war.

Manlius wurde von einem Gegner zum Zweikampf provoziert, in den er sich stürzte ohne an die Folgen zu denken. Er siegte, kehrte mit den Waffen des Besiegten ins Lager zurück und meldete sich bei seinem Vater.

Da wandte sich der Konsul voller Abscheu von seinem Sohn ab und berief sofort eine Heeresversammlung ein. Vor dieser sagte er: „Du, Titus Manlius, hast ohne Respekt vor der konsularischen Macht und der Autorität deines Vaters gegen meinen Befehl mit dem Feind gekämpft; du hast die militärische Disziplin verletzt, durch die bis zu diesem Tage Rom Bestand hat. Du hast mich in die Zwangslage gebracht entweder den Staat oder meine Familie vergessen zu müssen. Deshalb will ich lieber selbst durch mein Vorgehen leiden, als dass der Staat eine solche Verfehlung mit eigenem Schaden büßt. Wir werden ein trauriges, aber für die Zukunft heilsames Beispiel geben … Die Macht der Konsuln kann entweder bewahrt werden durch deinen Tod, oder sie wird beseitigt durch deine Straflosigkeit. Ich glaube nicht, dass du zögern wirst, die von dir zerstörte Disziplin durch die Todesstrafe wiederherzustellen…" *T. Manlius wurde daraufhin getötet.*

Die strenge Strafe machte die Soldaten gehorsamer gegenüber ihrem Führer.

Livius, Römische Geschichte 8, 6ff., Bearb. d. Verf.

7 ***„Legionäre" auf dem Marsch.*** *1985 marschierte ein Historiker als „Offizier" mit sieben „Legionären" von Rom nach Augsburg. Die Ausrüstung der frühen Kaiserzeit hatten sie nacharbeiten lassen. Sie ahmten das Soldatenleben in allen Einzelheiten nach. Mit diesem historischen Experiment wollten sie Erkenntnisse über den Alltag römischer Soldaten sammeln.*

8 ***Strafen im römischen Heer*** *beschreibt der griechische Geschichtsschreiber Polybios (um 200–120 v. Chr.):*

Der Tribun (Offizier) nimmt einen Holzstock und berührt damit den Verurteilten. Darauf schlagen alle Soldaten im Lager mit Stöcken und Steinen auf ihn ein. Die meisten finden schon im Lager den Tod. Wenn es aber einem gelingt zu entfliehen, bringt ihm das auch keine Rettung … Als Verletzung der soldatischen Pflicht und Ehre und als Feigheit rechnen sie Folgendes: wenn jemand, um eine Auszeichnung zu erhalten, eine erlogene eigene Heldentat dem Tribun meldet; wenn jemand, der zur Bewachung kommandiert ist, aus Furcht seinen Platz verlässt; wenn jemand im Kampf aus Furcht die Waffe wegwirft. Deshalb gehen viele in den Tod …, um der öffentlichen Schande und der schmachvollen Bestrafung durch die eigenen Kameraden zu entgehen.

Wenn dasselbe bei einer Truppeneinheit geschieht und ganze Manipel (200 Mann) ihren Platz in der Bedrängnis verlassen, können sie sich doch nicht entschließen, die Todesstrafe an allen zu vollziehen. Sie haben einen ebenso heilsamen wie erschreckenden Ausweg gefunden. Der Tribun ruft die Legion zusammen, lässt die Feiglinge in die Mitte treten und hält ihnen in scharfen Worten ihr Vergehen vor. Er lost schließlich … jeden zehnten Mann aus und lässt an ihm in der geschilderten Weise unerbittlich die Todesstrafe vollstrecken.

Polybios, 6, 37 f., Bearb. d. Verf.

a) Die Soldaten tragen beim Lagerbau Rüstung und haben die Waffen in Reichweite (M1). Suche eine Erklärung dafür.

b) Warum wurden Orden an ganze Truppeneinheiten verliehen (M2)?

c) Was hat wohl Spurius Ligustinus immer wieder dazu gebracht, sich zum Kriegsdienst zu melden (M5)?

d) „Ein Tag im Leben eines römischen Legionärs". Mache dir Notizen und erzähle mit Hilfe der Texte und Bilder dieses Kapitels.

e) Schildere die Gefühle und Gedanken des Titus Manlius und seines Vaters vor der Hinrichtung (M6). Was dachten wohl die einfachen Soldaten über dieses Urteil (dazu auch M8)? Was haltet ihr davon?

f) In welcher Absicht erzählt Livius dieses lange zurückliegende Ereignis (M6)?

g) Schreibe auf, welche Gedanken einen römischen Bauern wohl beschäftigten, wenn er kurz vor der Aussaat eingezogen wurde? Welche Gedanken hatte wohl ein Adliger, der als Offizier in den Krieg zog?

5. Konkurrenten werden ausgeschaltet – Rom wird Weltmacht

264–201 v. Chr.	*Rom gewinnt nach langen Kriegen mit dem Sieg über die Punier die Vorherrschaft im westlichen Mittelmeergebiet.*
200–133 v. Chr.	*Rom wird Vormacht im östlichen Mittelmeergebiet.*
133 v. Chr.–117 n. Chr.	*Der gesamte Mittelmeerraum und angrenzende Länder werden erobert. Unter Kaiser Trajan (98 – 117 n. Chr.) erreicht das Reich die größte Ausdehnung.*

In langen Kriegen hatten die Römer Italien bis an die Poebene erobert. In den folgenden Jahrhunderten verdrängte Rom weitere Städte und Völker im Mittelmeerraum und wurde schließlich zur größten Macht der damals bekannten Welt. Ein Beispiel soll zeigen, wie solche Auseinandersetzungen vor über 2 000 Jahren abliefen:

Rom und Karthago: Konkurrenten

Der zweite bedeutende Staat im westlichen Mittelmeerraum war Karthago. Die Punier – so nannten die Römer die Karthager – waren sehr erfolgreiche Kaufleute und beherrschten mit einer Kriegsflotte das Meer. Beide Mächte hatten rund 200 Jahre friedlich nebeneinander existiert und waren durch Verträge verbunden. Nun hatte Roms Machtbereich die Südspitze Italiens erreicht und die Karthager waren in Sizilien in ein Gebiet vorgedrungen, für das sich die Römer ebenfalls interessierten. Denn Sizilien hatte reichen Getreideanbau und bildete eine „Brücke" zwischen Italien und Afrika. So genügte ein zufälliger Anlass, einen Krieg zwischen Rom und Karthago auszulösen, der sich mit Unterbrechungen über hundert Jahre hinzog.

Drei Punische Kriege

Ausgelöst wurde der Krieg durch Streitigkeiten unter den Griechen Siziliens. Die eine Partei rief Rom, die andere Karthago zur Hilfe. Daraus entwickelte sich 264 v. Chr. der erste Punische Krieg. Wer ihn angefangen hat, ist nicht mehr festzustellen. Um diesem Kampf gegen die größte Seemacht gewachsen zu sein musste das römische Heer das „Schwimmen lernen": In kürzester Zeit bauten die Römer eine Kriegsflotte. In Kampf und Sturm verloren sie jedoch so viele Schiffe und Mannschaften, dass noch zweimal Flotten gebaut und bemannt werden mussten. Beim letzten Mal war die Staatskasse bereits leer, sodass Adlige die Kosten übernahmen. Nach 23 Jahren Krieg schließlich besiegten die Römer die Punier (241 v. Chr.) und bestimmten die Friedensbedingungen: Die Punier mussten 80 Tonnen Silber als Wiedergutmachung zahlen und Sizilien abtreten.
Damit erweiterten die Römer ihr Herrschaftsgebiet erstmals über Italien hinaus. Sizilien machten sie zu ihrer ersten „Provinz": Die Insel wurde von einem römischen Beamten verwaltet, der als Militärbefehlshaber die ganze Macht hatte. Die Bewohner der Provinz mussten Steuern an Rom zahlen.
Wenige Jahre später zwang Rom Karthago, das gerade einen Aufstand von Söldnern niederkämpfen musste, auch Sardinien und Korsika abzutreten und nochmals 30 Tonnen Silber zu zahlen.

Hannibal in Italien

Nach dem Verlust der Inseln eroberten die Karthager als Ersatz weite Gebiete in Spanien. Durch einen Vertrag versuchte Rom, die weitere Ausdehnung der Punier in Spanien zu unterbinden. Aber im Konflikt um die mit Rom verbündete Stadt Sagunt verletzte Hannibal, der Feldherr der Punier, diesen Vertrag und

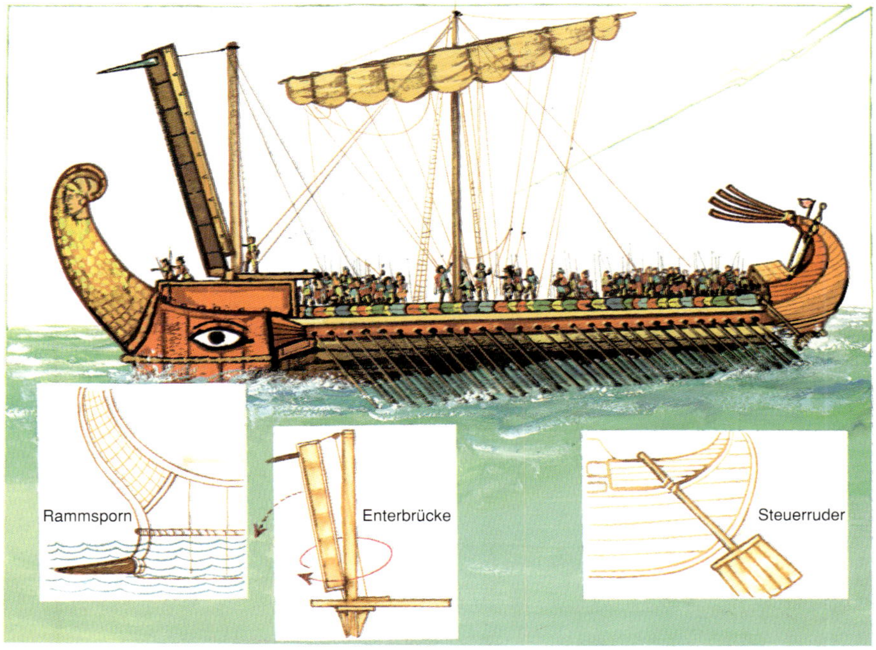

1 Römisches Kriegsschiff, *bis zu 50 m lang, 7 m breit, besetzt mit 300 Seeleuten und 120 Soldaten (Rekonstruktionszeichnung). Nach dem Vorbild eines gestrandeten punischen Schiffes konstruierten die Römer ihre eigenen. Sie erfanden jedoch die „Enterbrücken". Diese wurden auf das gegnerische Schiff niedergelassen und dort verhakt, sodass die Soldaten hinüberstürmen und wie zu Lande kämpfen konnten.*

marschierte nach Nordspanien. Daraufhin erklärten die Römer den Puniern den Krieg (218 v. Chr.). Dieser Zweite Punische Krieg brachte Rom fast den Untergang: Hannibal zog mit einem Riesenheer von 50 000 Soldaten, 9 000 Reitern und 37 Kriegselefanten von Spanien über die Alpen nach Italien. Das karthagische Heer schlug römische Truppen mehrfach und verwüstete das Land. Der Höhepunkt des Schreckens für die Römer war die Schlacht bei Cannae, die schlimmste Niederlage, die die Römer in ihrer Geschichte erlitten; mehr als die Hälfte der Soldaten fiel.

„Hannibal vor den Toren!" war der entsetzte Ruf in Rom, denn man rechnete nun damit, dass Hannibal die Hauptstadt selbst angreifen werde und bereitete alles für die Verteidigung vor. Sogar die Tiberbrücken wurden abgebrochen. Aber

2 Kriegselefant *mit Kampfturm (etruskischer Teller, 3. Jh. v. Chr., Rom, Villa Giulia). Zwar kannten die Römer Kriegselefanten aus einem früheren Krieg, aber als Hannibal sie über die Alpen mitführte (etliche verendeten unterwegs), waren sie doch eine Schrecken erregende Überraschung. Sie wirkten jedoch mehr durch ihren ungewohnten Anblick als durch ihren Einsatz im Kampf. Die römischen Soldaten lernten schließlich, die Tiere zu erschrecken, sodass sie bei den eigenen Leuten mehr Schaden anrichteten als bei den Römern. Diese Elefanten werden auch „Panzer der Antike" genannt. Kannst du das erklären?*

zur Verwunderung und unendlichen Erleichterung der Römer griff Hannibal Rom nicht an. Die Römer gaben nicht auf, sondern stellten wieder ein neues Heer auf, in das sogar freigelassene Sklaven und Verbrecher aufgenommen wurden. Erst als der römische Feldherr Scipio mit Truppen nach Afrika übersetzte und die Stadt Karthago selbst bedrohte, nahm der Krieg eine Wendung: Hannibal musste, nachdem er 16 Jahre lang Krieg in Italien geführt hatte, nach Afrika zurückkehren. Dort wurde er geschlagen.
Im Jahre 201 v. Chr. diktierten die Römer erneut harte Friedensbedingungen: Karthago musste Spanien abtreten, 260 Tonnen Silber innerhalb von 50 Jahren zahlen, die Kriegsflotte bis auf zehn Schiffe (von 500) ausliefern. Karthago durfte außerdem sogar in Afrika keinen Krieg ohne Genehmigung Roms führen.
Wieder hatte Rom einen Gegner ausgeschaltet und seinen Machtbereich gewaltig ausgedehnt; es beherrschte nun das westliche Mittelmeer.
Als Karthago sich 50 Jahre später gegen einen afrikanischen Angreifer verteidigen musste, nahmen die Römer diese Vertragsverletzung zum Anlass, die Stadt endgültig zu besiegen und zu zerstören (146 v. Chr.).

Eroberung Griechenlands

Seit dem Sieg über Hannibal wurden die Römer, die schon länger mit griechischen Stadtstaaten verbündet waren, in Streitigkeiten im östlichen Mittelmeerraum hineingezogen oder griffen selbst ein. 50 Jahre dauerten diese Auseinandersetzungen, die zahllose Menschen Leben und Freiheit kosteten. Am Ende war fast ganz Griechenland römische Provinz.

Folgen der Kriege

Rom hatte sich als unbestrittene Führungsmacht im Mittelmeerbereich durchgesetzt. Ungeheure Reichtümer strömten aus den eroberten Ländern nach Rom; Offiziere und Soldaten brachten einen luxuriösen Lebensstil (z. B. Speisen, Wohnkomfort), aber auch Kunstwerke und Bücher aus dem griechischen Osten mit; für so etwas hatten Römer, auch die Adligen, bisher weder Geld noch Zeit gehabt.
Für viele Bauern aber verschärften sich die Probleme, denn der Getreideanbau lohnte sich kaum noch. Das Getreide wurde jetzt billig aus Provinzen (Sizilien, Spanien, Afrika) eingeführt. Adlige Großgrundbesitzer erzeugten mit Sklaven, die zu Hunderttausenden wie eine bloße Ware nach Italien geschafft wurden, Wein, Öl und Wolle; damit konnten die kleinen Bauern nicht konkurrieren. So verkauften weiterhin viele ihre Höfe an Großgrundbesitzer. Sie selbst arbeiteten als Tagelöhner auf großen Gütern oder zogen nach Rom. Dort fanden sie meistens jedoch auch keine Arbeit, da sehr viele Gewerbebetriebe billig mit Sklaven produzierten. So vermehrten sie die Masse der Proletarier.

Imperium (von lateinisch „imperium“, Befehl, Herrschaft, Reich): Mit diesem Wort wurde ursprünglich die Berechtigung römischer Magistrate bezeichnet, unbeschränkt Befehle zu erteilen und Vorschriften zu erlassen. Mit dem Anwachsen des Reiches wurde der Ausdruck auf das Gebiet übertragen, in dem diese Berechtigung galt, also auf das römische „Reich“. Nach der Römerzeit bedeutet das Wort „Kaiserreich“ oder „Weltreich“. Mit „Imperialismus“ bezeichnet man heute eine Politik, die darauf ausgerichtet ist, ein Weltreich aufzubauen und zu sichern.

Provinz: Mit diesem Wort bezeichneten die Römer ursprünglich den Bereich, für den ein Magistrat zuständig war (z. B. die Rechtsprechung des Prätors, den Oberbefehl für einen Krieg, die Aufsicht über den Straßenbau). Seit der Eroberung Siziliens wurden so die unterworfenen Länder außerhalb Italiens genannt, die ein Statthalter (ehemaliger Konsul – „Prokonsul“ – oder ein „Proprätor“) mit fast unbeschränkter Macht verwaltete; die Einwohner mussten Steuern an Rom zahlen. Viele Statthalter nutzten ihre Macht um sich kräftig zu bereichern.

3 ***Der Untergang Karthagos*** *(146 v. Chr.) wird von dem griechischen Historiker Appian, der im 2. Jh. n. Chr. lange in Rom lebte und eine „Römische Geschichte" verfasste, beschrieben:*

Die Karthager hatten zuerst Geiseln gestellt; dann hatten die Römer die Herausgabe aller Waffen gefordert. Als das geschehen war, hofften die Karthager nun von den Römern den Friedensvertrag zu erhalten. Der römische Konsul teilte ihnen jedoch mit: „Karthager, euer Gehorsam und eure Bereitwilligkeit, Geiseln zu stellen, sind lobenswert. Aber es muss noch etwas hinzugefügt werden: Unterwerft euch auch dem weiteren Befehl des Senats. Tretet Karthago an uns ab und siedelt euch 10 Meilen vom Meer an. Denn wir haben beschlossen, eure Stadt zu zerstören."

Die Karthager traten darauf zur letzten verzweifelten Schlacht an. Sechs Tage und sechs Nächte dauerte der Kampf von Haus zu Haus in der brennenden Stadt unter ungeheuren Verlusten für die Karthager (500 000 Einwohner), bis sich schließlich die Überlebenden (50 000) ergaben. Diese wurden im Landesinneren angesiedelt, die Stadt selbst aber wurde von den Römern dem Erdboden gleichgemacht.

Appian, Bürgerkriege 1, Bearb. d. Verf.

5 ***Hannibal*** *(Neapel, Nationalmuseum). Nach hartnäckigen Verfolgungen durch die Römer floh er nach Syrien, wo er sich 183 v. Chr. das Leben nahm. Diese Marmorbüste, entstanden nach 183, zeigt wahrscheinlich den punischen Feldherrn.*

4 ***Roms Weg zur Vorherrschaft im westlichen Mittelmeerraum*** *(264–201 v. Chr.)*

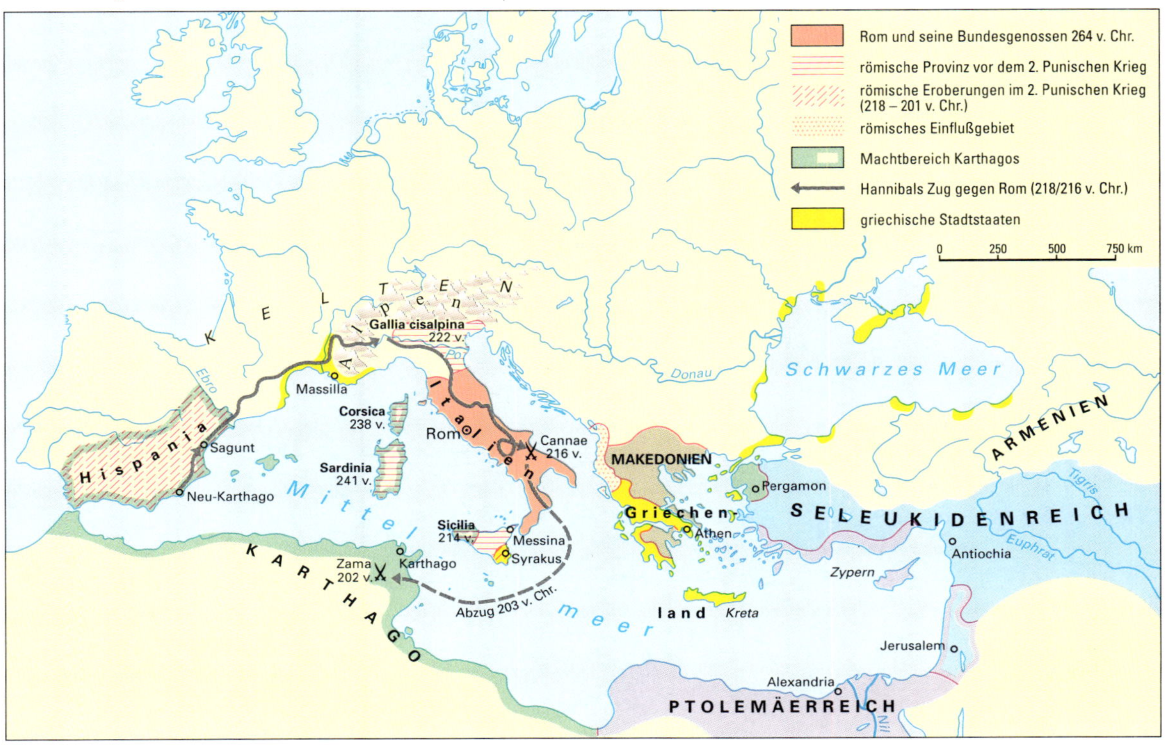

6 ***Rom wird Vormacht im östlichen Mittelmeerraum*** *(200 – 133 v. Chr.)*

7 ***Das Römische Imperium wird zum Weltreich*** *(133 v. Chr. – 117 n. Chr.) – Welche Länder liegen heute auf dem ehemaligen Gebiet des Römischen Reiches zur Zeit seiner größten Ausdehnung?*

8 Wer hat Schuld an den Punischen Kriegen?

***a)** Der Historiker Livius lässt Hannibal vor der letzten Schlacht zu seinen Truppen sagen:*

Dieses so grausame und stolze Volk (der Römer) nimmt alles in Besitz und unterwirft alles seiner freien Entscheidung. Mit wem wir Krieg, mit wem wir Frieden haben dürfen, das anzuordnen steht nach seiner Meinung ihm zu. Es schließt uns ganz eng in Grenzen von Bergen und Flüssen ein, die wir nicht überschreiten sollen, und hält die Grenzen selbst nicht ein … Ist es nicht genug, dass du (Rom) mir meine alten Provinzen (Korsika, Sizilien, Sardinien) genommen hast? Nimmst du mir auch noch Spanien? Und wenn ich dieses verlasse, wirst du nach Afrika hinübergehen.

Livius, Römische Geschichte 21, 44, Bearb. d. Verf.

***b)** Scipio soll auf die Friedensbitte Hannibals in Afrika (202 v. Chr.) geantwortet haben:*

Unsere Väter haben nicht als Erste um Sizilien Krieg angefangen und wir auch nicht um Spanien. Damals (264 v. Chr.) hat uns die Gefahr für die…(Söldner in Messina auf Sizilien) und jetzt (218 v. Chr.) die Zerstörung von Sagunt (in Spanien) die Waffen nach Recht und Pflicht in die Hand gegeben. Dass ihr die Herausforderer waret, das gestehst du selbst, und das bezeugen die Götter, die jenen Krieg nach menschlichem und göttlichem Recht entschieden haben und diesen entscheiden werden.

Livius, Römische Geschichte 30, 31, Bearb. d. Verf.

9 Gerechte oder ungerechte Kriege?

***a)** Cicero, Anwalt, Staatsmann und Schriftsteller (1. Jh. v. Chr.), urteilt folgendermaßen:*

Die Kriege sind ungerecht, die ohne Grund unternommen werden. Denn ein gerechter Krieg kann nur zur Rache oder zum Zurücktreiben der Feinde geführt werden. Ein Krieg kann nur dann für gerecht gehalten werden, wenn er angesagt und erklärt ist und wenn vorher das (vom Gegner geraubte) Eigentum zurückgefordert wurde … Unser Volk hat sich durch die Verteidigung der Bundesgenossen schon aller Länder bemächtigt.

Cicero, Vom Staat, 3, 35, Übers. d. Verf.

***b)** Livius, Historiker im 1. Jahrhundert v. Chr., fragt:*

Gibt es sonst ein Volk auf der Erde (außer den Römern), das Kriege führt zur Verteidigung der Freiheit anderer, damit auf Erden keine unrechtmäßige Macht bestehe, sondern überall Recht, Sitte und Gesetz ungebrochen herrschen?

Livius, Römische Geschichte 32, 33, Bearb. d. Verf.

***c)** Der Historiker Tacitus (um 100 n. Chr.) lässt einen britannischen Fürsten vor der Entscheidungsschlacht gegen die Römer sagen:*

Bedrohlicher (als das Meer) sind die Römer, deren Hochmut man vergeblich durch Gehorsam auszuweichen versucht. Nachdem ihnen Länder zum Verwüsten ausgegangen sind, durchsuchen sie, die Plünderer der Welt, das Meer. Wenn der Feind reich ist, sind sie habgierig, wenn er arm ist, sind sie ehrgeizig. Sie, die nicht der Osten, nicht der Westen zufrieden gestellt hat, suchen mit gleicher Leidenschaft reiche und arme Länder. Stehlen, Morden und Plündern nennen sie mit falscher Bezeichnung Herrschaft (imperium), und sie sprechen von Frieden, wo sie eine Wüste geschaffen haben.

Tacitus, Agricola 30, Übers. d. Verf.

a) Welche Folgen mussten die Friedensbedingungen für die Punier haben?

b) Stell dir vor: Römische Senatoren und Offiziere beraten vor dem 1. Punischen Krieg, wie das römische Heer „schwimmen lernen“ kann. Schreibe auf, wie das Gespräch verlaufen sein könnte (VT, M1).

c) Welche Gründe für den Krieg hatten nach Hannibal die Römer, welche Gründe nennt Scipio (M8)? Wie beurteilst du diese Aussagen? Diskutiert in der Klasse die Frage: Wer hat Schuld am Punischen Krieg?

d) Welche Kriege sind für Cicero gerecht (M9a)? Nimm Stellung.

e) Wie beurteilen Cicero und Livius die römischen Kriege (M9a/b)? Gilt das auch für die Punischen Kriege? Vergleiche auch M3, M4, M9c.

Aufgaben zu den Karten M4, M6, M7:

f) Welcher geographische Raum ist auf den Karten dargestellt?

g) Welcher Zeitraum ist jeweils erfasst? Nenne wichtige Ereignisse.

h) Beschreibe die Veränderungen der Ausdehnung des Römischen Reiches.

i) Stelle eine Liste der eroberten Provinzen in zeitlicher Reihenfolge auf.

6. Die Römer und ihre „lebenden Werkzeuge"

Ein römischer Bürger und ein Sklave

Belauschen wir ein Gespräch, das um 130 v. Chr. in Rom stattgefunden haben könnte. Der Römer Quintus Ferridius und der griechische Sklave Polyphilos, die sich schon lange kennen, begegnen sich:
Polyphilos: „Grüß dich! Wie geht's?" – Quintus: „Ganz schlecht!" – P.: „Wieso?" – Q.: „Ich habe immer noch keine Arbeit. Mein jüngster Sohn – der fünfte – ist krank, und einen Arzt kann ich nicht bezahlen. Heute morgen ist Ausgabe von Getreidespenden – da muss ich hin, damit wir etwas zu beißen haben. Manchmal wünschte ich, Sklave zu sein! – Wie geht's dir denn?" – P.: „Auch schlecht!" – Q.: „Wieso? Du brauchst nicht zum Militär, hast ein sicheres Auskommen und eine leichte Arbeit als Erzieher der Herrensöhnchen!" – P.: „Das war einmal! Ich bin jetzt der Briefbote, hetze tagaus tagein durch Rom und muss oft aufs Land. – Q.: „Warum denn das?" – P.: „Weiß ich nicht. Aber ich vermute, dass mein Herr mich los sein will. Denn er hat ein Auge auf meine gallische Freundin Merimane in unserem Hause geworfen – da störe ich. Und sie hängt doch so an mir! Er verbietet uns schon lange das Heiraten." – Q.: „Das ist hart." – P.: „Ich glaube sogar, dass er mich verkaufen will. Dabei ist er nicht der übelste Herr und er hatte mir schon die Freilassung in Aussicht gestellt. Doch jetzt komme ich vielleicht zu einem Prügler und Schinder, der mich erst mal in die Tretmühle steckt." – Q.: „So hat jeder seine Sorgen. Ich muss jetzt los, damit ich noch Getreide kriege. Mach's gut!" – P.: „Viel Glück!"

Sklavenleben

Alle Römer gehörten zu verschiedenen Klassen, die nach Besitz eingeteilt waren und deren männliche Mitglieder unterschiedliche Möglichkeiten hatten, Einfluss im Staat zu nehmen – das war allen eine Selbstverständlichkeit. Genauso

1 *Links:* ***Sklave aus Afrika*** *beim Stiefelputzen (Bronzestatuette, London, Britisches Museum)*

2 ***Kriegsgefangene*** *(Mosaik aus der Basilika von Tipasa, Mauretanien). Auf Kriegsgefangene wartete in der Regel die Sklaverei.*

3 ***Halsband und Plakette*** *für fluchtverdächtige Sklaven. Die ersten Zeilen auf der Plakette lauten: „Halte mich fest, damit ich nicht entfliehe, und gib mich meinem Herrn zurück." Danach wird der Herr genannt.*

selbstverständlich war die Sklaverei; kaum jemand dachte daran, sie abzuschaffen. In Italien gab es um 150 v. Chr. nahezu eine Million Sklaven und etwa vier Millionen Freie. Man schätzt, dass allein zwischen 200 und 150 v. Chr. 250 000 Frauen, Männer und Kinder als Sklaven nach Italien gebracht wurden.
Die meisten Sklaven waren Kriegsgefangene und Bewohner eroberter Städte. Auf Sklavenmärkten wurden auch Menschen verkauft, die Sklavenjägern und Piraten in die Hände gefallen waren. Ein Sklave kostete je nach Alter und Leistungsfähigkeit zwischen 200 und 500 Denare; für Sklaven mit besonderen Kenntnissen, z.B. Köche, wurden aber auch 1500 Denare bezahlt. (Ein freier Tagelöhner mit Familie verdiente rund 300 Denare im Jahr.) Sklaven wurden als Sache betrachtet. Wer einen Sklaven verletzte, wurde also auch nur wegen Sachbeschädigung bestraft. In der Regel hatten Sklaven keinen Besitz; jedoch kam es auch vor, dass Sklaven einen Lohn erhielten oder kleine Geschäfte treiben konnten. Selten durften sie heiraten; selbst ihre Kinder konnten verkauft werden.
Die Römer nutzten Sklaven zumeist als billige „Werkzeuge" aus. Faulheit, Ungehorsam oder Entlaufen wurde grausam bestraft: Sklaven mussten einen Halsring tragen oder erhielten ein Brandmal, wurden eingesperrt, angekettet, gefoltert, zur Arbeit in die Tretmühle gesteckt, gekreuzigt, zum Kampf gegen Tiere oder Gladiatoren verurteilt. Wiederholt wehrten sie sich durch Aufstände gegen diese Lebensbedingungen. Der bekannteste Aufstand ist der von Spartacus geführte (73–71 v. Chr.); erst ein Heer von rund 60 000 Mann konnte ihn niederschlagen; zur Strafe und Abschreckung wurden 6000 Gefangene öffentlich gekreuzigt.

Sklavenarbeit

Sklaven wurden nicht nur in Landwirtschaft und Handwerk eingesetzt; das Schlimmste, was ihnen passieren konnte, war Arbeit im Bergwerk. Das Leben der Sklaven in der Stadt war meistens weniger hart. Sie dienten als Pferdeknechte, Hausreiniger, Kammerdiener, Köche, Boten, Vorleser, Buchhalter, Sekretäre; manche hatten als Erzieher, Lehrer oder Ärzte verantwortungsvolle Aufgaben. Sklavinnen arbeiteten als Ammen oder Kindermädchen. Von solchen Sklaven besaß ein Herr je nach Vermögen bis zu 200 und der Kaiser hatte später am Hof bis zu 3000. Der Reichtum des römischen Staates und vieler Römer hätte ohne Sklaven nicht geschaffen werden können.
Zwischen Herrn und Sklaven entwickelte sich manchmal ein sogar freundschaftliches Verhältnis. Immer wieder wurden verdiente Sklaven freigelassen. Viele schafften es, sich selbst freizukaufen. Freigelassene hatten nicht das volle Bürgerrecht und waren als Klienten von ihrem früheren Besitzer abhängig. Ihre Kinder wurden dann aber römische Bürger mit allen Rechten.

Sklaven: Sklavinnen und Sklaven waren in Rom frei verfügbares Sacheigentum ihres Herrn ohne persönliche Rechte. Sklaven konnten freigelassen werden, aber erst ihre Kinder erhielten das volle Bürgerrecht. Die Sklaverei war in der Antike bei allen Völkern verbreitet. Nach der Antike und im Mittelalter war sie in Europa ungebräuchlich. Als die europäischen Mächte Länder in Afrika, Amerika und Asien eroberten, wurden erneut Menschen versklavt. Sklaverei wurde in den meisten Ländern im 19. Jh. verboten. In einzelnen Ländern, z. B. in Indien, wird sie noch heute praktiziert.

4 ***Freie Römer und ihre Klassen in der Zeit der Republik***

	1. Nobilität	2. Ritter	3. Plebejer
Anteil an der Bürgerschaft	kleinste Gruppe	kleine Gruppe	allergrößte Gruppe
Zusammensetzung	Adlige, Magistrate, ehemalige Magistrate und deren Nachkommen	reiche und sehr reiche Schicht der Nichtadligen	weniger Begüterte oder Besitzlose; wenige können zu Rittern aufsteigen
Erwerbstätigkeit	Landwirtschaft auf Großgütern	Großkaufleute, Unternehmer, Bankiers, Steuerpächter*	Bauern, Kleinhändler, Handwerker, Arbeiter, Tagelöhner, Arbeitslose
Stellung im Staat	wählt, besetzt die Magistraturen, besetzt den Senat	wählen, wenige können über die Ämter in die Nobilität aufsteigen	wählen, können Volkstribune werden, Klienten der Adlige

* Steuerpächter kauften vom Staat die Steuereinnahmen einer Provinz und trieben diese Steuern dann selbst ein. Dabei machten sie oft ungeheure Gewinne.

5 ***Behandlung von Sklaven** durch den Staatsmann Cato (um 200 v. Chr.); Plutarch beschreibt:*

Er erwarb eine große Zahl Sklaven, die er aus den Kriegsgefangenen kaufte, am liebsten solche, die noch klein waren und sich wie junge Hunde oder Fohlen erziehen ließen … Jeder Sklave musste entweder arbeiten oder schlafen und Cato war denen, die gut schliefen, wohlgesonnen, weil er glaubte, dass sie gutmütiger seien als die, welche munter blieben. Immer versuchte er seine Sklaven in Streit untereinander zu halten, weil Eintracht ihm Furcht und Verdacht erregte.

Plutarch, Cato der Ältere 21, Übers. d. Verf.

6 ***Die Ernährung von Sklaven** beschreibt Cato in seinem Werk „Über die Landwirtschaft":*

Das Essen für die Sklaven: Diejenigen, die arbeiten: im Winter 4 Scheffel (ca. 35 l) Weizen, im Sommer 4 1/2; dem Verwalter, seiner Frau, dem Aufseher, dem Schafhirten: 3 Scheffel. Den Fußgefesselten im Winter: 4 Pfund (ca. 1,3 kg) Brot, sobald sie anfangen, die Weingärten umzugraben: 5 Pfund Brot. Sobald die (Fall-)Oliven aufgegessen sind, gib eingelegte Fische und Essig. Öl gib jedem monatlich 0,5 l, Salz im Jahr 1 Scheffel. Kleidung für die Sklaven: ein Hemdrock, Umhänge (gegen Regen usw.). Gute Holzschuhe soll man alle zwei Jahre geben.

Cato, Über die Landwirtschaft 56–59, gekürzt, Bearb. d. Verf.

7 ***Mord eines Sklaven an seinem Herrn***
Der Historiker Tacitus (um 100 n. Chr.) berichtet von den Diskussionen über die Bestrafung:

Der Stadtpräfekt Pedanius Secundus wurde von einem seiner eigenen Sklaven ermordet. Entweder hatte er ihm die Freilassung verweigert, für die sie schon einen Preis vereinbart hatten, oder sie hatten Streit um eine Frau … Als nun nach altem Recht die gesamte Sklavenschar öffentlich hingerichtet werden sollte, entstand ein Volksauflauf, da man die vielen Unschuldigen schützen wollte, und es kam zum Straßenkampf. Auch im Senat erhoben sich Stimmen gegen diese allzu große Strenge, während sich die Mehrheit gegen jede Änderung des Gesetzes aussprach. (Nach längeren Verhandlungen) setzte sich die Gruppe durch, die für die Todesstrafe (für alle 400 Sklaven) stimmte.

Tacitus, Annalen 15, 42/45, Übers. d. Verf.

8 ***Im Bergbau** war Sklavenarbeit die Regel; Lohnarbeiter wurden kaum eingesetzt:*

Die Sklaven im Bergbau bringen ihren Besitzern unglaubliche Einkünfte; sie selbst aber müssen unter der Erde graben bei Tage wie bei Nacht, gehen körperlich zugrunde und viele sterben wegen der übermäßigen Anstrengungen, denn Erholung oder Pausen in der Arbeit gibt es nicht. Aufseher zwingen sie mit Schlägen, die furchtbaren Leiden zu ertragen, bis sie elend ihr Leben

9 ***Tötung eines Gladiatorensklaven*** *in der Arena. Der Unterlegene wird auf Aufforderung der Zuschauer vom Sieger getötet.*

11 ***Ein Arzt,*** *vielleicht ein Sklave, untersucht einen Patienten. Viele Römer misstrauten ausländischen, meist griechischen Sklavenärzten.*

aushauchen. Wenige nur, die Körperkraft und seelische Widerstandskraft genug haben, halten durch und verlängern damit nur ihre Qual. Denn erstrebenswerter als das Leben wäre für sie der Tod wegen ihres großen Elends.

Diodor (Historiker, 1. Jh.v.Chr.), Weltgeschichte 5, 38, Bearb. d. Verf.

10 ***Zur Behandlung von Sklaven*** *äußerten sich nur vereinzelte Autoren in der Antike kritisch.*

a) *Der Historiker Plutarch (um 100 n. Chr.):*

Dass er (Cato) seine Sklaven wie Lasttiere brauchte, sie bis zum Alter ausnutzte und dann verkaufte, scheint mir einen hartherzigen Mann zu verraten … Mit beseelten Geschöpfen darf man nicht wie mit Schuhen oder Geräten verfahren, die man, wenn sie zerbrochen oder abgenutzt sind, wegwirft.

Plutarch, Cato der Ältere 5, Übers. d. Verf.

b) *Plinius, römischer Staatsmann und Schriftsteller (1. Jh. n. Chr.):*

Wir wandeln auf fremden Füßen, wir lesen mit fremden Augen, wir grüßen nach fremdem Gedächtnis*, wir leben durch fremde Leistung.

* Manche Römer hatten besondere Sklaven, sogenannte „Nomenclatoren", die ihnen die Namen der ihnen begegnenden Personen nennen mussten.

Plinius, Naturgeschichte 29, 19, Bearb. d. Verf.

a) Warum wünscht sich Quintus manchmal, Sklave zu sein (VT)? Welche Vorteile hätte er, welche Nachteile?

b) Beschreibe das Leben eines Landsklaven, eines Sklaven im Bergwerk und eines Stadtsklaven (VT, M5, M6, M8, M10). Wie war seine Lebenssituation? Welche Chancen hatte er, sie zu verbessern?

c) Warum behandelte Cato Sklaven in der beschriebenen Weise (M5, M6)?

d) Warum sollten die Sklaven des Pedanius getötet werden (M7)? Wie verhalten sich die einfachen Leute gegenüber den Sklaven?

e) Der Schriftsteller Seneca zitiert das römische Sprichwort „Wir haben so viele Feinde wie Sklaven". Erkläre dies, auch mit Hilfe von M10.

f) Stelle nach dem Vorbild der Tabelle M4 zusammen, was du über Herkunft, Tätigkeiten und Stellung von Sklaven und Freigelassenen weißt.

g) Welche Römer hatten Vorteile von der Sklavenarbeit, welche nicht?

7. „Die Herren der Erde haben kein Land“

133 und 123 v. Chr.	*Die Brüder Tiberius und Gaius Gracchus versuchen nacheinander, die Lage der Plebs durch Ackerreformen zu verbessern.*
nach 105 v. Chr.	*Gaius Marius reformiert das Heer.*
88–31 v. Chr.	*Machtkämpfe im Staat führen in Rom zeitweise zu blutigen Bürgerkriegen.*

Reformversuche der Gracchen

„Jedes Tier in Italien hat Höhle, Lager oder Unterschlupf. Die Männer aber, die für Italien kämpfen und sterben, haben außer Luft und Licht nichts. Ohne Haus und Hof irren sie mit Frau und Kind umher. Die Feldherren lügen, wenn sie die Soldaten in der Schlacht auffordern für Ahnengräber und Altäre gegen die Feinde zu kämpfen; denn keiner von ihnen hat einen Hausaltar oder ein Ahnengrab. Nein, für anderer Leute Schlemmerei und Reichtum kämpfen und sterben sie. Sie heißen Herren der Erde und dennoch gehört ihnen kein Stückchen Ackerlandes.“
So beschrieb der adlige Politiker Tiberius Gracchus um 133 v. Chr. die Lage der kleinen Leute. Er erkannte, dass die Armut vieler Bürger und das Anwachsen des Proletariats eine große Gefahr für das Imperium bedeutete. Das Reich umfasste jetzt den größten Teil der damals bekannten Welt, die Zahl der Soldaten allerdings, die dieses Reich schützen und bewahren konnten, wurde immer geringer. Denn immer weniger Römer waren imstande ihre eigene Kriegsausrüstung zu bezahlen, und immer weniger Soldaten konnten deshalb eingezogen werden. Tiberius Gracchus sah es als seine Aufgabe an dieser Gefahr vorzubeugen. Er bewarb sich um das Amt des Volkstribunen und wurde gewählt.
In der Volksversammlung brachte er ein Gesetz ein, das den Armen Land verschaffen sollte: Die Ländereien vieler Großgrundbesitzer in Italien lagen teilweise auf Staatsland; dieser Besitz an Staatsland sollte nun begrenzt werden; dadurch freiwerdende Äcker wollte Tiberius an Proletarier verteilen lassen. Viele Großgrundbesitzer wehrten sich energisch gegen diese Landreform: Sie brachten einen anderen Volkstribun dazu, die Abstimmung über dieses Gesetz zu verhindern. Da beging Tiberius einen Rechtsbruch: Er veranlasste die Volksversammlung, den anderen Tribun abzusetzen – das verstieß gegen die Verfassung. Damit war der Weg für die Reform wieder frei. Tatsächlich verabschiedete die Volksversammlung nun das Gesetz und die Verteilung der Äcker wurde vorbereitet.
Tiberius fürchtete, dass das eine Jahr seiner Amtszeit nicht ausreichte, die ganze langwierige Reform durchzusetzen. Er wollte sich deshalb – gegen die Verfassung – für das nächste Jahr wieder zum Volkstribun wählen lassen. Das brachte die Wellen der Empörung bei den Reformgegnern zum Überschlagen: Tiberius wurde mit 300 seiner Anhänger erschlagen. Das war das Ende der Reform.
Ähnlich erging es seinem Bruder Gaius, der die Reformpläne zehn Jahre später fortsetzte; in einer Straßenschlacht, in der sogar Soldaten eingesetzt wurden, kam er mit seinen Anhängern um. Weitere Versuche dieser Art scheiterten gleichfalls am Widerstand der Großgrundbesitzer. Offenbar konnte man dieses Problem der Landverteilung mit den alten Mitteln der Republik nicht lösen. Gesetze waren gebrochen worden; Gewalt und Mord waren als Mittel erprobt worden um eigene Ziele durchzusetzen.
Diese Auseinandersetzungen bewirkten, dass sich der Senat in zwei Gruppierungen aufspaltete: Populare (lat. „populus“, Volk) wollten Reformen zugunsten des Volkes und Optimaten (lat. „optimus“, der Beste) lehnten Änderungen ab.

1 Bürger bei der Abstimmung *(Silberdenar von 63 v. Chr.). Das Wahlverfahren der Römer benachteiligte die Armen. Wenn Adlige und Ritter einig waren, konnten sie alle anderen Römer überstimmen. Aber die Plebs konnte im Jahre 139 v. Chr. wenigstens die geheime Abstimmung durchsetzen. Oft verkauften Arme ihre Stimme an den Meistbietenden.*

2 ***„Esel des Marius“*** *wurden die Soldaten nach der Heeresreform des Marius genannt, weil sie so große Lasten geduldig mit sich herumschleppten. Das Heer bestand jetzt aus hochtrainierten „Spezialisten“, von denen man Höchstleistungen verlangte: beim Marsch mit Rüstung, Waffen, Werkzeug, Verpflegung, Schanzpfählen (bis zu 40 kg bisweilen 30 km weit), beim Lagerbau, beim Kampf, beim Anlegen von Straßen. Jede Gruppe von acht Mann führte einen Maulesel für das schwere Gepäck mit sich.*
„Soldat“ war jetzt ein neuer Beruf, den man 20 bis 25 Jahre ausübte und der eine „Altersversorgung“ sicherstellte. Diese neue Heeresorganisation blieb bis in die Kaiserzeit erhalten.
Der abgebildete Soldat trägt neben den sichtbaren Geräten noch einen Schlafsack und eine Decke, außerdem einen Vorrat an Getreide und Zwieback für drei Tage.

Marius reformiert das Heer

Die Reformversuche waren gescheitert – die Probleme blieben. Das wurde wenige Jahre später in harten Kriegen am Nordrand des Reiches und in Afrika ganz deutlich: Das schrumpfende Heer von Wehrpflichtigen konnte das Reich nicht mehr sicher schützen. Da fand der populare Politiker und Feldherr Gaius Marius eine Lösung: Als er im Jahr 107 v. Chr. zum Konsul gewählt wurde, warb er Freiwillige für eine längere Dienstzeit an und stellte ihnen auf Staatskosten die Ausrüstung. Außerdem versprach er, seine Soldaten nach der Entlassung mit Landbesitz in Provinzen zu versorgen. Marius schuf also ein Heer von Berufssoldaten, die größtenteils aus dem Proletariat kamen, aber nach dem Militärdienst eine sichere Lebensgrundlage erhalten sollten. Diese Soldaten waren von ihrem Feldherrn abhängig wie die Klienten von ihrem adligen Patron; denn nur ihr Feldherr konnte dafür garantieren, dass sie das versprochene Land erhielten. Damit konnte der Feldherr „seine“ Soldaten außerdem dafür benutzen, seine politischen Ziele, z.B. bei Abstimmungen in Rom, durchzusetzen.

Bürgerkriege

Dies geschah in den folgenden Jahrzehnten immer wieder. Denn die Auseinandersetzungen um den beherrschenden Einfluß im Staat hörten nicht auf. Zeitweise bekämpften sich die Gegner in blutigen Bürgerkriegen; die Feinde wurden oft grausam verfolgt. Wiederholt rissen Feldherren das Amt des Diktators an sich um die eigenen Ziele durchzusetzen. Manchmal beherrschten Terrorbanden die Straßen Roms; jahrelang fanden keine Wahlen statt. Manchmal gab es allerdings auch ruhigere Zeiten, in denen viele glaubten, dass die Republik noch lebe. Von den Reformen der Gracchen an gerechnet dauerte diese Zeit der Bürgerkriege etwa 100 Jahre.

Diktatur (von lateinisch „dictare“, diktieren, befehlen): Bei großer Gefahr ernannte der Senat einen Diktator und übertrug diesem für höchstens sechs Monate unbeschränkte Macht. Der Diktator hatte den Auftrag diese Gefahr – oft war es ein feindlicher Angriff – abzuwehren. Gegen Ende der Republik wurde dieses Amt immer wieder von machthungrigen Politikern dazu benutzt, die eigene Herrschaft ohne zeitliche Begrenzung zu sichern. Heute bezeichnen wir mit dem Begriff Diktatur eine unbeschränkte und unkontrollierte Herrschaft, die sich auf Gewalt stützt.

3 ***Die Gesetzesvorschläge des Gaius Gracchus*** *stellt der Historiker Plutarch in einer Biographie des Gaius ausführlich vor:*

Von den neuen Gesetzen, die er vorschlug um die Gunst des Volkes zu erlangen und die Macht des Senats zu verringern, betraf das eine die Anlegung neuer Kolonien und die Verteilung des Staatslandes unter die Armen. Ein zweites nahm sich der Soldaten an und verlangte, dass sie auf öffentliche Kosten ohne den geringsten Abzug von ihrem Sold ausgestattet werden sollten und dass keiner unter 17 Jahren zum Kriegsdienst eingezogen werden sollte. Ein drittes betraf die Bundesgenossen: Alle Bewohner Italiens sollten das gleiche Bürgerrecht bekommen wie die Römer. Ein viertes verordnete, dass Getreide an die Armen zu einem niedrigen Preis verkauft werden sollte.

Plutarch, Gaius Gracchus 5, zit. n.: Parallelbiographien großer Griechen und Römer, Übers. d. Verf.

4 ***Silbermünze aus der Zeit des Bundesgenossenkrieges*** *(91–88 v. Chr.). Die Bundesgenossen Roms in Italien mussten sich das Bürgerrecht erst erkämpfen. Zu Beginn des Krieges prägten sie diese Münze. Oben: der italische Stier; unten: die römische Wölfin. Darunter in oskischer Schrift der Name eines italischen Befehlshabers (London, Britisches Museum).*

5 ***Bürgerkrieg*** *herrschte von 88–82 v. Chr. zwischen den Feldherren Marius (Popular) und Sulla (Optimat). Über die zeitweilige Herrschaft der Marianer in Rom berichtet der griechische Geschichtsschreiber Appian, der im 2. Jh. n. Chr. in Rom lebte:*

Sie (Marius und seine Soldaten) hielten ihren Einzug in Rom, dem alle mit Schrecken entgegensahen … Nun eilten sogleich Leute (nach allen Seiten), um die Gegner unter den Rittern und Senatoren aufzuspüren … Niemand durfte einen Ermordeten beerdigen. Hunde und Vögel zerrissen die Leichen adliger Männer. Auch ermordeten die Marianer eigene Leute, ohne zur Rechenschaft gezogen zu werden. Andere wurden verbannt, ihr Vermögen eingezogen, andere wurden aus dem Amt entlassen.

Alle von Sulla erlassenen Gesetze wurden aufgehoben. Seine Freunde wurden ermordet, sein Haus zerstört und sein Vermögen eingezogen, er selbst zu einem Feind des Vaterlandes erklärt. Auch nach seiner Frau und seinen Kindern suchte man, aber diese entkamen glücklich.

Appian, Bürgerkriege 1, 71 und 73, Bearb. d. Verf.

6 ***Das Verhalten von Soldaten und Feldherren in den Bürgerkriegen*** *des 1. Jahrhunderts v. Chr. beschreibt Appian ausführlich:*

All das (die Abhängigkeit von wechselnden Feldherren) untergrub die Disziplin und die Soldaten kamen zu der Überzeugung, dass sie nicht nur ihre militärische Pflicht erfüllten, sondern freiwillig und nach eigener Entscheidung den einen oder anderen Anführer unterstützten, wie dieser es für seine ganz persönlichen Absichten brauchte. Fahnenflucht, die früher als unverzeihlich gegolten hatte, wurde nun geradezu mit Geschenken belohnt …

Alle Parteien waren sich ähnlich, denn keine kämpfte gegen einen Feind des römischen Volkes, der dieses von außen bedrohte. Alle Feldherren aber gaben vor, sie führten zum Besten des Vaterlandes Krieg.

Appian, Bürgerkriege 5, 17, Bearb. d. Verf.

9 Links: **Gaius Marius** (156 – 86 v. Chr.). Als siegreicher Feldherr wurde er siebenmal zum Konsul gewählt; so etwas war nach der Verfassung nicht erlaubt. Seinem Gegner Sulla ließ er gegen die Verfassung ein militärisches Kommando wegnehmen und auf sich übertragen. Als erster Politiker verbannte er Gegner oder ließ sie verfolgen und ermorden.

7 **SPQR** S(enatus) P(opulus)q(ue) R(omanus): „Der Senat und das römische Volk“ – diese Formel wurde benutzt um das Wesentliche der römischen Verfassung zu charakterisieren. In der Zeit der Bürgerkriege wurde die römische Verfassung von einzelnen Feldherren immer mehr missachtet.

8 **Lucius Cornelius Sulla** (138–78 v. Chr.) besetzte als erster mit einem Heer die Stadt Rom, was als ungeheurer Rechtsbruch betrachtet wurde. Er ließ sich durch Druck auf das Volk zum Diktator ohne zeitliche Begrenzung und ohne bestimmten Auftrag ernennen um die Herrschaft der Optimaten zu festigen. Als erster Politiker ächtete er seine Gegner: So konnten sie von jedermann straflos ermordet werden; die Mörder erhielten sogar Belohnungen.

10 **Gnaeus Pompeius** (106–48 v. Chr.). Seine Karriere als Feldherr begann er als 20jähriger mit einem privaten Heer, um Sulla zu helfen. Als erster Politiker wurde er zum Konsul gewählt ohne vorher die anderen Magistraturen ausgeübt zu haben. Für seine Feldzüge wurde er wiederholt vom Volk mit Vollmachten ausgestattet, die weit über das Übliche hinausgingen. Zeitweise hatte er eine Stellung fast wie ein Monarch.

a) Berichte über die Reformversuche der Gracchen und versuche ihr Scheitern zu erklären (VT, M3).
b) Was bezweckte Gaius Gracchus mit der Bestimmung, dass Soldaten mit Hilfe öffentlicher Gelder ausgerüstet werden sollten (M3)?
c) Ein Proletarier mit Familie überlegt, ob er dem reformierten Heer des Marius beitreten soll: Stelle zusammen, welche Argumente dafür und welche dagegen sprechen (VT, M2; lies dazu auch die Kap. „Wer eroberte den Römern das Reich?“ und „Die Römer und ihre ‘lebenden Werkzeuge’“).
d) Stelle die Verstöße gegen die Verfassung zusammen (VT, M5–M10).
e) Was sollte mit den Münzen M1 und M4 zum Ausdruck gebracht werden?

8. Einer setzt sich durch – Caesar

60 v. Chr.	*Caesar, Pompeius und Crassus schließen ein Bündnis („Erstes Triumvirat").*
59 v. Chr.	*Caesar wird Konsul.*
58–51 v. Chr.	*Caesar erobert das freie Gallien.*
49–46 v. Chr.	*Caesar und Pompeius mit ihren Anhängern kämpfen im Bürgerkrieg gegeneinander, der erst 46 v. Chr. mit dem Sieg Caesars in Nordafrika endet.*
44 v. Chr.	*Caesar lässt sich zum Diktator auf Lebenszeit ernennen.*
44 v. Chr.	*Caesar wird an den „Iden des März" (15. 3.) ermordet.*

Entscheidung am Rubicon

Januar 49 v. Chr.: Caesar steht mit seinem Heer am Rubicon bei der heutigen Stadt Rimini, dem Grenzfluss seiner Provinz Gallien. Zehn Jahre hat er gekämpft und ein großes Land erobert – aber ohne Auftrag des Senats. Ebenfalls ohne Erlaubnis hat er sein Heer eigenmächtig mehrfach vergrößert. Sollte er jetzt seine Truppen entlassen und sich in Rom vor Gericht stellen lassen um seine militärischen Unternehmungen in Gallien zu rechtfertigen? Das konnte das Ende für seine Machtstellung in Rom und seine ehrgeizigen Pläne sein. Oder sollte er nach Rom marschieren, die Gegner verdrängen und die Herrschaft an sich reißen? Das konnte ein langer Bürgerkrieg werden.
Wer war dieser Caesar? Und wie war es zu dieser Situation am Rubicon gekommen?

Caesars Karriere

Gaius Julius Caesar (geb. 100 v. Chr.) aus einer altadligen Familie hatte als Politiker der Popularen eine steile Karriere gemacht. Dabei scheute er sich nicht ungeheure Schulden zu machen. Als er 40 Jahre alt war, galt er als wichtige Person, und so schlossen sich die beiden anderen „starken Männer" Pompeius und Crassus mit ihm zu einem Dreierbündnis zusammen; sie wollten ihre Politik miteinander abstimmen um sie erfolgreicher durchsetzen zu können. Mithilfe des Triumvirats wurde Caesar im Jahr darauf Konsul und setzte u.a. neue Ackergesetze und die Landversorgung von „Veteranen" (entlassenen Soldaten) durch. Nach seinem Konsulat wurde er Statthalter über die Provinz Gallien (Poebene und den Süden des heutigen Frankreich). Dieses Amt nutzte er um Gallien bis zum Rhein zu erobern. Er baute sich ein tüchtiges, ihm ergebenes Heer auf und festigte zugleich seine Macht in Rom. – Sollte er das alles aufgeben?
„Der Würfel soll geworfen werden!", soll er gesagt haben, als er den Rubicon überschritt und den Krieg gegen Rom eröffnete. Innerhalb von 60 Tagen brachte er Italien in seine Gewalt. Ein großer Teil der Senatoren, auch Pompeius (Crassus war 53 v. Chr. gestorben), floh. In Italien war damit der Bürgerkrieg zu Ende, außerhalb dauerte er noch bis 46 v. Chr. an. Im Staat bestimmte Caesar nun allein.

Caesar ist Diktator

Während dieses Machtkampfs war Caesar mehrmals Konsul und Diktator gewesen. Jetzt lehnte er die Diktatur auf Lebenszeit nicht ab. Er ließ zu, dass er wie ein Gott verehrt wurde und zeigte sich in Kleidung, die an etruskische Könige erinnerte. Von seinen Plänen konnte er nur wenige verwirklichen: Er verringerte die Zahl der Getreideempfänger um mehr als die Hälfte auf 150 000 und siedelte 80 000 Proletarier in Provinzen an. Den Senat füllte er mit seinen Anhängern auf und erhöhte die Zahl der Senatoren auf 900. Die Anhänger der Republik gewann er so nicht, obwohl er seine Gegner schonte. Für viele, und nicht nur die Optimaten, war er nur der Tyrann. An den „Iden des März" (15. 3.) 44 v. Chr. ermordeten ihn Verschwörer aus dem Senat; darunter waren auch Männer, die er gefördert hatte.

1 ***Caesars erstes Konsulat*** *– Plutarch berichtet:*

In seinem ersten Gesetzesantrag verlangte Caesar, Äcker (an die Armen) zu verteilen und neue Siedlungen (für Veteranen des Pompeius) anzulegen. Als sein Kollege Bibulus (Optimat) gegen das Gesetz sprach und Unterstützung fand, fragte er Pompeius vor versammeltem Volke: „Wenn jemand gegen den Antrag Gewalt gebrauchen will, wirst du dann dem Volke helfen?" Pompeius antwortete: „Ja, wenn jemand mit dem Schwert droht, komme ich mit Schwert und Schild."

Als Bibulus mit Lukullus und Cato (Gegner Caesars) zum Forum gingen, fielen plötzlich Bewaffnete über sie her und überschütteten Bibulus mit einem Korb Mist. Als man das Forum von den Gegnern geräumt hatte, wurde das Ackergesetz angenommen.

Plutarch, Pompeius 47 f., Bearb. d. Verf.

2 ***Caesar versucht das Volk zu gewinnen***

Plutarch berichtet in der Caesarbiographie:

Caesar verteilte an die Soldaten reiche Geschenke und erfreute das Volk durch Speisungen und Schauspiele. Die ganze Bürgerschaft war eingeladen und wurde an 22 000 Tischen bewirtet. Dann veranstaltete er zu Ehren seiner vor Jahren verstorbenen Tochter Julia Gladiatorenspiele und bot der Menge das Schauspiel einer Seeschlacht. Danach wurde das Volk neu geschätzt: Erschreckend war die Zahl der Bürger zusammengeschmolzen; der Bürgerkrieg hatte großes Unglück über Rom gebracht.

Plutarch, Caesar 55, Übers. d. Verf.

3 ***Gründe für den Mord an Caesar*** *zählt Sueton (1. Jh. n. Chr.) auf, der Kaiserbiographien, mit Caesar beginnend, schrieb:*

Er nahm nicht nur übertriebene Ehren an, wie die ständige Wiederwahl zum Konsul, die Diktatur und Zensur auf Lebenszeit, dazu die Namen „Imperator" und „Vater des Vaterlandes", ein Standbild neben denen der Könige und einen Thron im Theater, einen goldenen Sessel im Rathaus und Gericht, Bilder neben denen der Götter, die Benennung eines Monats mit seinem Namen. Auch nahm er und vergab Auszeichnungen nach Belieben. Er äußerte öffentlich, die Verfassung sei ein Nichts, Sulla habe wie ein Anfänger gehandelt, als er die Diktatur niederlegte. Die Leute müssten von jetzt an vorsichtiger reden und seine Worte wie Gesetze achten.

Sueton, Caesar 76 f., aus: Caesarenleben, Übers. d. Verf.

4 ***Caesar.*** *Diese Büste aus Tusculum ist die einzige, die zu seinen Lebzeiten geschaffen wurde (Turin, Museo d'Antichità).*

a) Schreibe mithilfe eines Lexikons den Lebenslauf Caesars in eine Tabelle.

b) Wie beurteilst du die Methoden, mit denen Caesar seine Ziele zu erreichen suchte (M1 und M2)?

c) Mit der Zensur ließ sich Caesar auch die Befugnis erteilen, die Senatoren auszuwählen (M3). Warum war dies für ihn wichtig? Warum erhöhte er die Zahl der Senatoren (VT)?

d) Fasse zusammen, was Caesar in den Augen von Senatoren (VT) und nach dem Urteil Suetons (M3) falsch gemacht hat.

e) Caesar ließ auf einer Münze seinen sagenhaften Vorfahren Aeneas abbilden (vgl. Kap. „Roms Anfänge – Sage und Wirklichkeit", M1): Was wollte er wohl damit ausdrücken?

9. Der Prinzipat des Augustus: Ein Kaiser schafft seine Ordnung

31 v. Chr.–14 n. Chr. ____ Octavianus, ab 27 v. Chr. „Augustus" genannt, errichtet eine neue Monarchie.

Als der Kaiser Augustus merkte, dass er sterben müsste, verlangte er einen Spiegel und ließ sich schminken. Dann rief er seine Freunde und fragte sie, ob er die Komödie des Lebens gut gespielt habe. Wenn ja, sollten sie ihm Beifall klatschen. Was aber war seine Rolle gewesen?

Der Erbe Caesars

Vor seiner Ermordung hatte der Diktator Caesar seinen Großneffen Octavianus zum Erben bestimmt, damit dieser seine Politik weiterführe. Zusammen mit Caesars Unterfeldherren Marcus Antonius und Lepidus schloss Octavianus schon 43 v. Chr. ein Bündnis um sich an den Mördern Caesars zu rächen. Nicht nur die Verschwörer Brutus und Cassius waren schnell besiegt; viele andere Bürger – sogar unschuldige – wurden geächtet und ermordet, wenn sie den Männern dieses „Zweiten Triumvirats" lästig waren.
Das Bündnis zwischen Marcus Antonius und Octavianus hielt nicht lange. Nun waren sie Konkurrenten um die Herrschaft über Rom. Antonius konnte sich auf einen Teil von Caesars altem Heer stützen; er hatte auch Freunde im Osten des Reiches; mit der ägyptischen Königin Kleopatra schloss er sogar eine Ehe. Octavianus dagegen fand Unterstützung in Italien und beim Senat, dem er als das geringere Übel erschien. So konnte er sich als der rechtmäßige Vorkämpfer Roms gegen einen machthungrigen orientalischen Gewaltherrscher aufspielen. Der Sieg in der Seeschlacht bei Actium 31 v. Chr. entschied den Bürgerkrieg für ihn.

1 Der Sieger über die „Barbaren" *(Schmuckanhänger aus Onyx, 19 x 23 cm, nach 15 n. Chr., Wien, Kunsthistorisches Museum). Auf dem geschnittenen Edelstein sehen wir oben Kaiser Augustus im Kreise römischer Götter. Er empfängt seinen Stiefsohn Tiberius, den siegreichen Feldherrn. Über seinem Kopf: die Bürgerkrone; rechts: das Füllhorn, Zeichen für Fruchtbarkeit. Unten werden vermutlich die besiegten Völker als Beute gezeigt.*

2 ***Der „Augustusfrieden".*** *9 v. Chr. weihte der Senat einen marmornen Altar zu Ehren des Mannes, der den Bürgerkrieg beendet hatte: in der Mitte die Mutter Erde, links und rechts die Meere und die Lüfte, als Personen dargestellt. Die Künstler wollten die Segnungen des Friedens nach langen Jahren von Krieg und Zerstörung darstellen. Wie haben sie dies gemacht?*

Der Alleinherrscher als „erster Bürger der Republik"

So war Octavianus der Herr Roms, er hatte allerdings aus dem Ende Caesars gelernt. Er versteckte die neu gewonnene Macht klug: Er nannte sich „Princeps", d. h. „erster Bürger". Den Senat und die Volksversammlung behandelte er mit Respekt und tat so, als funktioniere die alte Republik wieder: Er stellte sich zur Wahl und bat um Bestätigung seiner Maßnahmen. Die wirkliche Macht jedoch behielt Octavianus fest in der Hand: Als dauernder Stellvertreter der Konsuln kommandierte er das Heer. Ohne Volkstribun zu sein ließ er sich mit der Befugnis dieses Amtes ausstatten; so konnte er mit seinem Einspruch andere Magistrate blockieren. In den Provinzen, wo die Armee stand, und in Ägypten, woher das Getreide für die Hauptstadt kam, herrschte er direkt durch eigene Beamte. Lange Jahre war er Oberpriester und als mächtigster Bürger übernahm er auch bereitwillig Sonderaufgaben, z.B. die Getreideversorgung Roms. Damit hatte er die Bevölkerung in der Hand, die er außerdem mit prächtigen Wagenrennen, Gladiatorenkämpfen und Schauspielen für sich gewann.
Niemand hatte mehr die Kraft sich gegen Octavianus zu stellen; die Menschen fürchteten vor allem einen neuen Bürgerkrieg und fügten sich seiner Herrschaft. Der Senat verlieh ihm schließlich die Ehrentitel „Augustus" (d. h. „der Erhabene") und „Vater des Vaterlandes".

Augustus, der Friedensfürst

Octavianus hatte recht gewissenlos um die Macht gekämpft; Augustus war nun bemüht sich als guter Herrscher zu zeigen. Nach außen hin sicherte er das Reich, indem er im Norden die Gebiete bis an die Donau erobern ließ und im Osten Frieden schloss. Im Innern kümmerte er sich um den Wiederaufbau des von den Bürgerkriegen verwüsteten Landes. Neue Gesetze sollten das Leben im Frieden ordnen und auch die auseinander gerissenen Familien zusammenführen.

Prinzipat / Kaiser: „Prinzipat" bedeutet „Vorherrschaft" und ist von lat. „princeps", der Erste, abgeleitet. Es bezeichnet die von Augustus errichtete Herrschaftsform, die nach außen hin eine Republik darstellte, in Wirklichkeit aber eine Monarchie war. Wir verwenden für Augustus und seine Nachfolger das Wort „Kaiser": Der Name Caesars, der damals noch anders ausgesprochen wurde („kaisar"), ist zum Titel für den mächtigsten Herrscher geworden.

3 ***Augustusstatue von Prima Porta*** *(bei Rom; Marmor, 2,03 m hoch, kurz nach 17 v. Chr.). Die Bilder auf dem Brustpanzer des Kaisers verherrlichen römische Erfolge gegen äußere Feinde; außerdem zeigen sie Schutzgötter des Augustus. Der Knabe auf dem Delphin könnte Amor, den Sohn der Göttin Venus, darstellen. Mit nackten Füßen durften sonst nur Götter abgebildet werden.*

4 *Augustus, wie er gesehen werden wollte*

In seinem „Tatenbericht", der in vielen Tempeln im ganzen Reichsgebiet eingemeißelt wurde, gibt der Kaiser Rechenschaft über seine Regierung. Unter anderem schreibt er:

Mit neunzehn Jahren habe ich aus privater Initiative und aus eigenen Mitteln ein Heer aufgestellt. Mit diesem Heer gab ich dem Staat, der durch die Gewaltherrschaft einer politischen Machtgruppe unterdrückt wurde, die Freiheit wieder. Diejenigen, die meinen Vater ermordet haben, trieb ich in die Verbannung. So rächte ich durch gesetzmäßige, gerichtliche Verfolgung ihr Verbrechen. Und als sie dann Krieg gegen den Staat anfingen, besiegte ich sie. Ich löschte die Flammen des Bürgerkriegs; in meinem 6. und 7. Konsulat wurde mir mit der einmütigen Zustimmung des Senats und der gesamten Bevölkerung die gesamte staatliche Gewalt anvertraut. Später aber habe ich den Staat aus meiner Machtbefugnis wieder in die Entscheidung des Senats und des römischen Volkes zurückgegeben. Für dieses mein Verdienst wurde mir auf Beschluss des Senats der Name „Augustus" gegeben. Seit dieser Zeit überragte ich alle Übrigen an Einfluss; an Amtsgewalt aber besaß ich nicht mehr als die anderen, die meine Kollegen im Amt waren.

Augustus, Tatenbericht 1, 34 (Auszüge), Bearb. d. Verf.

5 *Augustus – eine andere Sicht*

Als der Kaiser gestorben war, wurde er in vielen Lobreden als Friedensstifter herausgestellt. Tacitus (um 100 n. Chr.) zitiert auch andere Stimmen:

Die Anhänglichkeit für den Vater Julius Caesar, die Rache für ihn und die schwierige Lage des Staates hat er nur zum Vorwand genommen. In Wahrheit ist es Herrschsucht gewesen: durch Freigebigkeit hat er die Veteranen aufgewiegelt. Als junger Mann ohne Amt hat er ein Heer angeworben und die Legionen des Konsuls bestochen. Frieden hat es nach dem Bürgerkrieg zweifellos gegeben, aber es war ein Frieden voll Blut.

Tacitus, Annalen 1, 10 (Auswahl), Bearb. d. Verf.

a) *Warum waren die meisten Römer nach der Schlacht von Actium bereit die Alleinherrschaft des Octavianus hinzunehmen (VT, M2)?*

b) *Der Prinzipat wird auch „Monarchie im Gewand der Republik" genannt. Suche Erklärungen dafür (Grundbegriff „Prinzipat/Kaiser", M3, M4).*

c) *Gib deine Meinung zu folgenden möglichen Urteilen über Octavianus/Augustus: machtbesessener Politiker – gewalttätiger Herrscher – Mann des Friedens – kluger Staatsmann (VT, M1–M5).*

10. Rom – die „Hauptstadt der Welt“

„Von sieben Hügeln aus überblickt es den ganzen Erdkreis“, sagte zur Zeit des Augustus ein Dichter voller Stolz über Rom. Aus einer „Stadt von Ziegelsteinen“ wurde in der Kaiserzeit eine „Marmorstadt“. Das galt aber eigentlich nur für die glanzvollen Paläste, die Häuser der Reichen und die riesigen öffentlichen Bauten, die zur Versorgung und zum Vergnügen der Großstadtbevölkerung errichtet wurden. Die Masse der Einwohner wohnte zur Miete in riesigen Häuserblocks, den „insulae“ – ohne Sonnenlicht, frische Luft und fließendes Wasser.

1 Rom um 300 n. Chr. *(Modell): (1) Heilige Straße durch das Forum Romanum; darauf (Pfeil, Bild oben): Tempel, Triumphbögen, Standbilder der Herrscher; (2) Palatinhügel mit den Kaiserpalästen; (3) Kapitolhügel mit den Tempeln der Staatsgötter; (4) Tiber; (5) Fernstraße Via Flaminia; (6) Marcellustheater für Schauspiele; (7) Circus Maximus für Wagenrennen; (8) Colosseum, Amphitheater für Tierhetzen und Gladiatorenkämpfe; (9) Bäderanlage (Thermen); (10) Wasserleitung.*

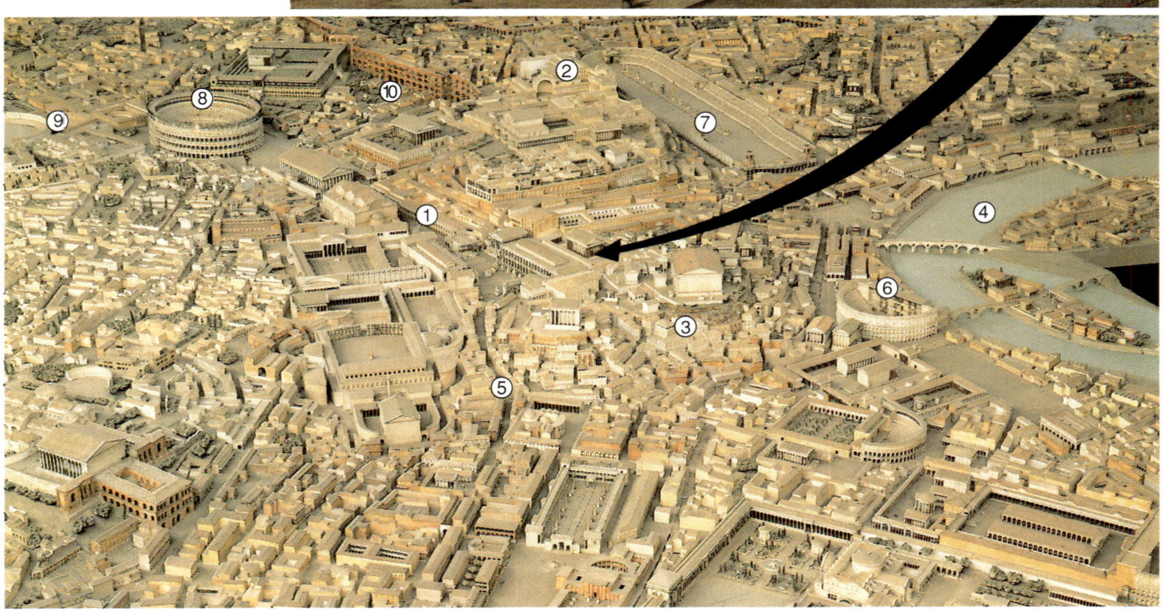

2 ***Die „Via Biberatica" in einem Marktzentrum der Kaiserzeit*** *führt durch eine Art „Supermarkt", den ein Kaiser im 2. Jh. n. Chr. errichten ließ. Hier gewinnen wir einen Einblick in den Alltag der arbeitenden Menschen. Die Läden waren in den seitlichen Räumen (mit Zwischenstockwerk) untergebracht.*

5 ***Das Leben in der Weltstadt.*** *Stadtbewohner, Händler aus vielen Ländern, Gesandtschaften fremder Völker, aber auch Touristen bevölkerten schon das antike Rom. Das Foto aus dem Film „Die letzten Tage von Pompeji" versucht ein solches Gewimmel in einer Straßenszene vor uns erstehen zu lassen.*

3 ***Das Rom des Augustus*** *vergleicht der Dichter Ovid (43 v. Chr. – 17 n. Chr.) mit dem früheren Zustand der Stadt:*

Früher herrschte rohe Einfachheit – jetzt ragt die goldene Stadt Rom empor und birgt die riesigen Schätze der unterworfenen Erde ... Der Palatinhügel, der nun im Sonnenlicht unter unseren Herrschern herrlich erstrahlt, was war er einst anderes als Weideland für die pflügenden Ochsen? ... Ich bin froh, dass ich heute geboren bin ...

Ovid, Ars amatoria 3, 113 ff., Bearb. d. Verf.

4 ***Großstadtprobleme*** *gab es auch damals schon. Für die Schwierigkeiten des Stadtverkehrs fand Caesar eine radikale Lösung: Von Sonnenaufgang bis zwei Stunden vor Sonnenuntergang war die Stadt für Fahrzeuge gesperrt. Die Transporte mussten in der Nacht abgewickelt werden.*

Ein Dichter beschreibt – nicht ohne Übertreibung – das nächtliche Rom der Kaiserzeit:

Wen lässt die Mietwohnung schlafen? Allnächtlich rollen die Reisewagen durch das Gewinkel enger Gassen, wo sich Herden stauen und die Flüche der Treiber hallen; der Lärm weckt auch Erzschlafmützen auf. Mir Eiligem hemmt die vor mir flutende Menge den Schritt und hinter mir drückt das Volk in Scharen nach. Der stößt mir den Arm in die Seite, jener ein hartes Brett; bald trifft mich ein Balken am Schädel, bald ein Ölfass, Kot bespritzt meine Waden ... Himmelhoch über der Straße sind Dächer, von denen – wie oft! – ein Ziegel herabkracht, uns auf den Schädel. Da sind die Fenster: Wie oft wirft man altes, zerbrochenes Geschirr herunter, mit einer Wucht, dass ein Loch im Pflaster zurückbleibt ...

Juvenal, Satiren 3, 234 ff., Bearb. d. Verf.

a) Hättest du damals gerne in der Millionenstadt Rom gewohnt? Suche Argumente dafür und dagegen (M1 bis M5).

b) Woran sieht man, dass Rom der Mittelpunkt eines mächtigen Reiches war? Wo fanden die Bewohner Entspannung und Unterhaltung (M1)?

11. Ein Schaukasten des römischen Lebens: Pompeji

Verräterische Spuren

Stelle dir vor: Jetzt – so wie du da sitzt und liest – wirst du plötzlich weggerufen. Alles bleibt liegen – das Buch, die Hefte, das Mäppchen mit Füller und Geodreieck, ja auch die Schultasche mit dem Pausenbrot und die Jacke mit der Buskarte. Jemand anders kommt an deinen Platz und findet die Sachen. Was könnte er sich nicht alles über dich und deine Lebensgewohnheiten zusammenreimen, wenn er nur scharf hinschaut und gut kombiniert?

Die Katastrophe

Etwas Ähnliches liegt mit der verschütteten und wieder ausgegrabenen römischen Stadt Pompeji vor uns: Am 24. August des Jahres 79 n. Chr. hatte der Vulkan Vesuv in Süditalien einen gewaltigen Ausbruch; 1000 m des Berges wurden dabei weggesprengt. Die Städte Stabiae und Herculaneum, nur 6 bis 8 km entfernt vom Vulkan gelegen, wurden von glühender Lava eingeschlossen und begraben. Über Pompeji aber fiel von 10 bis 13 Uhr ein Regen von Asche und Bimsstein. Das Unglück kam so plötzlich, dass die Einwohner keine Zeit mehr hatten, die Stadt zu räumen. So legte sich eine sechs Meter dicke Schicht auf eine lebhafte Stadt mit all ihren Einrichtungen. Das Leben erstarrte sozusagen in einem Augenblick – wie in einer Momentaufnahme.

Die Ausgrabungen von Pompeji

Erst nach Jahrhunderten machte man sich wieder an die Ausgrabung von Pompeji. Erschütternd waren die Spuren der Katastrophe, auf die die Archäologen trafen: Menschen, die auf der Flucht um ihr Leben in der Asche stecken geblieben waren; angekettete Tiere, die die allmählich steigende Ascheschicht begraben hatte. In der umgebenden und verhärteten Asche hatte sich der Abdruck der zerfallenden Körper erhalten. Als man die Hohlräume mit Gips ausgoss, gewann man ein Abbild der Unglücklichen in ihrem Todeskampf. Die ausgegrabene Stadt wurde zur Fundgrube für die Wissenschaftler. Bis dahin wussten sie vieles über die Römer nur aus alten Schriften. Nun konnten sie wie in einem Schaukasten sehen, wie die Römer einst gelebt hatten.

1 ***Pompeji und der Vesuv***
*Straßen und Straßenkreuzungen mit Trittsteinen sahen in vielen Stadtteilen Roms ähnlich aus.
Das leere Gehäuse der Stadt, das der Vulkanausbruch hinterlassen hat, ist nicht mehr ganz so, wie es ausgegraben wurde: Die wertvollsten Stücke hat man ins Museum gebracht. Das Gemäuer ist vom Zerfall bedroht. Viel Schaden richten auch die Andenkenjäger an.*

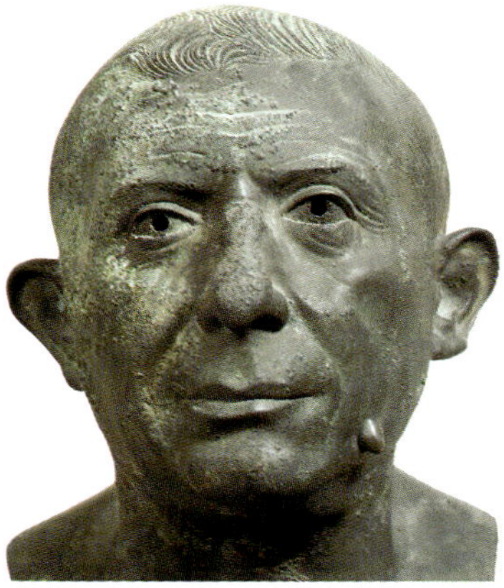

2 Der Bankier Lucius Caecilius Jucundus
Wie kaum anderswo können wir uns in Pompeji ein Bild vom Leben der Menschen in ihrer alltäglichen Umgebung machen. Der Bankier Lucius Caecilius Jucundus ist wahrscheinlich die Persönlichkeit Pompejis, über die man am meisten nachgeforscht hat. In seinem Haus an der Straße nach Stabiae wurden viele Wachstafeln gefunden, die uns Einblick in seine Geldgeschäfte und Geschäftsverbindungen geben. Er hat wohl seinem Vater ähnlich gesehen, dessen Bronzeporträt im Hause aufgestellt war. Wir können uns gut ausmalen, dass dieser Bürger Pompejis noch kurz vor der Katastrophe einen Brief an einen Geschäftsfreund im fernen Gallien schrieb um ihn zum Besuch bei sich einzuladen:

Ein Brief aus Pompeji

Lucius Caecilius Jucundus grüßt Gaius Julius Aper herzlich.

Lieber Gastfreund! Gerne ergreife ich die Gelegenheit, dem Schiffstransport, der eine Ladung unseres feurigen Vesuvweines in die Stadt Narbo bringt, einen Brief an dich mitzugeben. Da du ja leider keine Zeit für einen Abstecher hierher hattest, als wir uns voriges Jahr in Rom sahen, will ich dir meine Heimatstadt jetzt einmal ein bisschen schmackhaft machen.
In Rom hast du dich immer über das Gedränge und den Lärm der Millionenstadt geärgert. Davon ist hier wenig zu spüren. Mein Haus liegt mitten im Ort, aber wie die meisten Stadtvillen der wohlhabenderen Bürger hier ist es um einen Innenhof gebaut; man wohnt also angenehm luftig und hell und ruhig. Der Hauseingang geht zwar auf eine Hauptstraße, das Hauptgebäude liegt jedoch etwas im Innern des Wohnblocks. So bin ich nicht den üblen Gerüchen der Tuchwalkerei meines Nachbarn Vesonius Primus ausgesetzt. Vor seinem Betrieb auf der anderen Straßenseite stehen nämlich die Tonkrüge, in denen der Urin gesammelt wird, der zur Bearbeitung der Stoffe verwendet wird. Aber auch so etwas muss halt sein. Unmittelbar an der Straßenfront haben Handwerker und Händler Räume gepachtet. Werkstätten und Läden sind im Parterre, der Inhaber wohnt in einem kleinen Raum ein Stockwerk höher. Ich allerdings habe ein geräumiges und ruhiges Büro neben den Wohnräumen.
Glaube aber nicht, dass Pompeji ein verschlafenes Nest ist. 15 000 Menschen wohnen hier und es ist Einiges los. Und man lebt besser als in Rom: Die Preise sind ganz manierlich, sodass auch ärmere Bürger noch über die Runden kommen. Sklave zu sein ist ja wohl nirgends angenehm. Freilich gibt es gerade hier viele Freigelassene, die sich emporgearbeitet haben und ohne die man sich das Geschäftsleben unserer Stadt gar nicht mehr vorstellen kann. Nicht nur Römer wohnen hier, sondern ebenso viele Griechen und Angehörige anderer Völker. Auch in anderer Hinsicht ist Pompeji ein verkleinertes Abbild der Hauptstadt: Tempel, Amtsgebäude, Märkte, Bäder, Theater und Amphitheater – alles ist da, niemand muss hier also auf großstädtische Vergnügungen verzichten.
Früher war ich kaum wegzubringen von den Gladiatorenspielen und blutigen Tierhetzen in der Arena des Amphitheaters; mit zunehmendem Alter entspanne ich mich allerdings lieber in den Thermen oder vergnüge mich an den Vorstellungen der griechischen und römischen Schauspieler im Theater. Ihre derben, oft auch ganz witzigen Sketsche geben viel Gelegenheit sich Gedanken über Menschen zu machen; manchmal werden außerdem die großen Tragödien der griechischen Meister gezeigt.
Als echter Römer kann ich es allerdings schon noch nachempfinden, wenn die Mädchen beim Anblick eines durchtrainierten und erfolgreichen Kämpfers schwach werden. „Der Gladiator Celadus ist der Schwarm aller Mädchen", habe ich unlängst an einer Hauswand gelesen.

3

Die Sonnenuhr stand vor dem Apollotempel. Die Zeit von Sonnenaufgang bis Sonnenuntergang war in 12 Stunden eingeteilt (etwa 6–18 Uhr). Die Sonne bewegt sich von Osten nach Westen, also von rechts nach links; der Schatten des Sonnenzeigers wandert in entgegengesetzter Richtung. Die erste Markierung oben links bezeichnet also die erste Stunde nach Sonnenaufgang, die senkrechte Linie die sechste Stunde (Mittag).
Sicher kannst du jetzt die ungefähre Uhrzeit angeben?

Ansonsten sind die Mauern im Augenblick vollgepinselt mit Plakaten zur bevorstehenden Gemeindewahl. Jede Gruppe möchte ihren Kandidaten als Duumvir (Bürgermeister) oder Ädil (Marktbeamter) durchbringen: den Marcus Holonius Priscus unterstützen die Obsthändler und die Tuchwalker; Gaius Julius Polybius lässt sich damit anpreisen, dass er für gutes Brot sorgt.
Wirtshäuser gibt es viele und gute – je nachdem, was Du anlegen willst. „Trink was für ein As. Für zwei gibt's schon was Besseres, und für vier As kannst du den besten Falerner haben!", so steht's an meiner Stammkneipe. Oft bin ich bei Freunden oder Geschäftspartnern zu Gast oder ich gebe selbst ein Gastmahl, das sich sehen lassen kann.
Also, was wartest du noch? Komm mich besuchen, wenn es auch weit ist! Meine Familie wird sich freuen – und für Geschäfte bleibt uns auch ein bisschen Zeit. Leb wohl!

Geschrieben in Pompeji am 17. August des Jahres 832 nach Gründung der Stadt Rom

4 **Die Landstadt Pompeji.** Nicht alle Straßenzüge und Häuser sind vollständig ausgegraben worden, aber wir können uns ein gutes Bild vom Leben in der Stadt machen.

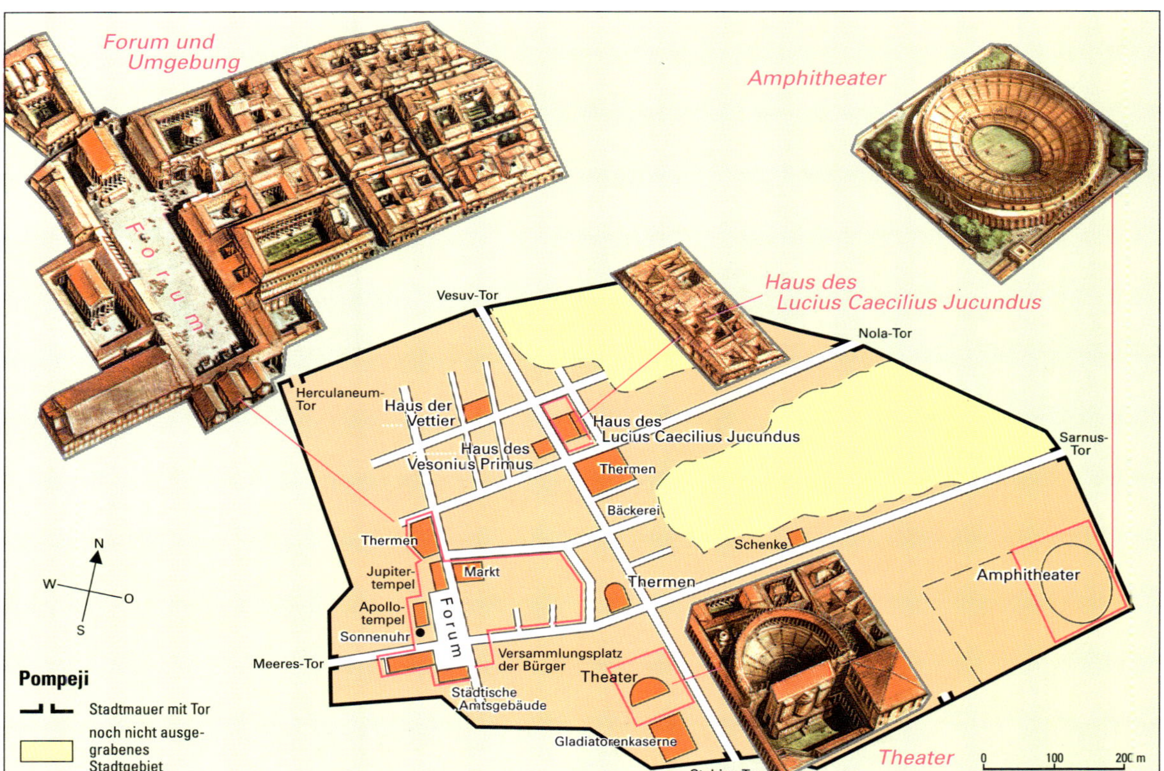

5 *Innenhof eines pompejanischen Hauses*
Wie das abgebildete Haus der Vettier waren die meisten Stadthäuser der wohlhabenden Bürger von Pompeji gebaut. Schon in alter Zeit waren die römischen Wohnräume um das „Atrium“ gruppiert, die nach oben offene Feuerstelle. In den großen Villen kam dazu ein Garten, der von einem Säulengang umschlossen war.

6 *Eine Schauspielertruppe bei der Probe* *(Ausschnitt aus einem Wandmosaik in Pompeji). Bei ihren ernsten und heiteren Darstellungen trugen die Schauspieler Theatermasken (lat. „persona“), die den Charakter der Rolle anzeigten und den Schall der Stimme verstärkten. Die Aufführung wurde von Flötenmusik und Tamburin untermalt.*

7 *Bäckerladen**. Wandbilder wie dieses (1. Jh. n. Chr.) geben uns neben Werkstätten und Geräten auch Auskunft über das Arbeitsleben in Pompeji. Die aufgestapelten Brotfladen wurden in einer Art Pizzaofen gebacken. Die Brote waren eingekerbt und wurden zum Essen wie in Tortenstücke auseinander gebrochen. Man hat auch versteinerte Brote gefunden.*

8 *Würfelspieler in einer Schenke**. „NON TRIA, DUA EST – Das ist kein Dreier, sondern nur ein Zweier“, sagt der eine laut Inschrift. Durch solche Bilder, die auf die Innenwände der Räume gemalt sind, und durch Wandkritzeleien erfahren wir, womit sich die Menschen in Pompeji in ihrem Alltag beschäftigten.*

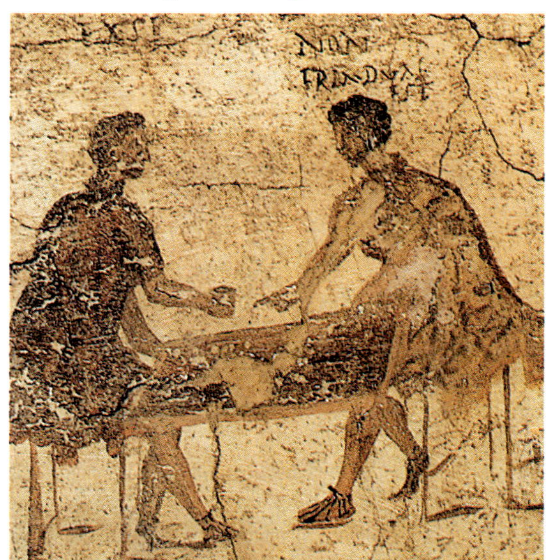

9 ***Ein Gastmahl in einem vornehmen Haus*** *war ein beliebter Zeitvertreib wohlhabender Bürger. Während sonst das Essen recht bescheiden war, lebte man hier üppig: Um zu zeigen, wer man war, ließen die Herren erlesene Speisen auftragen, z.B. Austern aus der Bretagne oder Straußeneier aus Afrika. Die Römer saßen nicht, sondern sie lagen bei Tisch. Sklaven waren für die Bedienung zuständig (Wandgemälde aus Pompeji, ca. 60 v. Chr.).*

10 ***Das Vergnügen der Arena im Amphitheater schildert*** *der Philosoph Seneca (1. Jh. n. Chr.):*

Zufällig geriet ich in die Mittagsvorstellung. Ich erwartete um diese Tageszeit Ablenkung, Witz und Erholung, etwas, was die Menschen ausruhen lässt vom Blut ihrer Mitmenschen. Das Gegenteil ist der Fall: ... Am Morgen werden die Menschen den Löwen und Bären vorgeworfen, am Mittag ihren Zuschauern. Die siegreichen Mörder werden für die aufgehoben, die sie ermorden sollen. Das Ende für die Kämpfenden ist der Tod: ... „Schlag ihn tot, peitsche ihn, verbrenne ihn!" rufen die Zuschauer den Kämpfern zu. „Warum schlägt er nicht kühn zu? Warum stirbt er so ohne Begeisterung?" Und das ist nur die Mittagspause beim Gladiatorenspiel.

Seneca, Moralische Briefe 7, 3 ff., Bearb. d. Verf.

11 ***Wie teuer war das Leben in Pompeji?*** *Zu den gebräuchlichen Münzen gehörte der Denar; er galt 4 Sesterzen, 1 Sesterz war wiederum 4 As wert. In Pompeji gefundene Geldbeutel enthalten zwischen 2 und 20 Sesterzen bei den wohlhabenderen Leuten. Arme Leute trugen wohl nur wenige As bei sich. Wie viel Sesterz und As in Mark und Pfennig wert waren, lässt sich nur schwer sagen. Aufgrund von Haushaltsbüchern und Preisangaben können wir die Kaufkraft ungefähr einschätzen.*

Demnach kostete:

1 Pfund Brot	*1 As*
0,3 l Olivenöl	*4 As*
1 Maß einfacher Wein	*1 As*
1 Maß Falerner (besserer Wein)	*4 As*
1 Tunika (hemdartiges Gewand)	*15 Sesterzen*
Reinigung der Tunika	*4 Sesterzen*
1 Maultier	*520 Sesterzen*
1 Sklave	*2500 Sesterzen*

Der Durchschnittsverdienst ist kaum zu ermitteln. Viele Leute verdienten wohl wenig mehr, als zum Leben unbedingt nötig war. Wie viel Geld man ausgeben konnte, hing auch davon ab, welchen Platz man in der Gesellschaft hatte.

12 ***Vom Aschenregen verschüttet*** *wurden nicht nur Straßen, Gebäude, Gegenstände und Gemälde in Pompeji, sondern auch viele Menschen und Tiere. Nur ganz wenige konnten sich retten. Dieser Mann wurde mit zwei anderen in einem Keller von der Katastrophe überrascht. Versuche zu erklären, wie ein so genaues Abbild dieses Unglücklichen entstehen konnte.*

a) *Suche auf dem Stadtplan M4, wo die im Kapitel aufgeführten Gebäude oder Dinge zu finden sind.*
b) *Wie viel kostet heute ein Pfund Brot? Berechne dementsprechend die Preise für Nahrung und Kleidung in heutigem Geld und vergleiche (M11).*
c) *Im Brief schreibt Jucundus, Pompeji sei in vielem ein verkleinertes Abbild Roms. Erkläre diese Aussage, suche auch Unterschiede zur Hauptstadt.*
d) *Warum ist gerade Pompeji so wichtig für unsere Kenntnisse vom Leben der Menschen in römischer Zeit (VT, M1–M9, M11, M12)?*

12. Ein Kaufmann in Ostia – Handel verbindet die Welt

Reger Betrieb im Hafen

Ostia, der Handelshafen Roms um 100 n. Chr.: Es herrscht hektisches Treiben. Schiffe mit Waren aus aller Welt laufen ein und werden von den Matrosen unter lautem Geschrei am Kai fest gemacht. Sklaven und Tagelöhner schleppen die Ladung in die umliegenden Lagerhäuser oder laden die Waren auf Flussschiffe für den direkten Transport nach Rom. Andere Seeschiffe werden beladen. Auf den Kais und zwischen den Lagerhäusern drängen sich Kaufleute, Matrosen, Lastenträger, Boten, bettelnde Kinder und Männer, Kinder, die Esswaren oder Getränke anbieten, und Neugierige – freie Bürger und Sklaven, Bewohner von Ostia und Rom und aus allen Teilen des Reiches. Man hört nicht nur Lateinisch, sondern sehr viel Griechisch, aber auch Keltisch, Germanisch, Syrisch, Hebräisch, Ägyptisch und andere Sprachen.
Durch das Gewühl sucht sich auch ein Händler – nennen wir ihn Titus Octavius Felix – seinen Weg. Man hat ihn benachrichtigt, dass gerade eines seiner Schiffe aus Ephesus mit einer Ladung Baumwolle eingetroffen ist. Nun will er die Fracht kontrollieren und das Ausladen überwachen.

Handel über Land und Meer

Octavius besitzt nur wenige Schiffe. Aber er hat tüchtige, umsichtige und zuverlässige Kapitäne angestellt; bisher kamen seine Schiffe gut an, wenn es nicht gerade schlimme Stürme gab. Und Seeräuber haben ihm noch nie ein Schiff gekapert, denn die römische Flotte verfolgt sie unnachsichtig.
Hauptsächlich exportiert Octavius Öl und Wein; beides wird in Italien auf den Großgütern der Adligen preisgünstig von Sklaven produziert und ist in der ganzen Welt begehrt. Wichtigste Importware ist Getreide, denn die vielen hunderttausend Menschen in Rom müssen mit Brot versorgt werden und Getreideanbau gibt es in Italien fast nicht mehr. Öl, Wein und Getreide bringen Octavian ein gleichmäßiges und sicheres Einkommen. Besser verdient er allerdings an Waren wie Parfüm, Edelsteinen und Elfenbein oder an Luxusspeisen, die sich die Reichen oft von weit her liefern lassen. Diese Geschäfte haben jedoch ein höheres Risiko; gerade kürzlich ist eine Ladung Austern vom Atlantik verdorben eingetroffen – das war ein großer Verlust. Selten gelingt es ihm oder seinen

1 Handelsschiff im Hafen von Ostia *(Ausschnitt aus einem Relief aus Ostia mit Nachzeichnung, 3. Jh. n. Chr.). Das Relief ist Teil des Grabsteins eines römischen Reeders.*

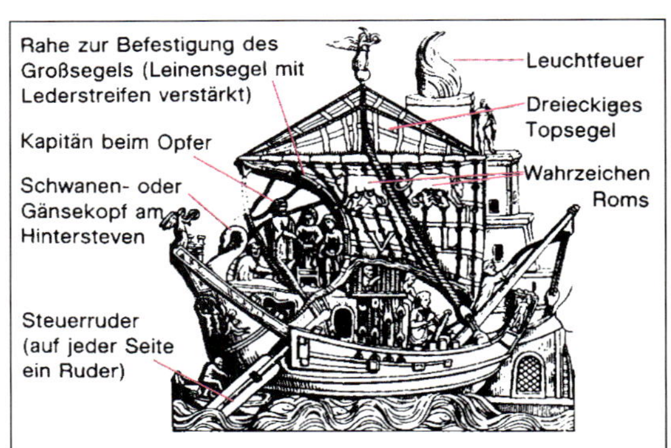

2 ***Hafen von Ostia** am Tiber (2. Jh. n. Chr., Modell). Außer diesem Flusshafen, der auch für Seeschiffe befahrbar war, hatte Ostia noch einen Seehafen, der durch Molen gegen das Meer geschützt war. – Wo sind die Lagerhäuser? Woran erkennst du sie? Welche Gebäude erkennst du außerdem?*

Handelspartnern, in Syrien oder Ägypten einen Posten Seide aufzukaufen; Seide wird auf einem endlos weiten Weg von China her transportiert, kann indes in Rom mit großem Gewinn verkauft werden.
Octavius wickelt seine Geschäfte meistens über Handelspartner in den Provinzen ab. Manchmal besucht er sie um sich mit ihnen zu besprechen oder ein besonders gutes Geschäft abzuschließen. Diese Reisen dauern oft wochenlang. Aber er kann angenehm reisen, denn die Straßen im ganzen Reich sind gut ausgebaut und werden laufend von Soldaten instand gehalten. Er kann sich einen bequemen, gefederten Reisewagen leisten, in dem er vor Sonne und Regen geschützt ist; auch die Schiffahrt hat feste Routen und ist gut organisiert.

Überall „zu Hause"

Auf den Reisen und beim Handel behindern Octavius keine Grenzen und Zölle. Überall kann er mit demselben Geld bezahlen und sich in seiner Muttersprache Latein verständigen, außerdem spricht er wie viele Römer fließend Griechisch, die wichtigste Sprache im Osten des Reiches. In allen größeren Städten erwarten ihn bei seinen Geschäftsfreunden Wohnkomfort und Annehmlichkeiten, wie er sie von daheim gewohnt ist: Villen mit Fußbodenheizung, immer frischem Wasser und einem Bad. Es gibt zur Unterhaltung Theater, Wagenrennen oder Zirkusspiele. Und wenn ein betrügerischer Händler Waren „auf die Seite" gebracht hat, kann Octavius überall vor Gericht nach römischen Gesetzen sein Recht durchsetzen. Sollte er gar selbst eines schweren Verbrechens angeklagt werden, kann er als römischer Bürger verlangen, in Rom vor Gericht gestellt zu werden.

Der Stolz des Römers Octavius

Dass er römischer Bürger ist, gibt Octavius überall im Reich Sicherheit. Das weiß er vor allem auf seinen Reisen in fernen Gebieten zu schätzen. Dort empfindet er besonderen Stolz gegenüber anderen Reichsbewohnern, die keine Römer sind. Sogar auf römische Bürger in den Provinzen schaut er herab, da er selbst nahe der Hauptstadt lebt. Denn von Rom aus herrscht der Kaiser, von dort kommen alle Gesetze, in Rom fallen alle wichtigen Entscheidungen für das Reich. Manchmal merkt Octavius auch, dass Ruhe und Sicherheit nicht überall garantiert sind. In manchen Gegenden sind Truppen stationiert, die Aufstände gegen Rom verhindern und die Grenzen des Reiches sichern sollen. Man lässt es ihn als römischen Bürger bisweilen spüren, dass nicht alle Bewohner des Reiches mit der römischen Herrschaft zufrieden sind. Viele Provinzbewohner wären gerne unabhängig.

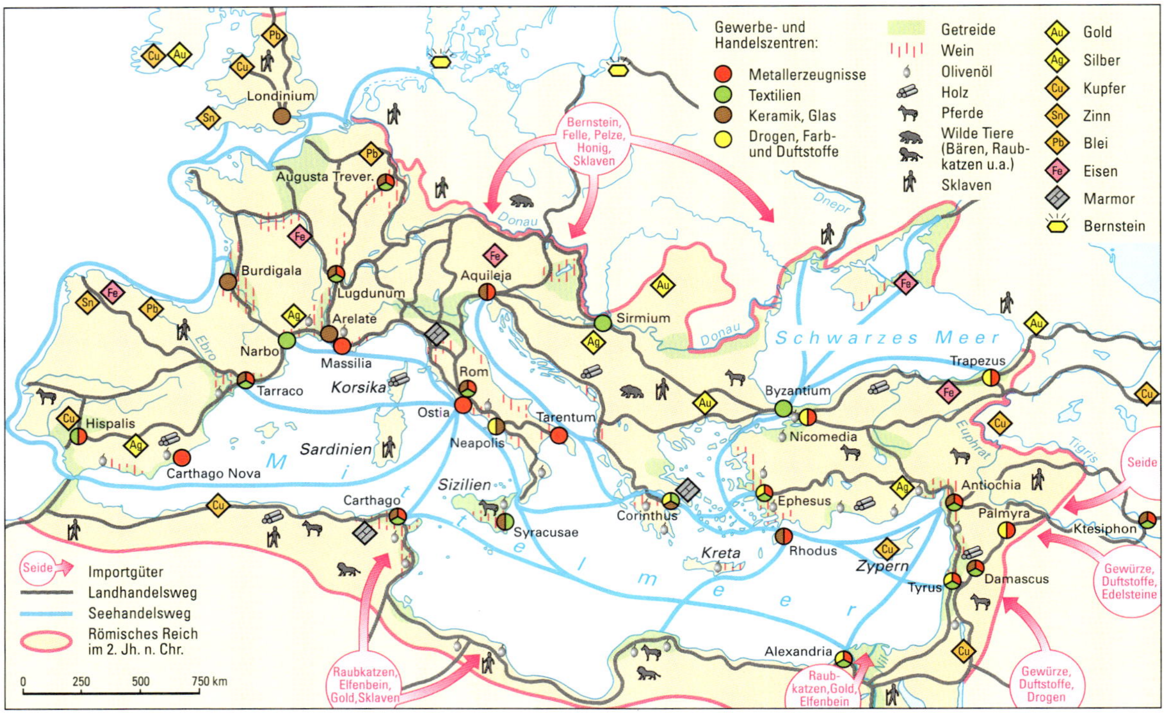

3 Wirtschaft und Handel in der Kaiserzeit

4 ***Versorgung Roms.*** *Der Gelehrte Varro (1. Jh. v. Chr.) über die Getreideeinfuhr:*

Heute sind fast alle Familienoberhäupter in der Stadt zusammengekrochen, haben Sichel und Pflug verlassen und wollen die Hände lieber im Theater und Zirkus als bei der Saat und im Weinberg bewegen. Deshalb mieten wir Leute, die uns das Getreide aus Afrika und Sardinien holen, damit wir satt werden.

Varro, Über die Landwirtschaft II, Einl. 3, Übers. d. Verf.

5 ***Firmenzeichen der Reeder aus Narbo*** *in Gallien. Die Schiffahrtslinien hatten ihre Vertretungen im rechteckigen Säulengang unterhalb des Theaters.*

6 ***Römisches Bürgerrecht***

Der Apostel Paulus wurde um 60 n. Chr. in der Provinz Judäa von römischen Soldaten festgenommen, weil es seinetwegen zu Unruhen unter der Provinzbevölkerung gekommen war:

Der römische Stadtkommandant befahl, Paulus in die Kaserne zu bringen. Er wollte ihn auspeitschen und befragen lassen, um zu erfahren, warum die Juden so wütend auf ihn waren. Als die Soldaten ihn mit Riemen festbanden, sagte Paulus zu dem dabeistehenden Offizier: „Ist es euch denn überhaupt erlaubt, einen römischen Bürger auszupeitschen, noch dazu ohne ein ordentliches Gerichtsverfahren?“ Der Offizier ging zum Stadtkommandanten, meldete ihm das und sagte: „Was willst du tun? Dieser Mann ist Römer.“ Der Stadtkommandant ging selbst zu Paulus und fragte ihn: „Sage mir: Bist du wirklich ein Römer?“ Paulus sagte: „Ja.“ Der Kommandant sagte: „Ich habe mir das Bürgerrecht für eine hohe Summe erworben.“ Paulus entgegnete: „Ich aber bin als Römer geboren.“ Die Männer, die Paulus verhören sollten, ließen sofort von ihm ab. Der Kommandant bekam es mit der Angst zu tun, als er merkte, daß er (Paulus) Römer war und er ihn hatte fesseln lassen.

Apostelgeschichte 22, 24 ff., Übers. d. Verf.

7 Via Appia bei Rom, die älteste römische Straße. Das Pflaster stammt aus der Römerzeit und wird noch heute befahren.

8 Gefederter Reisewagen (Relief aus Österreich). Solche Wagen erlaubten es, recht komfortabel ca. 120 km pro Tag zurückzulegen.

9 Römischer Meilenstein, schon 1550 in der Abtei Isny im Allgäu gefunden. An allen großen Straßen im Reich gaben solche Meilensteine die Entfernung zum nächsten wichtigen Ort an.

10 Weintransport auf einem Fluss (Relief aus Avignon, Südfrankreich). Der Kahn wird flussaufwärts von Menschen (oder Tieren) gezogen („getreidelt"). „Leinpfade" an Rhein und Neckar erinnern an das Treideln, das noch bis vor 100 Jahren so ablief.

a) Berechne die Zeit, die Octavius im Reisewagen für eine Fahrt von Ostia nach Brindisi benötigte. Wie lange fuhr sein Schiff von Ephesus nach Ostia (M3, M7 – M9)? Handelsschiffe legten etwa 120 km am Tag zurück.

b) Fertige eine dreispaltige Tabelle an: In die linke Spalte trägst du die heutigen Ländernamen der Gegenden ein, aus denen Waren nach Rom kamen. In die mittlere Spalte schreibst du die Waren und in die rechte Spalte den Weg (Land, See), auf dem die Waren transportiert wurden (M3).

c) Warum wohl opfert der Kapitän des Handelsschiffs (Relief M1)?

d) Warum entwickelte sich Ostia zu einer Stadt von 80 000 Einwohnern, obwohl es nur rund 20 km von Rom entfernt war (VT, M1 – M5)?

e) Vergleiche heutige Essgewohnheiten mit dem, was wir jetzt von den Römern wissen (VT): Woher kommen unsere Nahrungsmittel? Kann man die Erklärung Varros auf heutige Verhältnisse übertragen (M4)?

f) Was ist an den geschilderten Verhältnissen ähnlich wie im heutigen Europa, was ist anders? Sprich mit deinen Eltern darüber.

13. Die römische Macht hat Grenzen: der Limes

Die Varusschlacht: eine Katastrophe für Rom

Die gut organisierte und kriegserfahrene römische Armee hatte – zumindest im Westen – keinen gleichwertigen Gegner. So schien es nur eine Frage der Zeit, bis die ganze den Römern damals bekannte Welt dem Weltreich unterworfen sein würde. Aber die scheinbar unbesiegbare römische Heeresmacht fand ihre Grenzen: dort nämlich, wo die Beschaffenheit eines Landes – Sümpfe etwa und Urwälder – und die langen Versorgungswege es der Armee unmöglich machten ihre Überlegenheit auszuspielen. Im Jahre 9 n. Chr. gerieten gleich drei Legionen unter dem Kommando des Quintilius Varus in einen Hinterhalt feindlicher Germanen und wurden völlig vernichtet. Der Anführer der Germanen, der Cheruskerfürst Arminius (dt.: „Hermann"), war selbst einmal römischer Offizier gewesen. Es war wohl diese Niederlage, die Augustus und seine Nachfolger von dem Plan abbrachte, das ganze Germanenland bis zur Elbe zu erobern.

Sicherung und Ausbau des Erreichten

Die Römer beschränkten sich in Germanien von nun an darauf, die bisherigen Eroberungen zu sichern. Das Rheinland war schon von Caesar erobert worden; Tiberius und Drusus, die Stiefsöhne des Augustus, unterwarfen um 15 v. Chr. das Alpenvorland bis zur Donau. Bis ungefähr 90 n. Chr. wurde noch der Landzipfel zwischen Rhein und Donau hinzugewonnen. Dieser Abschnitt war schwierig zu halten, da die Grenze nicht von großen Flüssen gebildet wurde. Dort errichteten die Römer deshalb den „Limes", dessen Reste noch heute an vielen Stellen in Südwestdeutschland zu sehen sind. In seinem Schutz konnten die Menschen in den Provinzen in den nächsten Jahrhunderten zumeist in gesichertem Frieden leben – allerdings unter römischer Herrschaft.

1 West- und Süddeutschland zur Römerzeit
Die Gebiete hatten für die Römer zunächst militärische Bedeutung. Die Standorte der Legionen waren auch die zentralen Orte der Verwaltung. Daneben entstanden aber auch wichtige zivile Städte, z. B. Trier. Nenne die römischen Provinzen auf dem Gebiet der heutigen Bundesrepublik und deren wichtigste Orte. Wieso finden sich zwischen Rhein und Donau besonders viele Militärlager? Was fällt dir bei der Verteilung der Kastelle auf?

2 **Römischer Wachtturm am Limes.** *Das lateinische Wort „Limes" bedeutet ursprünglich „Grenzsaum" oder „Grenzpfad". Im Laufe der Zeit verstand man darunter die Bauwerke, mit denen die Römer manche Abschnitte ihrer Grenzen sicherten. In Rätien bestand der Limes aus einer 3 m hohen Steinmauer, in Obergermanien aus einer Holzpalisade mit einem Graben. Die Wachttürme wurden in regelmäßigen Abständen errichtet. Ihre Besatzungen konnten sich durch Feuer- oder Rauchsignale verständigen.*

3 **Stempel der Legio XXII PR(imigenia) aus Xanten.** *Wenn die römischen Legionäre nicht im Kampfeinsatz waren, dienten sie als „Bausoldaten". Zunächst befestigten sie die Lager oder bauten Straßen und Brücken um den Nachschub für die Armee zu sichern. Baumaterialien wie Ziegel oder Röhren für Wasserleitungen wurden von der Armee hergestellt und trugen dann den Stempel der jeweiligen militärischen Einheit. Auch andere wichtige Dinge wie Schuhe, Kleidung, Geschirr und Werkzeuge kamen aus der „Fabrica" (Werkstatt) der Legion. Mit ihren technischen Kenntnissen und mit ihrer Arbeit schufen die Soldaten die Grundlage für den weiteren Ausbau des Landes durch Handwerker und Kaufleute, die sich im Gefolge der Armee in den Provinzen ansiedelten.*

4 **Das Hermannsdenkmal bei Detmold** *(57 m hoch) wurde 1875 eingeweiht. Bis heute gab es über 700 verschiedene Vermutungen, wo der Ort der Varusschlacht sein könnte. Römische Schriftsteller berichten vom „Teutoburger Wald", ohne dass man weiß, welchen Gebirgszug sie damit meinten. Heute sind sich Archäologen so gut wie sicher, dass der Ort der Schlacht nicht bei Detmold, sondern in der Gegend von Osnabrück liegt.*

a) *Warum machten die Römer nach Augustus keine größeren Versuche mehr, ihren Machtbereich bis zur Elbe und weiter auszudehnen?*

b) *Historiker haben außer schriftlichen Quellen noch andere Hilfsmittel zur Verfügung. Wonach suchten wohl die Archäologen, als sie den Schauplatz der Varusschlacht bestimmen wollten?*

14. Die römische Herrschaft verändert die Provinzen

Aufbau von Provinzen

Die Römer beließen es nicht dabei, erobertes Land einfach zu beherrschen und auszubeuten. Zunächst gingen sie natürlich daran, die Versorgung der Soldaten sicherzustellen, indem Straßen gebaut und Stützpunkte angelegt wurden. Den Legionen folgten aber immer gleich römische Händler und Handwerker, auch Angehörige der Soldaten, die sich in der Nähe der Militärlager ansiedelten. Diese brachten ihre Lebensgewohnheiten mit und versuchten sich möglichst bald so einzurichten, wie sie es von Italien her gewohnt waren. Mittelpunkt der römischen Provinzverwaltung waren die Standorte der Legionen; der Militärbefehlshaber hatte zugleich die Aufsicht über die Beamten, die sich vor allem um die Eintreibung von Steuern und Abgaben kümmerten. Unter dieser römischen Oberaufsicht durfte die unterworfene Bevölkerung ihre eigenen Angelegenheiten weitgehend selbst bestimmen.

Innerhalb der Provinzen waren die ansässigen Völkerschaften in „Gemeinden" zusammengefasst, die jeweils von einem Hauptort aus verwaltet wurden. Oft erkennt man schon am römischen Namen, zu welchem Stamm die einheimischen Bewohner dieser Städte gehörten: Die Vindeliker z.B. hatten ihren Mittelpunkt in „Augusta Vindelicum" (Augsburg). Die Stadt wurde unter Augustus gegründet und war römisches Verwaltungszentrum für die Provinz Rätien. Trier – „Augusta Treverorum" – wurde hauptsächlich von Angehörigen des gallischen Stammes der Treverer bewohnt.

Außerhalb der Städte war das Land übersät mit „villae rusticae", römischen Gutshöfen, die mit Bädern, Wandmalereien und Mosaiken ausgestattet waren.

Römische Zivilisation

Wenn wir von „zivilisierten" Verhältnissen sprechen, so meinen wir, dass Zustände erreicht sind, auf die die meisten Menschen als Bürger (lat. „civis") Anspruch zu haben glauben: etwa dass man einigermaßen friedlich über die Straße gehen, dass man Vertrauen in Polizei und Ärzte haben kann, dass die Wasserversorgung funktioniert usw. So etwas kommt allerdings nicht von selbst, sondern eine solche Zivilisation ist das Ergebnis einer langen Entwicklung. Für die Bewohner der

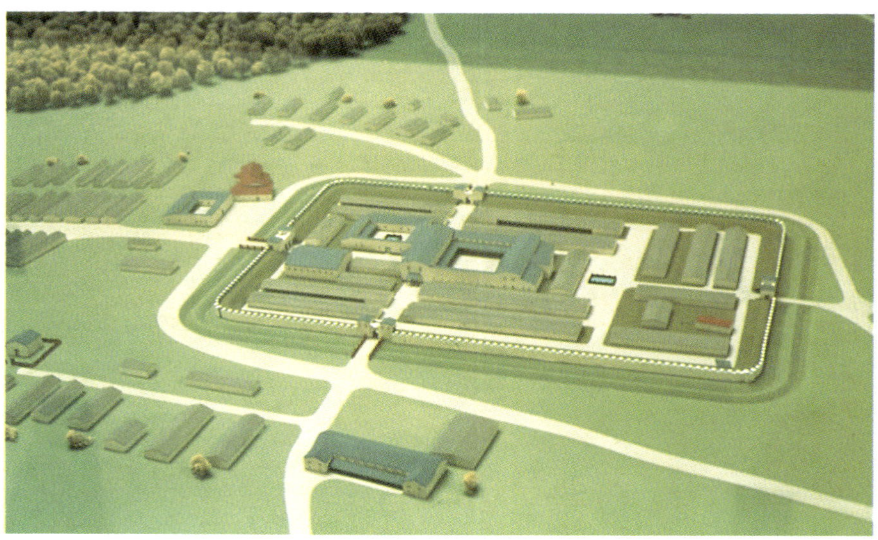

1 ***Römisches Legionslager*** *(Modell des Saalburg-Kastells, Taunus, 221 x 147 m). Römische Städte und Militärlager glichen sich im Bauplan: Zentrum war jeweils die Kreuzung zweier rechtwinklig aufeinandertreffender Hauptstraßen. Dort lagen die zentralen Einrichtungen: Kommandantur und Fahnenheiligtum im Lager, Forum und Tempel in der Stadt.*

2 ***Die Stadt Arelate*** *(Arles) in Südfrankreich wurde 46 v. Chr. auf Anweisung Caesars gegründet. Vergleiche die Luftaufnahme mit dem Blick auf Rom und Pompeji in den vorangehenden Kapiteln.*

Provinzen gab die in vielen Dingen überlegene römische Zivilisation das Muster ab: Nach römischem Vorbild wurden nun Städte gebaut und verwaltet. Thermen, Forum, Tempelanlagen, Luxusvillen, Theater, Amphitheater, Wasserleitungen und ähnliche Einrichtungen waren jetzt in vielen Provinzstädten zu finden. Die römischen Handwerker brachten neue Geräte und Arbeitstechniken mit. In der Landwirtschaft wurden neue Pflanzen und Anbaumethoden eingeführt. Mit der Sache übernahm man dann auch die Bezeichnung aus der anderen Sprache. So zeigen auch im Deutschen viele „Lehnwörter" an, wo unsere Vorfahren etwas von den Römern gelernt, „entlehnt" haben.

Vor allem in den Städten (lat. „urbes") erfuhren die Provinzbewohner, was römi-

3 *Rechts:* ***Wasserleitung über den Fluss Gard*** *in Südfrankreich, erbaut im 1. Jh. n. Chr. (Foto einer der mittleren, ca. 25 m weiten Arkaden). Die 49 m hohe und 275 m lange Brücke war Teil der 50 km langen Wasserleitung, die die Stadt Nemausus (Nîmes) versorgte. Das Wasser floss in einem mit Steinplatten abgedeckten Kanal ganz oben.*

4 ***Thamugadi*** *(Timgad) im heutigen Algerien wurde 100 n. Chr. von Kaiser Trajan gegründet.*

5 Lehrer mit Schülern *(Marmordarstellung, Ende des 2. Jh. n. Chr., aus Neumagen an der Mosel): Zwei Schüler befinden sich gerade im Unterricht mit ihrem Lehrer, als ein dritter hinzukommt. Welche für die Schule typischen Gegenstände kannst du erkennen?*

sche Zivilisation bedeutete. Deshalb bezeichnet man umfassendere Anlagen von Städten als „Urbanisierung".
Die römische Zivilisation hatte allerdings auch ihre Schattenseiten: Man denke nur an die Sklaverei oder an die bedenkenlose Ausbeutung der Natur für Wirtschaft und Straßenbau oder für das Vergnügen der Massen in der Stadt.

Lateinische Sprache und Kultur

Mit ihrer Sprache und ihrer Schrift nahmen die Römer großen Einfluss auf die weitere Entwicklung Europas. Auch dieses Buch ist ja in „lateinischen" Buchstaben gedruckt. In ganz Europa war Latein Jahrhunderte lang das internationale Verständigungsmittel – viele alte Inschriften und Urkunden zeigen dies. Die sogenannten „romanischen" Sprachen – u. a. Französisch, Italienisch, Portugiesisch, Rumänisch, Spanisch – sind aus der Sprache der Römer hervorgegangen. Indem die Römer auch in den Provinzen Schulen und Bibliotheken einrichteten, eröffneten sie den Menschen dort den Zugang zu Wissenschaft und Literatur.
Unsere Vorstellungen von Recht und Gesetz sind noch heute ganz entscheidend vom römischen Vorbild geprägt. „Im Zweifelsfall für den Angeklagten" oder „Man muss auch die andere Seite hören" – das sind zwei von vielen ursprünglich römischen Rechtsgrundsätzen, die für uns noch gelten.

Austausch über den Limes hinweg

Die Wirkung der römischen Zivilisation und Kultur machte nicht Halt am Limes. Denn wenn nicht gerade Krieg geführt wurde, war der Limes nur eine Grenzbefestigung und keine undurchdringliche Sperrmauer. So entstand in den römischen Gebieten im heutigen Süd- und Westdeutschland ein reger Austausch und Handel über die Grenze hinweg. Für die meist armen und einfachen Germanen war das entwickeltere römische Gebiet Anlass zur Bewunderung. Gerne suchten sie die steingebauten Städte auf um dort gegen Naturprodukte und Felle die Erzeugnisse der römischen Handwerker einzutauschen. Viele Germanen leisteten Dienst in der römischen Armee, wo sie nach 25 Jahren das römische Bürgerrecht erhielten.

Romanisierung: Der Begriff bedeutet „römisch machen" oder „römisch werden". Zunächst war die Übernahme römischer Technik und römischer Lebensweise eine Folge der militärischen Unterwerfung, dann aber erfolgte sie, weil die Überlegenheit der Römer in vielen Lebensbereichen anerkannt wurde. Die Romanisierung wirkte besonders in den westlichen Teilen des Reiches, wo heute die sogenannten „romanischen" Sprachen gesprochen werden. Vor allem die römischen Soldaten und Verwaltungsbeamten förderten diese Angleichung ans römische Vorbild.

6 ***Die Germanen aus römischer Sicht*** *beschrieb der Historiker Tacitus (um 100 n. Chr.):*

Alle Germanen sehen ähnlich aus: trotzige, blaue Augen, rotblondes Haar und große, kräftige Körper, die freilich nur zum Angriff taugen. Bei mühsamer Arbeit zeigen sie jedoch keine große Ausdauer. Durst und Hitze ertragen sie nur schlecht, aber Kälte und Hunger sind sie gewöhnt, denn das Wetter ist rau und der Boden karg. Das Land sieht zwar recht verschieden aus, ist aber meist mit unheimlichen Urwäldern und Sümpfen bedeckt … Saatkorn trägt es recht gut, aber Obstbäume gedeihen nicht.

Für die Germanen ist die Menge ihres Viehs der einzige Reichtum; Gold und Silber haben die Götter ihnen – aus Gnade oder Zorn? – versagt.

Wenn die Männer nicht im Krieg sind, gehen sie manchmal auf die Jagd. Meistens aber essen und schlafen sie und tun sonst nichts … Die Sorge für Hof, Haus und Äcker überlassen sie den Frauen und den Alten …

Dass die Germanenstämme nicht in Städten wohnen, … ist bekannt. Jeder siedelt für sich, wo ihm eine Quelle, ein Feld, ein Gehölz gerade gefällt. In ihren Dörfern umgibt jeder sein Haus mit einem Hofraum, sei es zum Schutz gegen Feuer, sei es, dass sie vom Bauen nicht mehr verstehen. Nicht einmal Steine oder Ziegel verwenden sie. Zu allem benutzen sie unbehauene Baumstämme. Es kümmert sie nicht, ob diese schön aussehen. Manche Stellen an der Außenwand bestreichen sie freilich recht sorgfältig mit so sauberem, glänzendem Lehmputz, dass es wie Bemalung oder Verzierung wirkt …

Als Kleidung dient allen ein Umhang, der durch eine Fibel (Spange) oder einen Dorn zusammengehalten wird. Mehr haben sie nicht an. Ganze Tage verbringen sie so am Herd oder am Feuer. … Die Frauen haben keine andere Kleidung als die Männer, nur hüllen sie sich öfter in einen Leinenumhang, den sie durch Rotfärbung beleben.

Die Kinder, nackt und schmutzig, wachsen in jedem Haus zu diesen Körpern heran, über die wir uns wundern. In der Erziehung wird ein Herrensohn nicht mehr verzärtelt als der Sohn eines Knechtes. Die Mädchen werden nicht zu eilig verheiratet; dieselbe Jugendfrische und Körpergröße auch bei ihnen …

Ihre Nahrung ist einfach: Wildfrüchte, erlegtes Wild oder Sauermilch; ungewürzt und ohne Verfeinerung der Speisen stillen sie ihren Hunger. … Geldverleih und Zinsgewinne, die man damit machen kann, sind ihnen unbekannt.

Tacitus, Germania 4 f., 15–17, 20, 23, 26. Bearb. d. Verf.

7 ***Gehöft des germanischen Stammes der Cherusker*** *(1. Jh. n. Chr.), nachgebaut im Freilichtmuseum Oerlinghausen*

8 *Links:* ***Tierhetze im Amphitheater*** *(Fußbodenmosaik aus der römischen Villa Nennig, Saarland, ca. 230 n. Chr.). Drei Gladiatoren kämpfen gegen einen Bären. Auch in den Amphitheatern im Norden und Westen des Römischen Reiches wollte das Publikum weder auf Gladiatorenspiele noch auf die blutigen Kämpfe mit seltenen wilden Tieren verzichten. Dies führte zu einer bedenkenlosen Jagd auf Löwen, Leoparden, Elefanten, Auerochsen, Bären und andere Tiere. Sehr viele von ihnen gingen schon beim Transport zugrunde, manche Tierarten wurden beinahe ausgerottet. Die Herrscher veranstalteten solche teuren Vergnügungen um ihre Großzügigkeit zu beweisen. Kaiser Trajan z.B. ließ in Rom zur Feier eines Sieges in 123 Tagen über 11 000 Tiere grausam abschlachten – zur Freude der Massen.*

9 ***Römische Lehnwörter*** *in der deutschen Sprache – in und um das Haus*
Fertige eine Tabelle an, in der auf der linken Seite die lateinischen Wörter aus dem Bild stehen. Trage auf der rechten Seite die deutschen Wörter ein, die sich daraus entwickelt haben.
Ordne die Begriffe nach den Bereichen „Hausbau", „Straße" und „Ernährung".

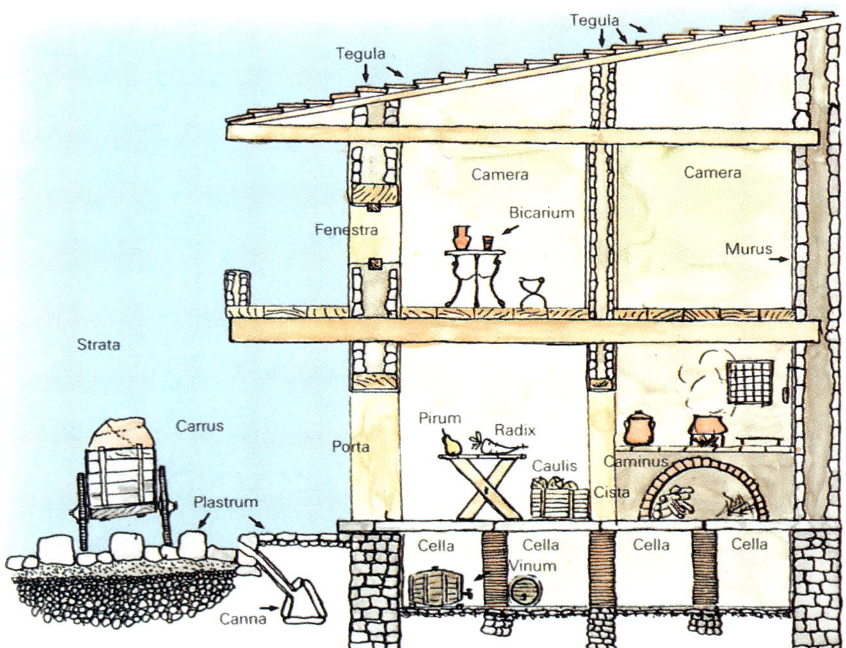

a) Entwirf nach den Angaben über Rom, Pompeji und den Informationen in diesem Kapitel (VT, M1, M2, M4) den Plan einer römischen Stadt.

b) Tacitus wollte seinen Zeitgenossen berichten, wie die Germanen lebten. Was hebt er besonders hervor? Finde Beispiele, die zeigen, dass der Autor des Berichts Römer ist. Was hält er von den Germanen (M6)?

c) Erfinde eine Geschichte: Ein Cherusker kehrt aus einer Römerstadt in sein Gehöft zurück und erzählt, was in der Stadt anders ist (M2, M4, M6, M7, M8).

d) Erkläre an Beispielen aus diesem Kapitel, was „Romanisierung" bedeutet. Beziehe auch die Materialien auf der ADS „Die Römer – vom Stadtstaat zum Weltreich" mit ein.

15. Auf den Spuren der Römer im Rheinland

58–51 v. Chr.	*Unter Caesar erobern die Römer Gallien bis zum Rhein.*
9 n. Chr.	*Drei Legionen werden von Germanen bei Osnabrück vernichtend geschlagen.*
50 n. Chr.	*Köln wird römische Bürgerkolonie (Colonia Claudia Ara Agrippinensium).*
69/70 n. Chr.	*Die letzte Erhebung gallischer und germanischer Stämme gegen die römische Herrschaft über die Rhein- und Moselgebiete scheitert.*
um 400 n. Chr.	*Germanische Stämme überschreiten die von römischen Truppen geräumte Rheingrenze: Ende der Römerherrschaft im Rheinland.*

Das Rheinland stand ungefähr ein halbes Jahrtausend unter römischer Herrschaft. In den Grenzprovinzen waren immer viele Legionen stationiert um das Reich gegen die Germanen zu sichern. Viele Städte im Rheinland verdanken deshalb ihre Entstehung einem römischen Legionslager – zum Beispiel Nimwegen (Noviomagus Batavorum), Xanten (Castra Vetera), Novaesium (Neuss), Köln (Colonia Claudia Ara Agrippinensium), Bonn (Bonna) oder Mainz (Mogontiacum). Für das gesamte Römische Reich war dieses Gebiet wichtig, denn die dort stehenden Armeen bestimmten mit, wer die Herrschaft ausübte. Wenn es auch immer wieder Überfälle und Angriffe der Germanen von der anderen Seite des Rheins gab, so hat die lange römische Herrschaft doch viele Spuren und Überreste im Rheinland hinterlassen. Die drei wichtigsten Zivilstädte jener Zeit waren Köln, Trier und Xanten.

Köln: „Mit dem Fahrstuhl in die Römerzeit"

So lautet der Titel eines weitverbreiteten Buches über die Erforschung der römischen Vergangenheit West- und Süddeutschlands durch die Archäologen. Köln war die wichtigste römische Stadt am Rhein; es ist auch in der Folgezeit immer eine lebendige Stadt gewesen. Die Menschen späterer Jahrhunderte nahmen nicht viel Rücksicht auf die Überreste aus römischer Zeit. Sie benutzten die alten Bauten als Steinbruch und errichteten darüber neue Häuser. So gibt es im Stadtbild eigentlich verhältnismäßig wenig sichtbare Reste der alten Römerstadt. Wenn man allerdings im Gebäude der Kölner Stadtverwaltung in der Budengasse den Fahrstuhl in den Keller benutzt, befindet man sich mit einem Mal in den Überresten des „Prätoriums", des Verwaltungsgebäudes der römischen „Colonia Agrippinensium". Der Fahrstuhl ermöglicht sozusagen eine Reise durch die Zeit. Der Untergrund von Köln erweist sich noch immer als eine überaus ergiebige Stätte für Funde aus der Römerzeit. Die meisten sind im „Römisch-Germanischen Museum der Stadt Köln" übersichtlich geordnet. Da können wir nicht nur einen Ausflug in eine andere Zeit unternehmen, sondern die Fundgegenstände, Werkzeuge und Schmuckstücke ermöglichen uns den Einblick in das Leben der Menschen in der römischen Kaiserzeit: wie sie sich kleideten, wie sie arbeiteten, wie sie ihre Götter verehrten usw.

Xanten: ein Freilichtmuseum der römischen Kaiserzeit

Die „Colonia Ulpia Traiana" bei Xanten wurde um 100 n. Chr. vom Kaiser Trajan gegründet. Anders als in Köln haben die Menschen späterer Zeit das Gelände der römischen Zivilstadt nicht überbaut. Die verlassene Römerstadt wurde nur als Steinbruch benutzt, bis schließlich Äcker und Wiesen die Grundrisse der Stadt und ihrer Gebäude überdeckten. Bei den Ausgrabungen der letzten Jahrzehnte beschränkten sich die Archäologen nicht darauf, die Grundmauern der

1 ***Der Archäologische Park Xanten.*** *Über 300 000 Besucher kommen alljährlich hierher. Im Vordergrund ein rekonstruierter römischer Kran, dahinter ein Teil des Amphitheaters; links hinten ist ein Turm der Stadtbefestigung zu sehen.*

Römerstadt wieder sichtbar zu machen. Wichtige Gebäude wurden stückweise rekonstruiert, so dass sich die Besucher des „Archäologischen Parks“ eine römische Stadt besser vorstellen können. Die wieder aufgerichteten Teile des Amphitheaters, die Herberge, ein Teil des Mauerrings mit Wachttürmen, das Eck des Hafentempels – dies alles zeigt, wie nach der Ansicht vieler Gelehrter unserer Zeit eine römische Stadt der Kaiserzeit ausgesehen haben könnte.

2 ***Rekonstruktion des Hafentempels der Colonia Ulpia.*** *Von ihm waren nur Grundmauern und umgestürzte Säulenreste übrig. Die 42 m hohe Ecke des Säulenumgangs zeigt, wie der Tempel ausgesehen haben könnte.*

3 ***Römischer Glasbecher,*** *um 300 n. Chr. in Köln angefertigt; 12,1 cm hoch. Die Umschrift fordert zum Trinken auf – „damit du immer gut lebst“. Dieses Schmuckglas lag in einem Sarg, hatte also gar keinen praktischen Nutzen.*

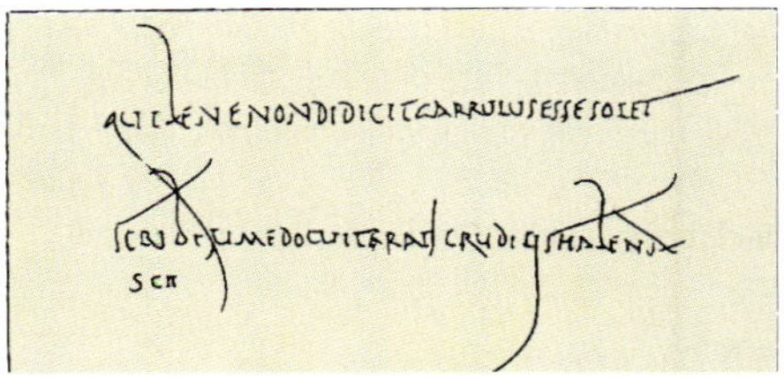

4 Römisches Landgut *(Wandgemälde, Nennig, 3. Jh. n. Chr.). Die Villa von Ahrweiler hat wohl ähnlich ausgesehen. Wandkritzeleien erinnern hier an frühere Bewohner. 1. Zeile: „QUI BENE NON DIDICIT GARRULUS ESSE SOLET – wer nicht gut gelernt hat, bleibt gewöhnlich ein Schwätzer"; 2. Zeile: „SCRIPTU(M) ME DOCUIT GRATI CRUDELIS HABENA – Schreiben lehrte mich der Riemen des grausamen Gratus".*

Die „Villa rustica" von Ahrweiler

Beim Bau der Bundesstraße 267 stieß man 1980 in Ahrweiler auf die Überreste eines römischen Gutshofs. Archäologisch interessierte Zuschauer hatten das Landesamt für Denkmalspflege verständigt, als sie bemerkten, wie ein Bagger alte Ziegel zutage förderte. Der Fund erwies sich als einer der besterhaltenen Reste einer „villa rustica" in Deutschland: Manche Wände des großzügig eingerichteten Hauses waren mit ihrer Bemalung noch bis zu einer Höhe von 1,60 m erhalten; Küche und Heizung hatten die Zeit unter dem Schutt der Jahrhunderte fast unbeschädigt überstanden. In darunterliegenden Schichten fanden Archäologen die Anzeichen von mehrfacher Zerstörung und Wiederaufbau.

Ein Überblick über die Bau- und Nutzungsgeschichte des römischen Gutshofs am Silberberg spiegelt die wechselvolle Geschichte der römischen Grenzprovinzen am Rhein, die durch die Nähe zum Germanenland besonders gefährdet waren:

frühes 1. Jh. n. Chr.	*Bau des ersten Hauses, von dem nur ein Kellerraum erhalten blieb; nach Abriss und Einebnung:*
nach 150 n. Chr.	*Die große Villa wird als „Herrensitz" auf dem Kellerraum gebaut.*
um 260 n. Chr.	*Die Villa muss geräumt werden und brennt nieder.*
Ende des 3.Jh. n. Chr.	*Erneute Nutzung: Einbau von Herdstellen und einem Backofen; die Villa wird zu einer Herberge mit einem Gasthof.*
1. Hälfte des 4.Jh.	*Die Villa wird kurzfristig geräumt, wohl wegen der einfallenden Germanen.*
2. Hälfte des 4.Jh.	*Letzte Nutzung durch römische Bewohner, dann wird die Villa endgültig aufgegeben; das gesamte Mobiliar kann noch abtransportiert werden.*

Ein Betätigungsfeld für Archäologen

Zur Geschichte des römischen Deutschland gibt es nur wenige verlässliche schriftliche Quellen, die uns über das Leben der Bewohner Auskunft geben können. Neben Grabinschriften sind es vor allem die Überreste von Bauten, Geräten, Gegenständen, Kleidungsstücken usw., aus denen Archäologen ihre Schlüsse ziehen. Dazu müssen diese Überreste allerdings sorgfältig geborgen und ausgewertet werden. Das Prunkglas (M3) z. B. kann die Frage lösen helfen: „Welche Arbeitstechniken kannten römische Glasmacher um 300 n. Chr.?" oder „Gibt der Fundort Auskunft über die Verwendung?" Man kann aber auch fragen: „Seit wann waren solche Prunkgefäße in Gebrauch?" oder „Wie haben sich die Bestattungssitten im Laufe der Jahrhunderte verändert?"

5 *Links:* ***Das Grabmal des Lucius Poblicius*** *(um 40 n. Chr., insgesamt 14,60 m hoch) ist eine Hauptattraktion des Kölner Museums. Der ehemalige Soldat hatte es für sich und seine Familie an der Straße nach Bonn errichten lassen.*

6 Hobbyarchäologen und Raubgräber

a) *Ein sensationeller Fund in Köln:*

1965 entschloss sich der Besitzer eines Hauses am Chlodwigplatz sein Textilgeschäft selbst auszubauen. Bei den Erdarbeiten stießen seine beiden Söhne im Keller auf behauene Steine. Da sie vermuteten, dass es sich vielleicht um römische Grabsteine handeln könnte, benachrichtigten sie das Römisch-Germanische Museum der Stadt Köln. Die Fachleute maßen dem Fund aber zunächst wenig Bedeutung bei. Die beiden Brüder waren jedoch inzwischen vom Grabungsfieber gepackt. In zwei Jahren harter und wohldurchdachter Arbeit förderten sie … insgesamt 60 Steine eines Grabmonuments zutage, bis ihnen die Weiterarbeit zu riskant erschien. Zufällig wurde damals auf einem Plakat des Kölner Verkehrsamts mit einer kopflosen Statue geworben, die schon vor 100 Jahren in der Nähe des Chlodwigplatzes gefunden worden war. Ein neu aufgefundener Kopf passte genau in die Bruchstellen am Hals. Das Grabmal des Lucius Poblicius war wieder vollständig.

b) *Wertvolle Überreste werden zerstört*

Trotz gesetzlicher Hürden ist die Raubgräberei in Deutschland für die Wissenschaftler immer mehr zum Problem geworden. Dabei stört sie nicht so sehr, dass einige Funde in private Hände geraten, sondern vielmehr der Umstand, dass dort, wo Raubgräber ihr Unwesen getrieben haben, wissenschaftliches Arbeiten kaum mehr möglich ist. Oft sehen die Gräberfelder nach dem Einfallen der Raubgräber aus, als hätten Bomben eingeschlagen. Vor allem im Kölner Raum liegen die Denkmalpfleger mit den Raubgräbern in Fehde: … nur 50 Prozent der Funde können die Experten der Stadt wissenschaftlich auswerten.

Nach: G. Kirchner (Hg.), Reportagen aus der alten Welt 1. Frankfurt/M. 1978, S. 122 ff.; S. 113

a) „Mit dem Fahrstuhl in die Römerzeit" – eine tolle Chance für Hobby-Archäologen in Köln? Diskutiert Vor- und Nachteile (VT, M3, M5, M6a, M6b).

b) Versuche zu erklären, was die Erkenntnisse aus dem Gutshof in Ahrweiler mit der Geschichte der römischen Rheinlande zu tun haben (VT, M4).

c) Wo findest du in der Nähe deines Wohnorts ein Museum mit Funden aus römischer Zeit?

16. Das Weltreich: ein Schmelztiegel der Völker

Raum für viele Völker und Religionen

Im Jahre 248 n. Chr. feierte die Stadt am Tiber ihren 1000. Geburtstag. Kaiser war damals Philippus Arabs, der als Sohn eines Araberscheichs geboren worden war. Seine Herkunft zeigt besonders deutlich, warum der römische Staat sich so erstaunlich weit ausdehnen und lange behaupten konnte.
Von Anfang an nutzten die Römer klug die Fähigkeiten von Fremden, die ihrem Staat angehören wollten. Sie achteten darauf, die Götter fremder Völker nicht dadurch gegen sich aufzubringen, dass man sie nicht genügend verehrte. Weil ihre Religion respektiert wurde, ertrugen viele der unterworfenen Völker die römische Herrschaft ein wenig leichter. Im Laufe der Zeit wurde der Glaube an die altrömischen Staatsgötter immer schwächer. Zwar mussten alle Reichsbewohner nun den Kaiser als Gott verehren und den Schutz der Götter für das Reich erflehen, aber mit ihren eigenen täglichen Sorgen fühlten sich viele Menschen allein gelassen. Deshalb wandten sich gerade einfache Leute neuen Religionen zu, die römische Soldaten in den eroberten Ländern kennen gelernt hatten oder welche die Zuwanderer aus dem Osten des Reiches mitbrachten. Diese Kulte versprachen durch geheimnisvolle Handlungen die Erlösung vom mühseligen Leben: So fand die ägyptische Göttin Isis viele Anhänger, ebenso der persische Gott Mithras oder die neue Religion des Christentums.

Bürger eines Staates

Solche Religionen waren im ganzen Reichsgebiet weit verbreitet – ein Anzeichen dafür, wie sehr sich die verschiedenen Völker unter der römischen Herrschaft vermischten. Sie gehorchten nicht nur den gleichen Gesetzen, sondern sie fühlten sich im Laufe der Zeit alle als Römer. Im Jahre 212 n. Chr. machte dann ein kaiserlicher Erlass alle freien Bewohner des Reiches – vom Atlantischen Ozean bis nach Syrien – zu römischen Bürgern: Die Stadt Rom („urbs Roma") war zum römischen Erdkreis („orbis Romanus") geworden.

1 ***Eine Pyramide in Rom.*** *Der römische Praetor Gaius Cestius Epulo ließ sich zur Zeit des Augustus außerhalb der Stadtgrenze Roms dieses Grabmal errichten.*

2 ***Ein römischer Priester an der Altmühl.*** *Die Bronzestatue wurde 1979 zufällig in Weißenburg (Bayern) gefunden. Die 25 cm hohe Figur ist Teil eines umfangreichen Schatzes.*

3 Ein persischer Götterkult am germanischen Limes. *Dieser Opferstein stand in einem der zahlreichen Mithras-Heiligtümer am Limes (bei Wiesbaden, Hessen). Viele Soldaten verehrten den persischen Lichtgott, der angeblich einen Stier getötet und damit die Welt erlöst hatte. Auch das Christentum war für die Römer zunächst nichts anderes als eine Sekte unter vielen anderen.*

4 Gemeinsame Götter für Griechen und Römer

Schon in der Frühzeit setzten die Römer die meisten ihrer Götter einfach den griechischen gleich. So werden dann in Kunst und Literatur römische und griechische Namen gleichbedeutend verwendet: Jupiter ist der griechische Zeus; seine Gemahlin Juno entspricht der Hera. Neptun ist der Meeresgott Poseidon und das griechische Paar Apollon und Artemis heißt lateinisch Apollo und Diana. Die römische Venus ist die griechische Schönheitsgöttin Aphrodite. Minerva entspricht der Pallas Athene. Mars ist Ares und Mercurius der Gott Hermes.
Auch in den Göttern der Gallier und Germanen erkannten die Römer ihre eigenen Gottheiten wieder. Dies trug viel zur Gemeinsamkeit der Menschen im Reich bei. Mit ihrem Glauben an einen einzigen Gott standen die Juden und später die Christen am Rande dieser Gemeinschaft.

5 Fremde in Rom

***a)** Konkurrenz für die Einheimischen:*
Das Zusammenwachsen der Völker ging nicht reibungslos vor sich: Manche der einheimischen Römer waren erbittert über die Konkurrenz der Neuankömmlinge. Ein Dichter der Kaiserzeit lässt einen Zeitgenossen sagen:
„Das griechische Rom, ihr Römer, ist unerträglich! Gewiss, nur ein Teil dieses Abschaums sind echte Griechen. Denn in den Tiber fließt längst der syrische Fluß Orontes und schwemmt syrische Sprache und Sitte und Flötenmusik an. Sage mir, wofür hältst du so einen Neuling? Alle Berufe bringt er dir ins Haus, du brauchst nur zu wünschen: Sprachlehrer, Maler, Masseur, Geometer, Seiltänzer, Magier, Arzt – ein hungriges Griechlein kann alles … und macht alles."

Juvenal, Satiren 3, 60 ff. Übers. d. Verf.

***b)** Fremde als Bürger Roms – ein Gewinn?*
In einer Rede im Senat 48 n. Chr. äußerte sich der Kaiser Claudius zu diesem Thema:
Mein ältester Vorfahr Clausus war Sabiner; er wurde zur gleichen Zeit in die römische Bürgerschaft und unter die Patrizier aufgenommen. Die Erinnerung an ihn mahnt mich, als Staatsoberhaupt nach dem gleichen Grundsatz zu verfahren und jeden, der sich irgendwo ausgezeichnet hat, nach Rom zu verpflanzen. Es ist mir nicht unbekannt, dass die Familie der Julier aus Alba, die der Porcier aus Tusculum stammte; Familien aus ganz Italien sind in den Senat aufgenommen worden. Nicht bloß einzelne Männer, sondern ganze Landschaften und Stämme wurden zu Römern und wuchsen mit uns zu einem einheitlichen Volk zusammen. Was war denn – trotz ihres kriegerischen Erfolgs – das Unglück der Spartaner und Athener anderes, als dass sie die unterworfenen Völker als „Ausländer" von sich fernhielten und sich gegen sie abgrenzten? Der Gründer unseres Reiches, Romulus, dagegen war weise genug, viele Völker, mit denen er Krieg geführt hatte, noch am selben Tag zu Mitbürgern zu machen.

Tacitus, Annalen 11, 24. Bearb. d. Verf.

a) Trage in eine Tabelle links die Namen der griechischen Götter ein, in die Mitte die der römischen Götter und rechts ihre Aufgaben (M4). Nimm „Die olympische Götterfamilie" aus dem Kapitel „Homer erzählt …" zu Hilfe.
b) Fremde nach Rom? Was sprach dafür, welche Bedenken konnten die Römer haben (M5a, M5b)? Vergleiche mit ähnlichen Diskussionen heutzutage.
c) Welche Bedeutung konnte die Verbreitung neuer Religionen im Römischen Reich für die Kaiser, für die einfachen Leute, für die Unterworfenen haben?

17. Das Römische Reich wird „alt und krank"

193 bis 285 n. Chr. ______ *Soldatenkaiser herrschen im Römischen Reich.*
um 250 n. Chr __________ *Angehörige des germanischen Stammes der Alamannen dringen über den Limes ins Römische Reich ein.*
395 n. Chr. ____________ *Kaiser Theodosius teilt das Römische Reich in eine östliche und eine westliche Hälfte.*
476 n. Chr. ____________ *Der letzte weströmische Kaiser wird von einem germanischen Söldnerführer abgesetzt.*

Feinde an den Grenzen

Menschen und Tiere werden irgendwann einmal alt und schwach; sie werden immer gebrechlicher und hinfälliger, bis sie schließlich sterben. Warum sollte dies mit dem Römischen Reich nicht genauso sein? Dies fragte sich im 5. Jahrhundert der römische Schriftsteller Salvian von Marseille. Er beobachtete, was zu seiner Zeit geschah und wie sich das Leben verändert hatte. Er sah, dass es für die meisten Menschen immer schwerer und gefährlicher wurde und dass sie auch gar nicht mehr stolz darauf waren, römische Bürger zu sein. Viele wollten sogar das Römische Reich verlassen.
Was war geschehen? Seit dem 2. Jahrhundert war das Reich nicht mehr erweitert worden. Im 3. Jahrhundert waren Kaiser und Legionen nicht einmal mehr imstande die ungefähr 15 000 km lange Reichsgrenze zu halten. Von Nordosten und Norden drangen die Germanen vor, von Osten die Perser und von Süden afrikanische Stämme.

Die Soldatenkaiser

Zunächst meinten die Truppen noch, sie würden siegreich sein, wenn der Kaiser selbst das Heer anführte. Er konnte aber nicht alle Abwehrkämpfe persönlich führen. So riefen die Soldaten immer wieder aus den Reihen ihrer Offiziere eigene Kaiser aus. Diese „Soldatenkaiser" hatten meist nur eine kurze Regierungszeit: Entweder fielen sie im Kampf, oder sie wurden von ihren eigenen Leuten ermordet. Dies geschah meist dann, wenn sie die Soldaten durch eine Niederlage enttäuscht hatten. Oft gab es sogar mehrere solcher Kaiser gleichzeitig, die sich dann auch noch gegenseitig bekämpften.
Schließlich waren nicht einmal mehr genügend römische Soldaten zusammenzubringen. So wurden Nicht-Römer in die Legionen aufgenommen. Germanenstämme, die in das Reich hineindrängten, konnten im Römischen Reich Siedlungsland bekommen, wenn sie dafür Hilfstruppen stellten. Vornehme Germanen erhielten Offiziersstellen und durften außerdem in hohe Ämter im Staat aufsteigen. Auf diese Weise wurden die römischen Kaiser zwar mit einzelnen feindlichen Gruppen fertig. Vielen Römern aber erschien es widersinnig, mit Germanen gegen andere Germanen zu kämpfen. Sie misstrauten diesen Fremden in führenden Stellungen.

Krieg auf Kosten der Zivilbevölkerung

Die großen Anstrengungen gegen die Feinde von außen hatten schlimme Folgen für die Menschen innerhalb des Römischen Reiches: Die Versorgung des Heeres war den Kaisern jetzt wichtiger als das Schicksal der Reichsbewohner. Besonders schwer litten darunter die Kleinbauern, die von Großgrundbesitzern Land gepachtet hatten. Ihre Abgaben wurden immer höher, und sie hatten keine Chance in einen anderen Beruf auszuweichen. Bei schwerster Strafe war ihnen

1 ***Der Soldatenkaiser Valerian und der Perserkönig Schahpur I.*** *(Felsrelief von Naksch-i-Rustam, Iran, 3. Jh. n. Chr.). Valerian war der erste römische Kaiser überhaupt, der in Kriegsgefangenschaft geriet – im Jahr 260 n. Chr. Auf dem Felsenbild rechts der persische König, links der römische Kaiser.*

durch Gesetz verboten worden, ihre Felder im Stich zu lassen. Denn von ihrer Arbeit hing die Lebensmittelversorgung der Legionen ab. Ähnlich erging es den Angehörigen anderer Berufsgruppen, deren Tätigkeit ebenfalls für das Heer wichtig war. So durften z. B. Fluss-Schiffer und Fuhrleute ihren Beruf nicht aufgeben, und ihre Söhne mussten ihn weiterführen, auch wenn sie lieber etwas anderes gemacht hätten.

Gleichzeitig wurden die Steuern ständig erhöht. Vielfach konnten die Bürger einer Stadt die hohen Summen nicht mehr aufbringen. Ein Gesetz bestimmte, dass die wohlhabenden Ratsherrn für die fehlenden Summen haften sollten. Da sie von Jahr zu Jahr mehr zuschießen mussten, verarmten sie zusehends. Viele von ihnen flohen deshalb mit dem letzten Rest ihres Besitzes und tauchten in einer Gegend unter, wo man sie nicht kannte.

a) Salvian meinte, das Römische Reich sei alt und krank. An welchen Krankheiten litt es (VT)?

b) Beschreibe das Felsbild M1 und deute es aus der Sicht des persischen Großkönigs und aus der Sicht eines Römers. Aus welchem Lager kommt wohl der Auftraggeber für das Bild? Nenne Gründe für deine Ansicht.

c) Die Geschichtsforscher bezeichnen das Römische Reich in der Zeit der Kämpfe an allen Grenzen als einen Zwangsstaat. Nenne Gründe, weshalb dieser Begriff entstehen konnte.

18. So lebten die Menschen in den bedrohten Provinzen

Ein Bericht aus Ufer-Noricum

Nachdem die Alamannen in das Römische Reich eingedrungen waren, folgten bald weitere germanische Stämme. Sie versuchten gewaltsam, auf römischem Boden eigene Herrschaften zu errichten. Wie sehr vor allem die Provinzbewohner unter diesen heftigen Kämpfen litten, berichtet uns um 500 n. Chr. ein Römer namens Eugipp. Er hatte selbst ungefähr zehn Jahre in der umkämpften Provinz Ufer-Noricum im Gebiet an Inn und Donau zugebracht. So wusste er vieles aus eigener Anschauung und vieles erfragte er von älteren Bewohnern dieser Provinz.
Eugipp erzählt die Geschichte eines Mannes, der Severin hieß. Dieser war ursprünglich ein hoher römischer Beamter gewesen. Dann hatte er sich dem Christentum zugewandt. Von da an kümmerte er sich um die bedrohte Zivilbevölkerung in Ufer-Noricum. Dort ist er dann wohl im Jahre 482 gestorben. Nach seinem Tod erhob ihn die christliche Kirche zum Heiligen.
Die Lebensbeschreibung des Severin ist die einzige erhaltene schriftliche Quelle, die ausführlich von Ereignissen in der Endzeit des Römischen Reiches berichtet und die auch damals entstanden ist. Der Verfasser steht als Römer natürlich auf der Seite seiner Landsleute, der Provinzbewohner. Die Germanen sind für ihn gefährliche Eindringlinge; er nennt sie Barbaren. Eine germanische Überlieferung gibt es für diese Ereignisse nicht, weil die Stämme, die nach Ufer-Noricum eindringen wollten, noch keine eigenen Geschichtsschreiber besaßen.
Zu Severins Zeit wurde die römische Provinzbevölkerung abwechselnd von drei Germanenstämmen bedroht: von den Rugiern, die sich nördlich der Donau niedergelassen hatten, sowie von den Alamannen und von den Thüringern, die ebenfalls Ufer-Noricum in ihre Hand bekommen wollten.

Soldaten ohne Sold

Römische Soldaten gab es damals in der Gegend kaum noch; Eugipp berichtet darüber:
„Zu der Zeit, als das Römische Reich noch bestand, wurden die Soldaten vieler Städte zur Bewachung des Grenzwalles aus öffentlichen Mitteln unterhalten; als es diese Einrichtung nicht mehr gab, verschwanden zugleich mit dem Grenzwall auch die militärischen Einheiten; nur in Batavis (Passau) hielt noch eine Truppenabteilung durch, so gut es ging. Von dieser waren ein paar Männer nach Italien aufgebrochen um für ihre Kameraden den letzten Sold herbeizuholen. Niemand hatte bemerkt, dass sie unterwegs von Barbaren getötet wurden … (Dann) wurde gemeldet, dass die Leichen … (dieser) … Soldaten durch die Strömung des Flusses ans Land gespült wurden."

Hungern und Hamstern

„Zur selben Zeit hatte eine grausame Hungersnot die Stadt Favianis (Mautern/Donau) geplagt … (Severin bemerkte,) dass eine Witwe namens Procula einen sehr großen Vorrat an Getreide verborgen angelegt hatte. Er ließ sie öffentlich vorführen und machte ihr heftige Vorwürfe: ‚(Du wirst) mit deinem auf unrechte Weise erworbenen Besitz nichts anzufangen wissen, es sei denn, du schüttest das hartherzig verweigerte Getreide in die Fluten der Donau und erweist so den Fischen die Menschlichkeit, die du den Menschen verweigert hast.'
Als sie diese Worte hörte, wurde die Frau von großer Furcht erfasst und begann, ihre Vorräte bereitwillig unter die Armen zu verteilen … Und nicht viel später erschienen dann auch zahlreiche mit Waren voll beladene Schiffe aus Rätien … am Donauufer, die viele Tage lang im dicken Eis des Inns festgehalten worden waren."

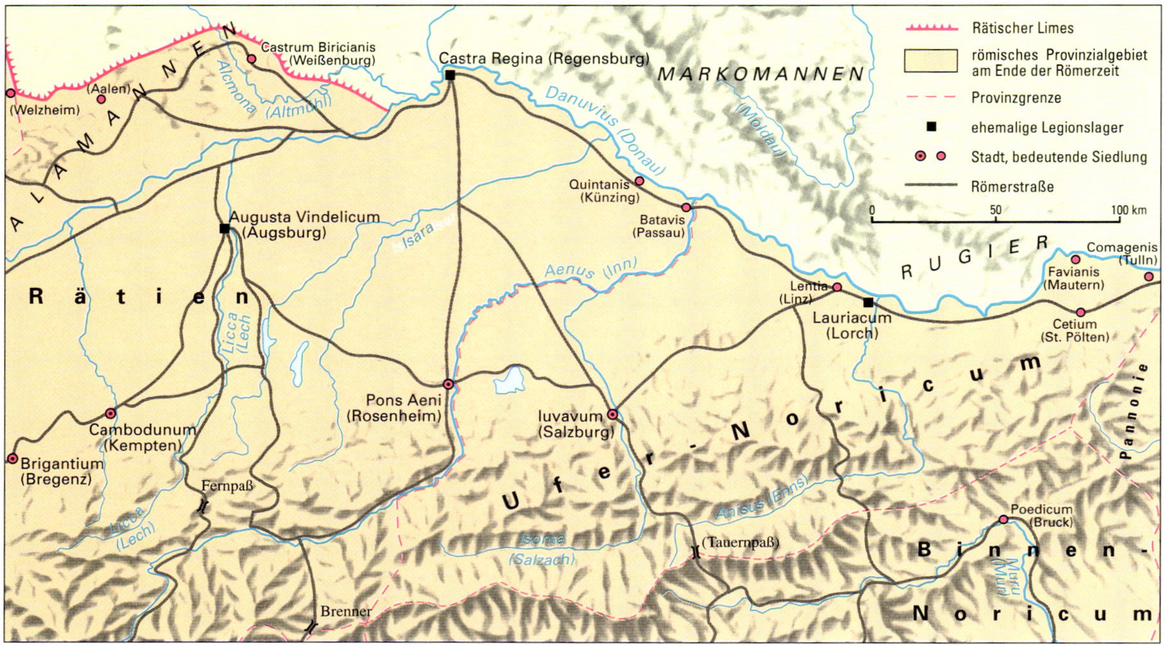

1 ***Ufer-Noricum*** *war Teil der großen römischen Provinz Noricum. Die wichtigsten Orte, von denen Eugipp berichtet, bestehen noch heute.*

Flucht und Umsiedlung

„Zur selben Zeit verließen die Bewohner der Stadt Quintanis, die durch die dauernden Alamanneneinfälle schon völlig zermürbt waren, ihre eigenen Wohnsitze und siedelten in die Stadt Batavis über. Doch den Barbaren blieb der Ort nicht verborgen, wo sie Zuflucht gesucht hatten; sie wurden dadurch noch mehr angestachelt, weil sie glaubten, die Bevölkerung zweier Städte nun durch einen einzigen Überfall ausrauben zu können … So siedelte also nach der Zerstörung der Städte an der oberen Donau die gesamte Bevölkerung, die auf die Warnungen des heiligen Severin gehört hatte, nach Lauriacum über … Außerdem ordnete (Severin) an, dass sich an einem bestimmten Tage alle Armen in einer Basilika (Markt- und Gerichtshalle) versammelten, wo er … Öl verteilen wollte."

Das Ende der Provinz

Besonders ausführlich schildert Eugipp das Zusammentreffen Severins mit dem Rugierkönig: „Als der Rugierkönig Feletheus … vernahm, dass aus allen Städten die Reste der Bevölkerung, die den Schwertern der Barbaren entronnen waren, sich … nach Lauriacum begeben hatten, stellte er eine Streitmacht zusammen und rückte an in der Absicht, die Menschen unvermutet zu ergreifen, wegzuführen und in den benachbarten Städten … anzusiedeln. Darüber wurden alle schrecklich beunruhigt und wandten sich mit flehentlichen Bitten an den heiligen Severin, er möge dem König entgegengehen und sein Herz mild stimmen." Es gelang ihm, den König vom Angriff abzuhalten, aber die Ruhe war nur kurz. Es wurde immer deutlicher, daß Ufer-Noricum aufgegeben werden mußte.
Im Jahre 488 kam der Befehl, die Provinz zu räumen und die Bevölkerung nach Italien zurückzubringen; das war ungefähr sechs Jahre nach dem Tod Severins. Die Freunde Severins, bei denen Eugipp sich aufhielt, wollten seinen Leichnam nicht zurücklassen, sondern luden den Sarg auf einen von Pferden gezogenen Wagen. „Denselben Weg gingen mit uns auch alle Provinzbewohner, die ihre Städte am Ufer der Donau verließen und in ganz verschiedenen Gebieten Italiens Wohnsitze in der Fremde zugeteilt bekamen", so berichtete Eugipp.

2 ***Geschichte wird erzählt***

a) *Wahr und erfunden*

In den Jahren 1982/83 machte sich wiederum jemand daran, das Schicksal von Menschen zu erzählen, die in der Endzeit des Römischen Reiches in einer Grenzprovinz lebten. Auch von diesem Verfasser wissen wir den Namen und sogar seinen Wohnort. Er heißt Josef Carl Grund und wohnt in Nürnberg. Er hat seinem Buch den Titel „Feuer am Limes" gegeben. Darin schildert er Vorgänge, die sich zwischen 250 und 260 n. Chr. in der an Noricum nach Westen anschließenden Provinz Rätien abgespielt haben. Die Nordgrenze dieser Provinz bildete der rätische Limes. Jenseits lebten die Alamannen.

Der Verfasser konnte natürlich niemanden mehr fragen, der bei den Ereignissen, von denen er erzählt, dabei gewesen wäre. Er musste sich seine Informationen anders beschaffen.

Am Anfang des Buches erzählt J. C. Grund im Kapitel „Zur Sache" einem Freund, dass er über Alamannen und Römer am Limes schreiben und dabei auf Folgendes achten wolle:

Das Buch soll von den kleinen Leuten erzählen, die schon immer das „auslöffeln" mussten, was ihnen die Großen eingebrockt hatten.

Schauplatz ist das von Wissenschaftlern erforschte Römerlager Castrum Biricianis und die Siedlung davor, das heutige Weißenburg in Bayern – also ein historischer Schauplatz.

Historisch sind auch die Alamanneneinfälle in das römische Gebiet hinter dem Limes, die das Thema des Buches bilden.

Frei erfunden werden die Namen der Personen, mit Ausnahme der überlieferten, z. B. der Herrschernamen.

Anlass für das Schreiben des Buches war der Fund eines großen Schatzes im Bereich dieses ehemaligen Römerlagers.

Vgl. J. C. Grund, Feuer am Limes. Bayreuth 1983, S. 11–13.

b) *Ein Schatz als Geschichtsquelle*

Am Schluss des Buches geht J. C. Grund im Kapitel „Das Spargelbeet" ausdrücklich auf den Schatzfund in Weißenburg ein. Er erzählt darin,

- *wie ein Hobbygärtner beim Anlegen eines Spargelbeets 1979 den Römerschatz fand;*
- *welche Kostbarkeiten der Schatz enthielt;*
- *wie die wertvollsten Stücke aussehen (Fotos);*
- *warum der Schatz vergraben wurde;*
- *warum er so lange verborgen blieb.*

Vgl. J. C. Grund, Feuer am Limes. Bayreuth 1983, S. 168–170.

3 ***Münzschatzfund*** *aus dem Kastell Köngen (Grinario), Baden-Württemberg. Derjenige, der das Tongefäß mit 555 Silbermünzen um 250 v. Chr. vergraben hatte, kam nicht mehr dazu, es wieder auszugraben.*

c) *So könnte es gewesen sein – das Buch „Feuer am Limes":*

Zwischen den Kapiteln, in denen J. C. Grund Arbeitsweise und Absichten offen legt, erzählt er,

- *wie angesichts der zunehmenden Überfälle Tuditanus, der Kommandant des Kastells, sich entschließt, den Tempelschatz zu vergraben, damit er nicht den Alamannen in die Hände fällt;*
- *wie der Kommandant gegen einen Neuling aus Rom ausgewechselt wird, der zwar nichts von den Gefahren an der Germanengrenze versteht, aber gute Beziehungen hat und deshalb eher Truppennachschub bekommt;*
- *wie der alamannische Häuptlingssohn Fritho in römische Kriegsgefangenschaft gerät und durch die Unterstützung Cornelias, der Tochter eines Alamannen in römischen Diensten, fliehen kann;*
- *wie er vor dem entscheidenden Überfall zurückkehrt um Cornelia und ihren Vater zu retten;*
- *wie das Kastell beim Alamannenüberfall untergeht, Cornelia und ihr Vater nach Rom entkommen und der junge Alamanne Fritho im Kampf fällt;*
- *wie Cornelia und ihr Vater, die beide Christen sind, in Rom bei Tuditanus Aufnahme finden, zusammen mit ihm ein Heim für christliche Waisenkinder begründen und die Kinder selbst betreuen.*

4 Brunnenfunde von römischen Schuhen *und Schuhleder wie diese aus den Kastellen Welzheim und Saalburg zeigen, was die Menschen am Limes trugen. Im feuchten Brunnenschacht, luftdicht abgeschlossen unter Wasser, blieb das organische Material, das Rinderleder, erhalten, färbte sich aber schwarz. Die braunen Schuhe sind Nachbildungen.*

Geschichte aus Geschichten? Jugendbücher unter der Lupe

Viele von euch lesen gern Geschichten, die sich mit der Geschichte einer Persönlichkeit, eines Ortes oder mit einem historischen Ereignis beschäftigen. Dass ein solches Buch spannend sein sollte, werdet ihr als ganz selbstverständlich erwarten. Anders ist es mit der Frage nach der Wahrheit der Geschichten. Viele von euch werden sicherlich dahinter kommen wollen,

- *ob das, was im Jugendbuch erzählt wird, wirklich so gewesen ist oder*
- *ob es zumindest sich hätte so ereignen können oder*
- *ob eine spannende Geschichte erzählt wird, in der die Personen in ein beliebiges historisches Kostüm gesteckt wurden, das mit dem Verlauf der Geschichte eigentlich gar nichts zu tun hat.*

Aber kann man das herausbekommen, bevor man das Buch gelesen hat? Das Buch „Feuer am Limes" von J. C. Grund hat einige Merkmale, die wir ähnlich in anderen historischen Jugendbüchern finden. Einige Hilfsmittel könnten uns Antworten auf unsere Fragen geben. Zu ihnen gehören:

- *die Texte auf dem Umschlag oder der Rückseite des Buches, die kurz über den Inhalt, die Autorin/den Autor und ihr/sein Gesamtwerk informieren;*
- *das Vorwort, in dem der Verfasser (natürlich ist hier und im Folgenden auch die Verfasserin bzw. die Autorin gemeint) seine Ziele darlegt;*
- *ein oder zwei Abschnitte, in denen der Autor seine Arbeitsweise vorstellt und die Quellen nennt, aus denen er für seine Erzählung geschöpft hat;*
- *Abbildungen von historischen Überresten oder Schauplätzen historischer Ereignisse, die in der Erzählung eine Rolle spielen;*
- *Worterklärungen, meist am Schluss des Buches, die Fachbegriffe erklären, die im laufenden Text verwendet worden sind.*

Diese Hilfsmittel sind schnell gefunden und man kann in der Regel auf folgende Fragen darin eine Antwort finden:

1. *Woher hat der Verfasser seine Informationen? Das heißt z. B.:*
   - *Kennt er Berichte aus früheren Zeiten, die er nacherzählt oder ausgestaltet?*
   - *Kennt er Gegenstände, Gebäude oder Schauplätze, zu denen er dann eine passende Geschichte erzählt?*
2. *Wie lässt der Autor seine Leser in seine „Werkstatt" schauen? Das heißt:*
   - *Legt er offen dar, wie er zu den Informationen gekommen ist, die er seiner Geschichte zugrunde legt?*
   - *Trennt er davon ausdrücklich das, was er frei erfunden hat?*

„Feuer am Limes" – Illustration

5 Auszüge aus einem historischen Jugendbuch

aus dem Kapitel „Vergrabt die Götter" (S. 146):

Der Schatz würde nicht lange vergraben bleiben und gleich nach dem siegreichen Kampf aus der Erde geholt werden.
In einer dunklen Nacht vergruben die Legionäre des Arivinus den Schatz in der Nähe der großen Therme, nicht weit vom Lager entfernt. Den Platz hatte der Decurio ausgesucht. Hier war der Boden erst in größerer Tiefe steinig. Das Aufgraben ging leicht.
Die Schatzgräber beeilten sich und schafften es bis zur Morgendämmerung. Abgeschirmte Lichter verrieten sie nicht. Im ersten Grau des Tages war kaum zu erkennen, dass hier gearbeitet worden war. Arivinus hatte die abgestochenen Grasplatten genau wieder einsetzen und die Stichstellen verdecken lassen. Die Legionäre hatten Sand auf das „Grab" gestreut und diesen und das Gras mit Baumästen über die „Nähte" gekehrt.
Im ausgeräumten Heiligtum schworen sie dann bei Mars und Decius keinem Menschen den Ort zu verraten, an dem sie die Götter vergraben hatten..

aus dem Kapitel „Alemannensturm" (S. 163/64):

Schon war Kampflärm in der Nähe. Aus dem Kastell und den ersten Häusern davor krachten Waffenhiebe, gellten Schreie und schlugen Flammen.
„Vater!", schrie Cornelia.
Nero hob sie auf den gepackten Wagen. Aufgeregt trippelten die Gäule im Geschirr. Cornelia wehrte sich verzweifelt. „Auf Vater warten!", schrie sie. „Auf Vater warten!"
Fritho versuchte sie zu beruhigen. Sie stieß ihn von sich und Nero hatte Mühe die Pferde am Durchgehen zu hindern.
Feuer und Waffengeklirr kamen immer näher. Römer und Alemannen schrien durcheinander.
Nero schwang sich auf den Bock des Wagens und hob die Peitsche. „*Du* musst leben, Cornelia!", rief er. „Das hat dein Vater befohlen!"
„Er muss kämpfen!", schrie Fritho in den Lärm. „Willst du, dass er davonläuft?!"
„Jaaa!", schrie Cornelia zurück.
Da schleppten ihn zwei Legionäre heran, die selbst verwundet waren. Arivinus war bewusstlos und blutete entsetzlich.
„Legt ihn in den Wagen!", rief Nero. „Da ist auch für euch Platz! Los, macht schnell! Du, Cornelia, verbinde ihn! Zerreiß die neue Tunika zu Verbänden!"
Die verwundeten Legionäre handelten rasch. Es dauerte nur wenige Augenblicke, bis sie Arivinus auf das Gepäck gelegt hatten und neben ihm saßen.
Cornelia zerriss die Feiertagstunika ihres Vaters. Nero hatte sie obenauf gelegt, damit sich sein Herr nach dem Sieg über die Alemannen in festlichem Gewande zeigen konnte.
Fremde Reiter waren plötzlich da, Männer mit gehörnten Helmen und Tierfellen um die Schultern.
Fritho entriss Nero die Peitsche und schlug auf die Zugpferde ein. „Hüüü!", schrie er. „Hüüüüüü!!"

a) Suche die Orte, die im Bericht des Eugipp genannt werden, auf der Karte M1. Welche Entfernungen mussten die Bewohner von Quintanis bei ihrer Übersiedlung nach Batavis und dann nach Lauriacum zurücklegen (VT)?

b) Vergleiche die Situation der Menschen, wie sie uns Eugipp berichtet, mit der in heutigen Kriegs- und Bürgerkriegsgebieten.

c) Eugipp und J. C. Grund erzählen von bedrohten Grenzprovinzen; beide geben den Ort an, an dem die von ihnen berichteten Vorgänge stattfinden. Woher weiß Eugipp, was er berichtet? Woher nimmt Grund seine Informationen (VT, M2a, M2b)? Wie unterscheiden sich ihre Erzählungen?

d) Versuche selbst, wie J. C. Grund zu arbeiten: Erzähle eine Geschichte zu den Schatz- und Brunnenfunden. Prüfe kritisch, wie weit du beim Erzählen durch die Inhalte von M3 und M4 festgelegt bist und wo du frei erfinden kannst.

19. Was wurde aus dem Römischen Reich?

1 Das Römische Reich um 500 n. Chr.

Zwei Kaiserreiche auf römischem Boden

395 n. Chr. wurde das Römische Reich in eine östliche und eine westliche Hälfte geteilt. Je länger der Druck an den Grenzen anhielt, desto deutlicher wurden die schon seit längerer Zeit bestehenden Unterschiede zwischen den Teilreichen. Im Westen errichteten Germanenstämme eigene Herrschaftsgebiete auf dem Boden des Römischen Reiches. Rom war längst nicht mehr Hauptstadt und Kaiser gab es seit 476 hier auch nicht mehr. Im Osten, in Konstantinopel, dagegen herrschten ohne Unterbrechung seit der Teilung noch Kaiser, die sich für die rechtmäßigen Nachfolger der römischen Kaiser hielten.

Was blieb vom Römischen Weltreich?

Im Lauf der Jahrhunderte hatten die Römer ein Weltreich erobert, weite Gebiete von Europa, Nordafrika und Kleinasien standen unter ihrer Herrschaft. Nun war ihr Reich zwar zerbrochen, dennoch sind die Einflüsse der römischen Zivilisation und Lebensart noch heute in vielen Bereichen zu spüren – auch bei uns.
Am offensichtlichsten wird dies, wenn man an die Überreste römischer Bauleistungen denkt: den Limes, Amphitheater, Thermen, Großbauten wie die Porta Nigra in Trier, andererseits die vielerorts ausgegrabenen villae rusticae. Von weniger auffälligen Überresten wie z. B. Grabmälern oder Alltagsgegenständen – Schuhen, Geschirr u. ä. – war in diesem Buch ebenfalls die Rede. Römische Lehnwörter – u. a. „Schule“ und „Ferien“ – und römische Rechtsgrundsätze wirken bis heute fort. Die bautechnischen Leistungen der Römer wurden Jahrhunderte später aufgegriffen und weiterentwickelt: Die Pfalz in Aachen und der Dom in Speyer sind Beispiele dafür. All dies zeigt, dass die römische Kultur mit dem Zerfall des Römischen Reiches keineswegs unterging.

Das Christentum als römisches Erbe

Im Bereich der Religion wird das römische Erbe besonders deutlich: In beiden Teilen des Römischen Reiches war seit Ende des 4. Jahrhunderts das Christentum die herrschende Religion. Es war von Palästina aus, einer kleinen Provinz im Osten des Reiches, verbreitet worden. Zunächst wurden die Christen, die im

2 Die Mittelmeerwelt im 8. Jahrhundert – *Erläutere, warum man von einer „Dreiteilung" sprechen kann.*

Gegensatz zur Mehrheit der Römer nur an einen Gott glaubten, als Minderheit verfolgt. Später jedoch förderten die römischen Kaiser diese Religion und machten sie 391/92 zur Staatsreligion. Vergeblich hofften sie, dass die neue Lehre dazu beitragen könnte, den Zerfall des Römischen Reiches aufzuhalten.

Abendland und Morgenland

Latein, die Sprache der Römer, blieb über Jahrhunderte Sprache der Kirche und der Gebildeten im Westen des ehemaligen Römerreiches. Diesen Teil bezeichnete man nun als christliches Abendland (Westen, wo abends die Sonne untergeht). Seit 800 gab es hier auch wieder einen Kaiser, in Rom gekrönt: Karl „den Großen", den König des Frankenreiches, des größten der germanischen Reiche. Im oströmischen Reich setzte sich die griechische Kultur immer mehr durch: Griechisch war hier die Sprache der Gebildeten, Konstantinopel erhielt wieder seinen alten griechischen Namen Byzanz. Da der Schwerpunkt des Herrschaftsgebietes in Vorderasien lag, wird das Byzantinische Reich (von Byzanz) schon als Teil des Morgenlandes (Osten, wo morgens die Sonne aufgeht) betrachtet.

Islamische Reiche

Seit dem 7. Jahrhundert verbreiteten – ausgehend von der arabischen Halbinsel – die Nachfolger des Religionsgründers Mohammed, die Kalifen, die neue Lehre des Islam. In kurzer Zeit war ein Weltreich entstanden, das teilweise auf ehemals römischem Boden lag. Bald jedoch zerfiel es in drei Teilreiche.

a) Beschreibe die Veränderungen im Gebiet des Römischen Reiches vom 3. Jh. v. Chr. bis zum 6. Jh. n. Chr. (M1). Nimm die Karten aus dem Kapitel „Konkurrenten werden ausgeschaltet – Rom wird Weltmacht" zuhilfe.

b) „Was haben die alten Römer mit uns zu tun?" Nimm Stellung (Beispiele aus dem Buch, dem Geschichtsunterricht oder eigene Beobachtung).

Umwelt hat Geschichte

Der Mensch
– mit der Natur
– gegen die Natur
– in der Natur

Links: Kopie eines Felsbildes aus dem Tassiligebirge in Algerien, etwa 5000 bis 6000 Jahre alt. Das Verhältnis der Menschen zu den Tieren hat sich seit der Altsteinzeit wesentlich gewandelt.
Rechts Mitte: Pflug aus der Jungsteinzeit, von zwei Ochsen gezogen (Malerei, Mont Bego, Frankreich, ca. 1800 v. Chr.).
Rechts unten: Blick in eine Eisenschmiede (Vasenbild aus dem 6. Jahrhundert v. Chr.). Zum Heizen und als Energielieferant für Töpfer und Schmiede brauchten die Griechen ein wichtiges Material: Holz.

Mit der Jungsteinzeit ändert sich die Lebensweise der Menschen: Statt leichter Zelte (links) werden feste Häuser (rechts) errichtet. Die Menschen lernen zu pflügen und Ton zu brennen, damit greifen sie aber viel stärker in die Natur ein als jemals zuvor (Archäologisches Freilichtmuseum Oerlinghausen).

1. Urzeit und Umwelt

Mensch und Natur in der Geschichte

Mindestens vier Milliarden Jahre alt ist unsere Erde. Für die Historiker ist aber nur ein winziger Abschnitt davon wirklich interessant: die Zeit, seit der Homo sapiens sapiens auftrat. Wie er mit seinen Mitmenschen lebte und kämpfte, Handel trieb, Bau- und Kunstwerke schuf, woran er glaubte, was er fürchtete und wie er sein Wissen vergrößerte, das steht im Mittelpunkt historischen Forschens. Die Frage nach dem Verhältnis der Männer und Frauen zur Natur rückte nach den Kapiteln über die Steinzeit immer mehr in den Hintergrund. Das hat seine Gründe. Erst seit wenigen Jahrzehnten wird den Menschen bewusst, dass auch die Umwelt „Geschichte" hat. Die Weise, wie sich unsere Vorfahren mit der sie umgebenden Natur auseinander setzten, wie sie sich ihr anpassten oder sie für ihre Zwecke nutzten, veränderte sich jedoch stark. Diesen Wandlungen wollen wir nachspüren. Allerdings wirst du merken, dass es nicht leicht ist, genaue Kenntnisse über die Umweltgeschichte der Vergangenheit zu gewinnen. Aber es lohnt sich darüber nachzudenken.

Das Klima macht Geschichte

Ehe uns der Homo sapiens sapiens und seine Vorfahren begegneten, hatte das Leben auf der Erde schon eine lange Entwicklung durchlaufen. Die unterschiedlichsten Lebewesen entwickelten sich und verschwanden wieder, in versteiner-

1 ***Das Mammut*** *lebte während der letzten Eiszeit auch in Europa. Es war bis zu 5 m lang, bis zu 3 m hoch und seine gekrümmten Stoßzähne maßen bis zu 5 m. Für die Menschen in der Altsteinzeit war es eine begehrte Jagdbeute. Gegen Ende der Eiszeit, vor etwa 12 000 Jahren, verschwand das Mammut aus Mitteleuropa.*

ter Form begegnen sie uns heute als Fossilien. Von den Sauriern, den vorzeitlichen Reptilien, weißt du gewiss schon viel. Vielleicht hast du schon ganze Skelette oder einzelne riesige Knochen der Dinosaurier bestaunt. Forscher des 19. Jahrhunderts haben ihnen nach den griechischen Wörtern für schrecklich (deinos) und Echse (sauros) diesen Namen gegeben. Immer noch streiten sich Wissenschaftler, warum die Saurier – vor etwa 65 Millionen Jahren – ausgestorben sind. Warum es ihre damalige Umwelt, die Wälder und Sümpfe aus Farnen und Schachtelhalmen, nicht mehr gibt, ist uns einsichtiger. Das Klima veränderte sich so sehr, dass diese Pflanzen nicht weiterwachsen konnten. Sie gingen buchstäblich unter. Aber ihre Reste bilden als „unterirdische Wälder" die Bodenschätze Kohle und Erdöl, die für uns heute noch so lebenswichtig sind.

Das Klima war also eine entscheidende Kraft für Veränderungen in der Natur: für das Entstehen und Verschwinden von Meeren und Gebirgen, für Umwandlungen in der Pflanzen- und Tierwelt. Besonders anschaulich kann man das z. B. beim Elefanten verfolgen, der sich in den starken Klimaschwankungen vom Waldtier zum Steppenelefanten entwickelte. Als die Temperaturen in der Eiszeit bei uns ganz stark absanken, entstand aus ihm das Mammut. Diese Elefantenart starb aus, als es wieder sehr viel wärmer wurde. Das ewige Eis Sibiriens konservierte einzelne Tiere vollständig. Sie wurden seit Beginn unseres Jahrhunderts ausgegraben, sodass wir heute über das Mammut gut Bescheid wissen.

a) Nicht nur die Eiszeit, sondern auch viele andere erdgeschichtliche Vorgänge (z. B. der Vulkanismus) haben die Landschaften in Deutschland geformt. Erkundige dich bei deiner Erdkundelehrerin/deinem Erdkundelehrer, welche Vorgänge für dein Heimatgebiet besonders bestimmend gewesen sind.

b) Fast überall kann man Fossilien entdecken. Vielleicht macht ihr in eurer Klasse eine kleine Fossiliensammlung.

c) Die Saurier auf dem Bild sind verschieden gefärbt. Kann man genau wissen, welches die „richtige" Dinosaurierfärbung ist?

2. Mensch und Natur in der Altsteinzeit

Die Altsteinzeit als Epoche

Zu Beginn deines Geschichtsunterrichts hast du die längste Epoche in der Geschichte der Menschheit kennengelernt: die Altsteinzeit. Sie dauerte von den Frühmenschen vor ca. 2 Millionen Jahren bis zum Ende der letzten Eiszeit um 10 000 v. Chr. Gegliedert wird dieser gewaltige Zeitraum durch das wechselnde Klima: Warmzeiten mit weiten Wäldern und großem Wildreichtum und Kaltzeiten, in denen die Tundralandschaft entstand. Nur Pflanzenfresser wie Mammut und Rentier fanden dann Flechten, Moose und Zwergsträucher als Nahrung. Es gab in der Altsteinzeit also ganz unterschiedliche Lebensbedingungen, aber das einheitliche Merkmal der gesamten Epoche ist das Verhältnis der Menschen zu der sie umgebenden natürlichen Lebenswelt: Sie eignen sich an, was die Natur ihnen jeweils bietet. Sie passen sich in Warm- und Kaltzeiten möglichst gut an, greifen jedoch nicht verändernd in die Natur ein. So leben sie in einer starken Abhängigkeit von den natürlichen Gegebenheiten.

Die Bedeutung der Tiere für das menschliche Überleben

Abhängigkeit bedeutete allerdings nicht, dass die Menschen ihr Schicksal der Natur überließen. Du hast bereits gehört, wie bewusst die Frauen und Männer als Sammlerinnen und Jäger für ihr Überleben sorgten. Sie beobachteten das Verhalten der Jagdtiere sehr genau. Sie merkten sich z. B., welche Wege die Rentierherden im Verlauf eines Jahres nahmen, sie folgten ihnen und legten ihre Zeltlager in der Nähe an um Tiere zu erlegen. Rentiere waren sehr wichtig, nicht nur als Fleischbeute, sondern auch wegen der Felle und Knochen. Es ist deshalb verständlich, dass Tiere in den Malereien der Altsteinzeitmenschen die Hauptrolle spielten. Moderne Forscher schätzen, dass eine fünfköpfige Familie im Jahresdurchschnitt etwa 100 Rentiere für Nahrung, Kleidung und Zelte und die Knochen zur Werkzeugherstellung benötigte. Aus den Geweihen wurden Haken gemacht, mit denen die Frauen Pflanzenwurzeln ausgruben oder die Haut von Kleintieren öffneten. Immer neue Möglichkeiten sich ihr schweres Leben zu erleichtern lernten die Menschen bei der Bearbeitung von Steinen und Knochen. Wie hilfreich war es z. B., als die Menschen die Nähnadel erfanden. Nun brauchten sie sich die Tierfelle nicht mehr nur umzuhängen, sondern

1 *Links:* ***Australischer Ureinwohner*** *mit Sohn. Vor ca. 40 000 Jahren ließen sich frühe Vorfahren dieser beiden, aus Südostasien kommend, auf dem australischen Kontinent nieder. Rechts:* ***Kung-Frau*** *beim Aufschlagen von Nüssen, einem Hauptnahrungsmittel der Kung (Sammler- und Jägervolk in der Kalahari-Wüste im südlichen Afrika).*

konnten sich mit Tiersehnen als „Nähgarn“ körperangepasste Kleidung herstellen. Vermutlich war es eine Frau, die in einen feinen, spitzen Knochen ein Öhr bohrte und damit die erste Nähnadel besaß, denn es waren wahrscheinlich hauptsächlich die Frauen, die die Jagdbeute weiter verarbeiteten.
Wie wichtig die Sammlerinnen waren, hast du schon erfahren. Sie durchstreiften mit den Kindern die Umgebung ihres Lagerplatzes auf der Suche nach essbaren Früchten, Pflanzen und Kleintieren. Auch Muscheln als Schmuck, Heilkräuter und Steine zum Erhitzen der Kochgruben und zum Bemalen der Felswände sammelten sie. So lebten die Menschen eng mit der Natur und fühlten sich als ein Teil von ihr.

Altsteinzeitmenschen früher – Wildbeuter heute

Woher wir das wissen? Es gibt in entlegenen Teilen Afrikas, Australiens und der Arktis immer noch kleine, mehr und mehr vom Aussterben bedrohte Menschengruppen, die wie die Europäer der Altsteinzeit leben. Forscher beobachten diese „Wildbeuter“-Gesellschaften. Sie versuchen herauszufinden, wie die Wildbeuter denken und fühlen und vergleichen die „Altsteinzeitmenschen“ damals und heute. Wie empfinden diese z.B. ihr Verhältnis zu den Tieren – auch zu denen, die sie als Jäger verfolgen? Einer dieser Forscher berichtet von einem Buschmann aus der Wildbeutergesellschaft in der Kalahariwüste Südafrikas. Eine weiße Familie hatte ihn in der Jugend aufgenommen und ihn Joseph genannt. Bei Wanderungen mit dem Forscher entdeckte er kleinste Veränderungen in der Umwelt, die für die Augen des Europäers unsichtbar waren: wo es Trinkbares gab, ob sich das Wetter änderte oder ob ein Raubtier in der Nähe war.

2 ***Bericht über den Buschmann Joseph:***
Es wäre Joseph auch nicht für einen Augenblick in den Sinn gekommen, dass er über der Natur stünde. Er fühlte sich als Teil der Natur, genau so, wie er Schakale und Löwen als Teile davon betrachtete. Er stand auf der gleichen Stufe mit ihnen. Joseph hat mir viele Geschichten über die Legenden der Buschmänner erzählt … Aus ihnen geht ganz deutlich hervor, dass im Bewußtsein der Erzähler kein Unterschied zwischen den Menschen und der übrigen Natur besteht. Die Tiere waren ebenfalls Menschen – und die Menschen Tiere; und alle waren Teil des großen Lebensstroms. Joseph interessierte sich für die Sterne und betrachtete sie auch als seine Brüder und Schwestern … Doch wie brachte Joseph es dann fertig, seinen Wurfspeer in die Flanke einer Antilope zu schleudern? … Eben weil er wusste, dass er selbst ein Teil der Natur war.

J. Seymour, Und sie dachten, sie wären die Herren. München 1984, S. 43 f.

3 ***Frauen sammeln Pflanzen und Kleintiere***
Sie kennen die Natur genau und finden selbst in Notzeiten Essbares. Diese südafrikanischen Buschleute haben ein Hunderttausende Jahre altes Wildbeutererbe bewahrt.

a) Schreibe eine kleine Geschichte oder male eine Bilderfolge in dein Geschichtsheft zu dem Thema: Ein Tag im Leben der Rentierjäger. Nimm dazu auch die Bilder der ADS zur Hilfe.
b) Vergleiche den Bericht über das Verhältnis von Joseph zu den Tieren (M2) mit den Informationen, die du im Kapitel „Die römische Herrschaft verändert die Provinzen“ über den Tierverbrauch in römischen Arenen erhältst.

3. Jungsteinzeit – der Mensch greift in die Umwelt ein

Ackerbau und Viehzucht – ein neuer Umgang mit der Natur

Das Verhältnis der Menschen zur Natur änderte sich völlig in der Jungsteinzeit: Wilde Tiere wurden gezähmt und als „Nutzvieh" gezüchtet, Samen der Wildgräser sammelte man nicht mehr, wo man sie gerade fand, sondern sie wurden nun planmäßig angebaut. So entwickelten sich die heutigen Getreidearten. Die Menschen lernten zu töpfern, denn sie brauchten für ihre Ernten viele Gefäße. Sie mahlten das Getreide und backten Brot, sie lernten Spinnen und Weben. Als Hirten und sesshafte Bauern führten sie jetzt ein ganz anderes Leben als ihre Vorfahren in der Altsteinzeit.

Jungsteinzeitliche Menschen gestalten ihren Lebensraum

Die Kenntnisse, wie man den Boden bestellt um Getreide anzubauen, sind wahrscheinlich zuerst im Vorderen Orient entwickelt worden. Über den Balkan gelangten sie immer weiter nach Westen. Um 5300 v. Chr. erreichten sie Deutschland, das ganz von großen Wäldern bedeckt war. Das Klima hatte sich damals wieder einmal verändert, zeitweilig war es sogar milder als heute.
Stellen wir uns eine Menschengruppe am Beginn der Jungsteinzeit vor. Wir denken sie uns in der Nähe der rheinischen Stadt Düren, weil wir aus Grabungen besonders viel über diese Gegend wissen:
Die Männer, Frauen und Kinder sind auf der Suche nach neuem Land. Sie haben schon einen Blick für gute Anbaumöglichkeiten. Der fruchtbare Lössboden in den großen Lindenwäldern erscheint ihnen geeignet für eine Siedlung, auch genügend Wasser ist in der Nähe. Mit ihren scharf geschliffenen Steinbeilen schlagen sie die Bäume, hacken die gerodete Fläche und säen Getreide. Aus den Baumstämmen errichten sie ein paar Langhäuser, schilfgedeckt und mit lehmverstrichenen, geflochtenen Wänden. Darin wohnen sie und haben Platz für Vorräte und Vieh. In den Gärten bauen sie Gemüse wie Erbsen und Linsen, aber auch Ölfrüchte wie Mohn und Lein an. Leinsamen sind die Früchte der Flachs-

1 Siedlungen aus der frühen Jungsteinzeit *(ca 5300 v. Chr.) sind in den letzten Jahrzehnten im Merzbachtal (Kreis Düren) ausgegraben worden. Die Siedlungsinseln im Laubwald sind in diesem Modell gut zu erkennen. Erzähle über einen Tag im Leben eines Kindes im Merzbachtal.*

2 ***In Langhäusern*** *mit einer Grundfläche von ca. 200 qm wohnten die Menschen aus dieser Siedlung im Merzbachtal. Das Holz ist zwar im Lauf der Jahrtausende verrottet, aber die Pfostenlöcher der Wände und der tragenden Balken sind noch eindeutig zu erkennen.*

pflanze, deren Fasern sich spinnen und zur „Leinwand" weben lassen. Viele, mühsame Arbeitsgänge sind nötig, ehe ein Leintuch gewebt ist. Auch die Kinder müssen überall kräftig mithelfen, z. B. beim Hüten des Viehs. Die Nutztiere suchen sich nämlich ihr Futter im Wald und im Winter müssen sie – Heugewinnung ist noch unbekannt – mit abgeschnittenen Zweigen der Laubbäume gefüttert werden. Dazu muss man viele Bäume „ernten".

Nur ein Fortschritt?

Durch diese starken Eingriffe der Menschen in ihre Umwelt veränderte sich die natürliche Landschaft immer mehr. Die Zahl der Siedlungsinseln in den Waldgebieten wuchs immer weiter an, denn wenn der Boden erschöpft war, mussten neue Lichtungen geschlagen werden. Nicht alle Pflanzen haben diese menschlichen Eingriffe ausgehalten. Die großen Lindenwälder, z. B., sind seit der Jungsteinzeit in West- und Mitteleuropa weit gehend verschwunden.

a) Entwirf ein Gespräch zwischen (1) einem Mann aus der Alt- und einem aus der Jungsteinzeit; (2) einer Frau aus der Alt- und einer aus der Jungsteinzeit. Sie streiten sich, wer mehr Arbeit hat und wessen Leben schöner und sicherer ist.

b) In einem Geschichtsbuch von 1988 liest man über Fortschritt in der Jungsteinzeit: „Was für einen gewaltigen Schritt machte der Mensch im 5. und 4. Jahrtausend auf europäischem Boden! Es ist der Schritt von ... Jagd und Fischfang zu Ackerbau und Viehzucht. Er bedeutet Loslösung von den Zufälligkeiten des Jagdglücks. Der Mensch nimmt nun selber in die Hand die Natur zu gestalten, die Fortpflanzung der Tiere zu steuern. Ackerland wird durch Brandrodung gewonnen und das gezähmte Tier dem Menschen nutzbar gemacht." Fällt dir beim Lesen des Textes etwas ein, was der Autor vielleicht nicht bedacht hat?

4. Von fruchtbaren Feldern zur Salzsteppe – das Zweistromland: Wasser als Freund und Feind

Fruchtbare Landstriche an Euphrat und Tigris

„Vor 4000 Jahren wogten hier weite Weizen- und Gerstenfelder, dehnten sich Gemüsekulturen und Haine von Dattelpalmen und Feigenbäumen, soweit der Blick reichte ... Das üppige Grün der Äcker und Beete war von einem System von Kanälen und Gräben durchzogen, Meisterwerke der Bewässerungskunst."
Das notierte Werner Keller, ein Schriftsteller aus unserer Zeit, als er vor den Trümmern der sumerischen Stadt Ur in einer Wüstenlandschaft stand.
„Allein in Südmesopotamien müsste man, um wieder salzfreien Boden zu bekommen, soviel Salz entfernen, dass ein Güterzug von der dreifachen Länge des Erdumfangs damit gefüllt werden könnte, nämlich ca. 1750 Millionen Tonnen. Wenn dieser Zug mit 50 km/h an einer Bahnschranke vorbeiführe, müsste man drei Jahre warten, ehe der letzte Wagen diese Strecke passiert hätte."
Karl Kreeb, ein moderner Forscher, stellte diese Berechnung an.
Was ist im Süden Mesopotamiens, dem „Zweistromland", geschehen, dass diese Landschaft heute versalzt und damit unfruchtbar geworden ist?
Wie die Ägypter hatten die Sumerer schon früh erkannt, dass ein Fluss ein großartiges Geschenk der Natur ist – wenn man damit richtig umgeht. Sie lernten die Wassermassen des Euphrat und Tigris durch Deiche und Dämme zu stauen und durch ein Netzwerk von Kanälen zu ihren Äckern und Gärten zu führen. So schufen sie eine fruchtbare Landschaft mit berühmten Städten.

Ein Feind der Fruchtbarkeit – das Salz

Reiche Ernten gibt es nicht von selbst. Die sumerischen Bäuerinnen und Bauern mussten fleißig und planvoll arbeiten um ihre Äcker richtig zu bestellen. Das zeigen uns Bruchstücke von Tontafeln in Keilschrift, die Forscher zu einem „Bauernkalender" zusammengesetzt haben.
Doch gerade das Wasser, das die Fruchtbarkeit der Böden erst ermöglichte, brachte hier das Verderben mit sich. Die Nachteile von Euphrat und Tigris sollten sich allerdings erst im Lauf der Zeit zeigen: Im Quellgebiet der Flüsse in der östlichen Türkei kam und kommt in verschiedenen Bodenschichten Steinsalz vor. Wenn das Schmelzwasser im Frühjahr viel Erde mit sich reißt, weil sie nicht von Baumwurzeln festgehalten wird, steigt der Salzgehalt des Wassers. Besonders das Tigriswasser ist salzhaltiger, als es Flüsse normalerweise sind. Durch die ständige Bewässerung versalzten dann auch die Böden im Mündungsgebiet der Flüsse immer mehr.
Schon die sumerischen Bauern merkten, wie ihre Weizenernten spärlicher wurden, weil die Pflanzen die Salze nicht vertrugen. Sie wechselten zur Gerste, die größere Widerstandskraft gegen die Salzwirkung besitzt. Ebenso legten sie Entwässerungsgräben an, damit sich beim Bewässern das salzhaltige Wasser nicht staute, in der großen Hitze dann verdunstete und den Bodenfeind Salz zurückließ.

Das Ende einer blühenden Landschaft

Aber das Salz ließ sich nicht beseitigen. Als viele kriegerische Auseinandersetzungen im Mündungsgebiet der Ströme zusätzlich dazu beitrugen, daß die Be- und Entwässerung nicht sorgfältig weitergeführt wurde, entwickelte sich die Kulturlandschaft zur heutigen unfruchtbaren Salzsteppe.
Mesopotamien hat damit in besonderer Weise „Geschichte" gemacht. Zur Geschichte gehört nämlich auch, dass eine menschliche Anstrengung zunächst sehr erfolgreich ist, schließlich aber dann ihr Gegenteil bewirkt. Die Kulturlandschaft der Sumerer ist für immer verschwunden.

1 ***Abdruck eines Siegels aus dem Zweistromland.*** *Es zeigt zwei Zebus (Buckelochsen) vor einem Saatpflug. Die mittlere Gestalt trägt ein Saattuch über die Schulter geschlungen. Sie füllt Saatgut in die Trichteröffnung der Röhre. So wird es in das Gerät zum Säen und dann in die aufgepflügte Furche geleitet.*

2 *Rechts:* ***Salzkrusten auf einem Feld*** *heute*

3 ***Ratschläge eines sumerischen Bauern an seinen Sohn***

In diesem von Sumerologen, das sind Wissenschaftler, die sich mit der Geschichte der Sumerer beschäftigen, zusammengestellten „Bauernkalender" wird deutlich, wie wichtig der richtige Umgang mit Wasser für die Feldbestellung war.

Ehe du deine Äcker bestellst, öffne die Bewässerungsgräben, aber ertränke die Felder nicht! Bewache das durchfeuchtete Erdreich, dass es eben wie eine Tafel bleibt. Lass es nicht von umherirrenden Ochsen zertrampeln! Alle Eindringlinge sollst du schleunigst verjagen. Dann bereite die Felder für die Saat vor. Säubere sie mit spitzen Hacken und reiß die Stoppeln mit der Hand aus! Wenn das Feld in der Sonne brennt, teile es in vier Teile und netze einen Teil nach dem anderen, damit du in deiner Arbeit nicht aufgehalten wirst … Beim Pflügen achte darauf, dass die Zunge des Pfluges tief genug in das Feld dringt. Aus dem Säerohr, das am Pflug befestigt ist, sollen die Körner zwei Finger tief in das Erdreich rieseln. Zieh die neuen Furchen quer zu den Furchen des Vorjahres! Sorge dafür, daß keine Erdklumpen dem Korn das Sprießen schwer machen!

An dem Tag aber, da sich das Feld begrünt, richte dein Gebet an die Göttin der Feldmäuse und allen Ungeziefers, auf dass sie deine Felder verschone. Verjage die geflügelten Diebe, die Vögel! Wenn das Korn so hoch ist wie eine Matte, gib ihm Wasser. Noch zweimal sollst du die Bewässerungsgräben öffnen, insgesamt viermal.

Zit. nach H. Baumann, Im Lande Ur. Die Entdeckung Altmesopotamiens. Gütersloh o. J., S. 96 f.

a) Stelle aus dem Ausschnitt des „Bauernkalenders" M3 zusammen, was alles eine Ernte gefährden konnte.

b) Um die jährlichen Überschwemmungen des Nils in Ägypten unter Kontrolle zu bekommen, baute man dort 1960–1970 den Assuan-Staudamm. Die Unsicherheit, ob und wieviel Wasser kommen würde, ist nun zwar gewichen, dafür fehlt aber auch der fruchtbare Dünger. Heute muss man zu chemischen Mitteln greifen, damit die Ernten zufriedenstellend ausfallen. Der 550 km lange Stausee beeinflusst durch hohe Verdunstung das Klima auf bisher nicht gekannte Weise. Die Verdunstung und das ansteigende Grundwasser versalzen so die Böden immer mehr. Gibt es dort jetzt Vorgänge, die dich an die Schwierigkeiten im Zweistromland erinnern?

c) Hast du in deiner Umgebung schon einmal etwas von „belasteten" Böden gehört? Um welche Belastungen handelt es sich dabei?

5. Holzhunger in der Antike – das Beispiel Griechenland

Brenn- und Baumaterial in Athen

Womit heizten die athenischen Töpfer ihre Öfen, in denen die Vasen und Krüge zum Transport von Wein, Öl und Getreide gebrannt wurden? Mit welchem Brennstoff kochten griechische Hausfrauen die Mahlzeiten? Womit wurden die Erze geschmolzen, die zum Schmieden der Waffen nötig waren? Und woraus bauten die Athener die zahllosen Handels- und Kriegsschiffe?

Holz als Energielieferant

Die Antwort ist immer die gleiche: Holz war das Material zum Schiffbau, zum Heizen, Brennen und Schmelzen. Alle Energien, die wir heute zum Antrieb von Maschinen und Motoren oder zur Wärmegewinnung brauchen – Steinkohle, Strom, Erdgas oder Erdöl – waren noch nicht bekannt. Holz war also neben Wasser und Wind der wichtigste Energielieferant im Altertum. Und je stärker die Bevölkerung der griechischen Poleis anwuchs, je mehr Kaufleute Handel trieben, je mehr Waffen gebraucht wurden umso größer wurde der Holzhunger. Und Holz schien es ja reichlich zu geben. Die Inseln im Mittelmeer, die Küsten des griechischen Festlandes und der Nachbarländer waren bewaldet und weiter im Norden dehnten sich riesige Wälder aus, ein scheinbar unerschöpflicher Reichtum.

Wälder werden geplündert

Nicht nur die Kolonisten rodeten die neuen Siedlungsgebiete um neues Ackerland zu gewinnen. Überall waren die Holzhungrigen unterwegs um Bäume für ihre Zwecke zu fällen. Besonders begehrt waren gerade und hoch gewachsene Stämme als Schiffsmasten. Die Bäume, die in Küstennähe standen, wurden zuerst genommen um das Holz auf dem Wasserwege zu befördern. So wurden ganze Wälder entlang der Küste kahl geschlagen. Das empfanden die Griechen nicht als Raubbau: Sie hielten das Beseitigen „finsterer Wälder“ für eine fortschrittliche Tat, denn sie hatten damit der Wildnis wieder ein Stück abgerungen. So fühlten sie sich als Sieger über die mächtige Natur.

Verkarstung und Überweidung

Doch was geschah? Bisher hatten die Bäume mit ihren Wurzeln das Erdreich festgehalten und durch ihren Schatten die Einwirkung der starken Sonnenbestrahlung gemildert. Nun verhinderte die sommerliche Hitze, dass neue Pflanzen wuchsen, denn die Erde dörrte aus. Das geschah vor allem dort, wo der kalkhaltige Untergrund besonders durchlässig war und das Wasser schnell versickern ließ. Starke Regengüsse, die für das Mittelmeergebiet im Spätherbst typisch sind, spülten den Waldboden weg. Nach und nach blieb nur das nackte

1 *Töpfer überwachen den Brand* *(Fragmente korinthischer Tontäfelchen, 6. Jh. v. Chr., Antikenmuseum Berlin)*

Gestein zurück. Diesen Vorgang nennt man Verkarstung. Wo vor dem menschlichen Eingriff die Hänge bewaldet waren, ragen heute die blendend hellen Felsen aus dem blauen Mittelmeer – als schöne Fotomotive für Touristen.
Für das Verschwinden der Wälder machen heutige Forscher auch noch andere Ursachen verantwortlich: Wegen der häufigen Kriege zwischen antiken Staaten waren viele Bauern gezwungen ihre Höfe zu verlassen. Auf den nicht mehr bestellten Äckern in den höher gelegenen Zonen weideten nun die Ziegen und Schafe. Für diese Tiere aber waren die Triebe junger Bäume besondere Leckerbissen, die sie restlos wegfraßen. Neue Wälder konnten daher nicht hochkommen. Dieser Vorgang wird Überweidung genannt.
Ob durch Überweidung oder Verkarstung: So entstand das „magere Gerippe des Landes“, von dem der griechische Philosoph Platon spricht.

2 ***Die griechische Landschaft seiner Zeit*** *vergleicht der griechische Philosoph Platon (4. Jh. v. Chr.) mit der Vergangenheit. Er lässt einen Griechen namens Kritias die Veränderungen schildern:*

Wie man das bei den kleinen Inseln sehen kann, ist also, wenn man den heutigen Zustand mit dem damaligen vergleicht, gleichsam noch das Knochengerüst eines Leibes übrig, der von einer Krankheit verzehrt wurde: Ringsum ist aller fetter und weicher Boden weggeschwemmt und nur das magere Gerippe des Landes ist übrig geblieben. Aber damals war dieses Land noch unversehrt, mit hohen, von Erde bedeckten Bergen. Die Ebenen, die man heute als steinig bezeichnet, hatten fetten Boden in reichem Maße und auf den Höhen gab es weite Wälder, von denen heute noch deutliche Spuren sichtbar sind … Und vor allem bekam das Land von Zeus jedes Jahr sein Wasser und dies ging nicht wie heute verloren, wo es aus dem kärglichen Boden ins Meer fließt. Weil das Land reichlich Erde hatte und das Wasser damit auftrank und es in dem lehmhaltigen Boden bewahrte, gelangte die Feuchtigkeit von den Höhen herab in die Talgründe. So bot sich allerorten in Brunnen und Bächen reichlich Bewässerung.

Plato, Kritias 11, zit. n. K.W. Weeber, Smog über Attika. Zürich 1990, S. 20f.

3 ***Griechische Karstlandschaft heute***

4 ***Die Entwicklung der Welt*** *erklärt der Schriftsteller Tertullian, der um 200 n. Chr. in Rom und Karthago lebte:*

(Sie wird) von Tag zu Tag kultivierter und im Vergleich zu früher zivilisierter. Alles ist schon zugänglich, alles bekannt, alles durch Bearbeitung erschlossen. Früher berüchtigte Einöden haben sich in schöne Güter verwandelt, Wälder sind durch Acker bezwungen, wilde Tiere durch zahme vertrieben, Wüsten werden besät, Felsen bepflanzt, Moore trockengelegt.

Tertullian, De testimonio animae XXX.3, Übers. J.H. Waszink. Zürich 1985.

a) Bei welchen Gelegenheiten brauchten die Athener besonders viel Schiffsbauhölzer? Nenne Beispiele, die dir aus aus deinem Geschichtsunterricht bekannt sind.

b) Vergleiche die beiden Quellentexte M2 und M4: Wie beurteilt Plato, wie Tertullian die Veränderungen in der Naturlandschaft?

c) Überlege, warum die Rodungen im nördlicher gelegenen Europa nicht zu ähnlichen Auswirkungen wie im Mittelmeerraum führten. Denke dabei an das Klima.

6. Wasserverbrauch in einer antiken Metropole

Das Beispiel Rom

Denken wir uns eine Zeitmaschine, die uns schnell aus unserer heutigen Welt ins Rom der Kaiserzeit versetzt. Eine riesige Stadt wie Rom, starker Anziehungspunkt für Menschen aus allen Teilen des römischen Weltreichs, haben wir bei unserem Streifzug durch die Umwelt-Geschichte noch nicht kennen gelernt. Schon beim ersten Stadtrundgang entdecken wir Gebäude, die es weder bei den Ägyptern, den Sumerern, noch in dieser Form bei den Griechen gab, etwas Einmaliges, auf das die Römer besonders stolz sind: ihre großen Badeanlagen, die Thermen.

Die Thermen – ein Zentrum für Gesundheit und Geselligkeit

Begleiten wir eine Männergruppe ins Innere der mit großen Glasfenstern ausgestatteten Thermen. Frauen, so hören wir, haben eigene Thermen oder dürfen die allgemeinen Badeanstalten zu nur für sie bestimmten Zeiten besuchen. Mit ihren Umkleideräumen, den verschiedenen Becken für lauwarmes, heißes oder kaltes Wasser, den Schwitzbädern und den Kabinen zum Massieren sind sie ein von vielen Bürgern begehrter Ort der Erfrischung. Aber die Thermen sind mehr. Man stößt auf Bekannte, trifft Verabredungen, bespricht Geschäfte, tauscht Neuigkeiten aus oder besucht die angeschlossenen Läden.

Wie funktionieren diese großen Badeanlagen?

Ein römischer Besucher, der uns staunen sieht, erläutert stolz die Anlage: das ausgeklügelte Zuleitungssystem, die Fußbodenheizung und die Heizkessel für das Heißwasserbecken. Wir staunen über die großen Frischwasserbehälter und fragen: „Wo kommt all das Wasser her, das hier gebraucht wird?“ Und nun werden uns die großen Fernwasserleitungen von den klaren Quellen weiter außerhalb nach Rom hinein erklärt. Sie führen in unterirdischen Kanälen oder durch hoch aufragende Aquädukte, die Täler und Schluchten überqueren, in die Stadt. Hier verzweigen sie sich in Verteilern für die Zuleitungen in die 1200 Brunnen oder in die Hauswasserleitungen von Privatabnehmern. Diese müssen der städtischen „Wasserbehörde“ allerdings Wassergeld bezahlen. Die Beamten des Wasseramtes („cura aquarum“) sind dafür zuständig, dass die Leitungsrohre bei Beschädigungen schnellstens repariert, aber auch dafür, dass sie nicht heimlich angezapft werden.

1 *Öffentliche Bedürfnisanstalt in Ostia* *aus römischer Zeit. Unter den Steinplatten der Sitze floss das Wasser der Kanalisation (der „Toilettenspülung“). Durch die Rinne vor den Sitzen floss ebenfalls Wasser. An einem Stock waren kleine Schwämmchen befestigt, mit denen man sich säubern konnte.*

2 *Rechts:* ***Einmündung der Cloaca maxima in den Tiber*** *innerhalb der modernen Uferfassung*

3 ***Den Städtebau bei Griechen und Römern*** *vergleicht Strabo, ein griechischer Geograph (etwa 63 v. Chr. – 26 n. Chr.), der weite Reisen unternahm und über sie berichtete:*

Während die Griechen bei ihren Stadtgründungen hauptsächlich darauf abzielten, auf Schönheit, Sicherheit, gute Häfen und Fruchtbarkeit des Landes zu sehen, achteten die Römer mehr auf die Dinge, die jene vernachlässigten: Straßenpflasterung, Wasserleitungen und Kanäle, die den Schmutz in den Tiber zu spülen vermochten ... So viel Wasser kommt durch die Wasserleitungen (nach Rom) herein, dass geradezu Ströme durch die Stadt und ihre Kanäle fließen, dass fast jedes Haus Wasserbehälter, Rohrleitungen und Wasserhähne in Hülle und Fülle hat.

Strabo 5.235, übers. von A. Forbiger, 1856/60.

Was geschieht mit dem gebrauchten Wasser?

Auch an die Abwasserbeseitigung, so erfahren wir von einem selbstbewussten Römer, hätten die Vorfahren schon vor Jahrhunderten gedacht. In der Cloaca maxima und angeschlossenen Kanälen werden die Schmutzwasser aufgenommen und in den Tiber geschwemmt. Dieser transportiert dann allen Schmutz ins Mittelmeer. Dadurch sei in republikanischer Zeit die Abwasserfrage gelöst worden. „Und reicht das System auch noch jetzt, wo es in der Stadt etwa eine Million Einwohner gibt?“, wollen wir wissen. Die Probleme seien gewachsen, erfolgt zögernd die Antwort. Zwar sei unter Kaiser Augustus das Bett des Tibers, das sich mit viel Schmutz gefüllt hatte, gesäubert und verbreitert worden. Aber die eilig hochgezogenen Mietskasernen hätten keine Wasserleitungen. Und was da alles von oben auf die Straße geschüttet wird! Und die so nützliche und saubere Einrichtung der öffentlichen Toilettenanlagen, die vom Wasser der Überlaufbrunnen gespült werden, helfe leider nicht genug. Zwar koste die Benutzung so einer mehrsitzigen Toilette nur wenig. Viele wollten aber diese geringe Ausgabe nicht bezahlen. Daher stinke es in den Stadtteilen für die ärmere Bevölkerung und die Seuchengefahr, zumal in den heißen Sommermonaten, sei groß.
Wir nehmen Abschied von der Stadt der Thermen und der rauschenden Brunnen, die wir zunächst so bewundert haben. Die Frage drängt sich uns auf: Kommt der Segen des gesunden Trinkwassers und der Abwasserleitungen wirklich allen Römern zugute – oder ist Sauberkeit nur ein Vorteil der Reichen?

a) In den Thermen wurde täglich viel Wasser zum Badevergnügen erhitzt. Auch die Herstellung der großen Glasscheiben kostete Energie. Welches Problem stellte sich auch für die Römer (vgl. das vorangehende Kapitel)?

b) Warum erwähnt Strabo in M3 die Mängel nicht, die uns andere Schriftsteller über die Situation in Rom berichten? Achte auf seine Lebensdaten.

c) Wie heißt in deinem Heimatort das Amt, das für Trink- und Brauchwasser zuständig ist? Versuche zu erfahren, wann bei euch Wasser- und Abwasserleitungen angelegt worden sind, wie man heute für sauberes Trinkwasser sorgt und wie die „Entsorgung“ des Brauchwassers durchgeführt wird.

7. Umwelt hat Geschichte – auch in Zukunft?

Nachdem du gelesen hast, wie die Menschen im Zweistromland, in Griechenland und Rom mit der Natur umgegangen sind, könntest du etwas Grundfalsches tun: das Kapitel mit dem Gedanken schließen: Man sieht es, Umweltprobleme gab es seit Jahrtausenden. Die Menschen sind aber offenbar stets damit fertig geworden. Sie konnten recht gut weiterleben und die Natur – abgesehen von begrenzten „Pannen" – zu ihren Zwecken nutzen. Also gibt es auch heute keinen besonderen Grund zur Beunruhigung wegen neuer Umweltschäden, von denen so viel gesprochen wird.

Viele Menschen verbrauchen viel Natur

Wenn du allerdings die rote Kurve der Bevölkerungsentwicklung auf dem Bild genau betrachtest, merkst du, wo ein gewaltiger Unterschied zur Jungsteinzeit liegt. Die Zahlen aus dem Zeitraum zwischen 8000 bis ca. 1000 v. Chr. sind zwar aufgrund der Überreste nur geschätzt, aber im Wesentlichen wohl zutreffend. Du wirst danach verstehen, warum wir heute von einer „Bevölkerungsexplosion" sprechen. Die immer noch zunehmende Bevölkerungsdichte, wie es sie noch niemals gegeben hat, verändert unsere Umwelt unaufhaltsam. Alle Fragen der Umweltgeschichte, wie der Mensch mit dem Wasser, den Böden, der Pflanzen- und Tierwelt umgeht und die Frage nach der Rolle des Klimas stellen sich nun neu – und drängender.
Der Fragenkomplex wächst zudem bedrohlich durch die Auswirkungen der vielen Erfindungen und technischen Umwälzungen der letzten beiden Jahrhunderte, von denen sich die Menschen der Vergangenheit nichts träumen ließen. Die Bilder auf dieser Doppelseite sollen dich daran erinnern, mit welchen großen, neuartigen Problemen unsere Umwelt heute kämpft. Und das sind noch längst nicht alle!

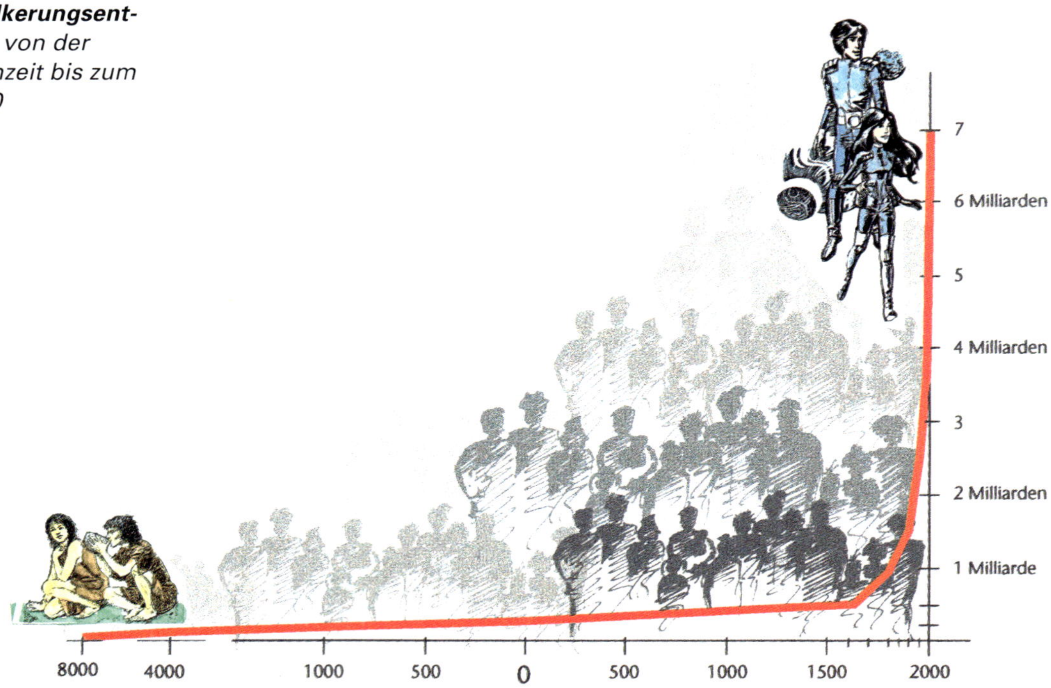

1 ***Die Bevölkerungsentwicklung*** *von der Jungsteinzeit bis zum Jahr 2000*

2 Umweltprobleme heute
Oben: geschädigter Wald;
oben rechts: Endstation Müllhalde;
darunter: Kinder bei der „Aktion sauberer Teich" – leider sind Umweltschäden nicht immer so direkt zu beseitigen.

Der Umwelt eine Zukunft sichern

Wenn wir zu den Anfängen der Menschheitsgeschichte zurückblicken, stellen wir fest, dass sich die Situation geradezu umgekehrt hat: Die Menschen in der Altsteinzeit mussten sich den Bedingungen der Natur anpassen um überleben zu können. Heute sind es die modernen Menschen, die durch ihre Verhaltensweisen der Natur – allerdings dadurch auch der gesamten Menschheit – unermessliche Schäden zufügen.
Aber wir sollten auf diese Situation nicht gebannt starren wie das Kaninchen auf die Schlange. Jeder muss mitüberlegen und versuchen mitzuhelfen, dass wir mit den Gaben der Natur, z.B. mit Energie und Wasser, sparsam umgehen und die Umwelt nicht gedanken- und bedenkenlos zerstören. Auch Kinder können dabei schon mitmachen!
Zum Schluss: Es ist sehr wichtig, dass wir nicht nur die Geschichte einer vergangenen Umwelt lernen, sondern uns alle verantwortlich dafür fühlen, dass unsere Umwelt auch eine Zukunft hat!

a) Versuche in einer Liste festzuhalten, welche Folgen eine „Bevölkerungsexplosion" für Wasserversorgung, Bodenbeschaffenheit, Pflanzen- und Tierwelt, aber auch für das Klima haben kann.
b) Warum war in der Antike – selbst in so großen Städten wie Rom – die Frage der Müllbeseitigung viel weniger drängend als heute?
c) Das „Waldsterben" nimmt immer noch zu. Sprecht über mögliche Ursachen und Folgen mit eurer Biologielehrerin oder eurem Biologielehrer.
d) Welche weiteren Umweltprobleme, die hier nicht genannt sind, kennst du?
e) Überlege, auf welche Weise schon Kinder und Jugendliche aktiv werden können um Gefahren für die Umwelt zu verringern.

Verzeichnis der Namen, Sachen und Begriffe

Verwendete Abkürzungen:
Ägypt. = ägyptisch, athen. = athenisch, christl. = christlich, europ. = europäisch, fränk. = fränkisch, franz. = französisch, germ. = germanisch, griech. = griechisch, hebr. = hebräisch, hellenist. = hellenistisch, israel. = israelitisch, Jh. = Jahrhundert, karth. = karthagisch, kelt. = keltisch, Kg. = König, Ks. = Kaiser, lat. = lateinisch, maked. = makedonisch, pers. = persisch, portug. = portugiesisch, röm. = römisch, spart. = spartanisch, sumer. = sumerisch, trojan. = trojanisch, türk. = türkisch

Hinweise:
▷ Verweis auf ein Stichwort
~ ersetzt das Stichwort bei Wiederholung
Hier wird der Umgang mit bestimmten Materialien besonders geübt
Halbfett gesetzt sind historische Grundbegriffe, die im Buch in einem Kasten-Text erläutert werden. Die halbfette Seitenzahl gibt den Fundort an.
Bei Herrschern und kirchlichen Amtsträgern sind Regierungs-(Amts-)daten, bei anderen Personen Lebensdaten angegeben

Bildnachweis

Ägyptisches Museum, Berlin (65.9); AKG, Berlin (6, 71.3, 108, 172); Albin Michel Jeunesse (56/57); Alinari, Rom (134); Alinari-Giraudon (162); Ancient Art & Architecture Collection, London (113); Anthro-Photo File, Cambridge Mass. (193); Anthony Verlag, Starnberg (10); Antikensammlung, Staatliche Museen zu Berlin (198); Archäologisches Freilichtmuseum, Oerlinghausen (171, 189); Ashmolean Museum, Oxford (101.5); Asmus-Seipel, Ingrid, Konstanz (48); Axel Poignant Archive, London (192.1); D. Baatz, Bad Homburg (184); J. Bahlo, Römisch-Germanische Kommission Frankfurt (37 u.r., 38); Baumeister, Ossi, München (203 o.r.); Bavaria, Gauting (59, 121); G. Beleze (16.2); Kurt Benesch, Auf den Spuren großer Kulturen, Lexikothek Verlag, Göttingen (39.1, 39.3); C. Bevilacqua (87); Bibliothèque Nationale, Paris (15, 126); Bildarchiv Preußischer Kulturbesitz (12, 43.1, 45, 54.3, 55.5, 55.6, 64.3, 92.1, 96, 101.7, 105.6, 107, 116, 117, 122, 123, 139, 149.8, 149.9); Bötig, Klaus, Bremen (199); Victor R. Boswell, Jr. (c) National Geographic Society, Washington DC (49, 63.1, 65.7, 65.8); Boxtree Limited, London (190/191); Bridgeman Art Library, London (69); British Museum, London (62, 76, 90.4, 99, 115, 143); Brizzi, Bruno, Rom (159.4); Burkhardt, Martin, Heidenheim (200);© Copyright 1989 Der Kinderbuchverlag, Berlin (103.1); Ny Carlsberg Glyptothek, Kopenhagen (149.10); Charmet, Jean-Loup, Paris (11.5); Ciganovic, Prof. J. (109); Colorphoto Hans Hinz (30); G. Dagli Orti, Paris (16.1); Damals, Heft 9, 1982, S. 796 (23.2); Das Dinosaurier-Buch, Carlsen-Verlag, Reinbek (190/191); Deutsche Bundespost Postdienst, Bonn (19); Deutsches Institut für Filmkunde, Frankfurt (156.5); Deutsches Museum, München (33); dpa, Stuttgart (6/7, 45, 47, 73); Egypt Exploration Society, London (58); Ekdotike Athenaion S.A., Athen (101.4); Focus, Hamburg (44, 45, 71.5); Foto Marburg (81, 83, 84); Foto Pelizaeus-Museum, Hildesheim (61, 64.5); Franz, Ulli, Köln (9.1); Germanisches Nationalmuseum, Nürnberg (6); Gerster, Zumikon, Zürich (197.2); Giraudon, Vanves (7); Ralf Grimmel, Stuttgart (203 r.u.); Grund, Josef Carl, Feuer am Limes, Loewe Verlag (184, 185); Guida Archeologica di Roma, Arnoldo Mondadori Editore (124.6); H. de Lumeley (189); Harrissiades, Athen (72, 73); Hirmer, München (85); Histoire: L'Antiquité, Fernand Nathan Editeur (201); Historia, Hamburg (165.8); Junkelmann, Dr. Markus, Ratzenhofen (135); Koch, Heidemarie (180); Kulf, Eberhard (177.1); Kunsthistorisches Museum, Wien (77.6, 152); Kuper, Ernst (98.2); Landesdenkmalamt Baden-Württemberg, Stuttgart (39, 40.4, 184.4); Landschaftsverband Rheinland, Xanten (167.3); Leonard von Matt, Buochs (161.12); Lee Boltin Picture Library, New York (64.4); © 1993 Les Editions Albert René/Goscinny-Uderzo (36, 120, 133.3); Lichtbildverlag Dr. Franz Stroedtner, Düsseldorf (14.2); Liepe, Jürgen, Berlin (54.4.); Lotos Film, Kaufbeuren (6, 51); Manfred Pawlak Verlagsgesellschaft mbH, Herrsching, 7000 Jahre Handwerk & Technik (34.4); Markus Plessner, Der Mensch, Bertelsmann Verlag, München (23.3); Martin von Wagner Museum, Würzburg, (105.5, 106, 110, 111); Mauritius, Stuttgart (165.7); Metropolitan Museum of Art, New York (101.3); Musée Calvet, Paris (165.10); Museo d'Antichitá, Turin (151); Museo della Civilità Romana, Rom (128, 133.2); Museum of Fine Arts, Boston (80, 101.6, 105.4); Museum Wiesbaden (178); Nelson-Atkins Museum of Art, Kansas City (63.2); D. Norman, Dinosaurier-Buch, Bertelsmann Verlag, München (191); Joan Oates, Babylon, Lübbe Verlag, Bergisch Gladbach (197.1); Pfeifroth, Burkard, Reutlingen (35.7); Photothèque des musées de la ville de Paris (17); Pierre Colombel, Paris (188); Pott, Eckart, Stuttgart (31); Prähistorische Sammlung, München (177.2); Pucciarelli (98.3, 124.4); rapho-foto, Paris (121); Rheinisches Landesmuseum, Bonn (35.6, 142.2, 194); Rheinisches Landesmuseum, Trier (131, 170, 175); Richter, Erika (188/189, 203); Richter, Veronika, Köln (202); Riekhoff, Sabine, Faszination Archäologie, Pustet Verlag (189); Rijksmuseum van Oudheden, Leiden (52); Römisch-Germanisches Museum, Köln (8, 174); Römisch-Germanisches Zentralmuseum, Mainz (130.3); Römisches Museum, Augsburg (165.9); Royal Museums of Art and History, Brüssel/A890 (103.2); Hilde Rühfel, Kinderleben im klassischen Athen, Philipp v. Zabern Verlag, Mainz (105.4); Saalburgmuseum, Bad Homburg (168); Säbelzahn und Mammut, Franckh Verlag, Stuttgart (190); Sächsische Landesbibliothek, Dresden (6); Scala, Florenz (14.3, 90.2, 105.7, 108.3, 108.4, 124.5, 129, 130.2, 137, 148, 153, 154, 155.1, 155.2, 158, 160.5, 160.6, 160.7, 161.9); Schelle, Jörg, Bad Zwischenahn (46, 75, 78); Schmidt, Wolfram, Regensburg (195); Schnepf/Brugger, Stuttgart (121); Sennewald, Michael (9.2); Service photo (90.3); M. Shostak, Nisa erzählt, Reinbek Verlag (192.2); Shoucair, Albert (64.6); Steffens, Budenheim (121, 169.3), Steinmeyer-Schareika, Angela, Stuttgart (145.11, 156.2, 157, 163, 164); Stingl, Miloslav, Prag (11.4); Studio Koppermann, München (145.9); Sturm, Veit (159.3, 174.1, 174.2); Terra Dia Dienst (K.-H. Jürgens) (43.2); Tutto su Atene Classica, Giunti Publishing Group, Florenz (104); Uhrenmuseum, Furtwangen (18); Ullstein Bilderdienst, Berlin (7); Unsere Geschichte, Verlag Moritz Diesterweg, Frankfurt (35.6); Vigue, J. (7); J. Warry, Kriegskunst der Griechen und Römer, Salamander Books Limited (147); WMG Lippe, Detmold (167.4); Württembergisches Landesmuseum, Stuttgart (32.1, 39.2, 146, 183, 184); Ziener, Wolfgang, Leonberg (18)

Nicht in allen Fällen war es uns möglich, den Rechteinhaber der Abbildungen ausfindig zu machen. Berechtigte Ansprüche werden selbstverständlich im Rahmen der üblichen Vereinbarungen abgegolten.